미래 세상의 모빌리티

자율주행차의 UX 디자인

임덕신, 임현준 지음

지은이 **임덕신** doslim@hongik.ac.kr

약력 1997년 KAIST 산업공학 공학사
1999년 KAIST 산업공학 공학석사
2004년 Ecole Nationale Supérieure d'Arts et Métiers Paris (현 ParisTech) 산업공학 공학박사
2004년~2017년 삼성전자 무선사업부 UX혁신팀 수석연구원
2017년~현재 홍익대학교 기계 · 시스템디자인공학과 교수

연구 분야 : UX 디자인, 서비스 디자인, 다학제 협업 디자인 프로세스, 디자인엔지니어링융합전공

수상 IDEA Digital Design Bronze Award 2016, "Gear S2 UX"
IDEA Bronze Packaging Award 2010, "Out of the Box: access to mobile communications for older people"
IF Package Design Award 2010, "Out of the box"
IF Communication Design Gold Award 2007, "Croix: Full finger touch mobile phone interface"
Korean Industrial Design Awards 2007, "Croix: Full screen finger touch interaction for mobile phone"

지은이 **임현준** hjyim@hongik.ac.kr

약력 1983년 서울대학교 기계공학 공학사
1985년 서울대학교 기계공학 공학석사
1993년 M.I.T. 기계공학 공학박사, M.I.T. Postdoctoral Associate
1993년~1995년 M.I.T. Lecturer
1995년~현재 홍익대학교 기계 · 시스템디자인공학과 교수
2016년~현재 자율주행차 융 · 복합 미래포럼 산업분과 위원장

연구 분야 : 디자인-공학 협업 설계, 스마트 모빌리티, 기계/제품 설계(공차설계)

미래 세상의 모빌리티

초판발행 2022년 9월 15일

지은이 임덕신, 임현준 / **펴낸이** 전태호
펴낸곳 한빛아카데미(주) / **주소** 서울시 서대문구 연희로2길 62 한빛아카데미(주) 2층
전화 02-336-7112 / **팩스** 02-336-7199
등록 2013년 1월 14일 제 2017-000063호 / **ISBN** 979-11-5664-620-4 93550

책임편집 박현진 / **기획** 김평화 / **편집** 박현진, 송지은
디자인 표지 이아란 내지 박정화 / **전산편집** 백지선, 디자인앤 / **제작** 박성우, 김정우
영업 김태진, 김성삼, 이정훈, 임현기, 이성훈, 김주성 / **마케팅** 길진철, 김호철, 주희

이 책에 대한 의견이나 오탈자 및 잘못된 내용에 대한 수정 정보는 아래 이메일로 알려주십시오.
잘못된 책은 구입하신 서점에서 교환해 드립니다. 책값은 뒤표지에 표시되어 있습니다.

홈페이지 www.hanbit.co.kr / 이메일 question@hanbit.co.kr

Published by HANBIT Academy, Inc. Printed in Korea

미래 세상의 모빌리티

자율주행차의 UX 디자인

임덕신, 임현준 지음

한빛아카데미
Hanbit Academy, Inc.

UX 디자인을 다각도로 그릴 줄 아는 인재의 탄생을 기대하며

필자들은 스마트한 제품들과 인간이 조화롭게 삶을 영위하는 세상을 만들기 위해 UX 디자인을 합니다. 디자인엔지니어링 융합전공을 전담하는 교수로서 엔지니어와 디자이너를 대상으로 교육 프로그램을 개발하기도 하고, 정부 및 민간 산업체를 넘나들며 자율주행 UX 디자인 프로젝트도 다수 수행해 왔습니다. 그 과정에서 UX란 무엇인지, UX와 UI의 차이는 무엇인지, 좋은 UX 디자인은 어떻게 하는지, 자율주행차의 UX 디자인은 도대체 어떤 디자인을 말하는 것인지, 개발과의 접점은 어떻게 풀어가야 하는지, 그 접점에서 생기는 이견은 어떻게 풀어가는지 등의 고민과 혼란을 겪으며 정보의 바다를 헤매는 학생들과 기업인들을 많이 만났습니다. 이 과정에서 필자는 UX 디자인을 궁금해하는 이들을 대상으로 직접 조사한 방대한 글로벌 동향과 뾰족한 사례 분석을 기꺼이 공유하고, 또 수업을 통해 가르쳐 왔습니다.

최근 자율주행차 기술의 눈부신 발전과 함께 UX 디자인의 중요성이 강조되고 있습니다. 미래 모빌리티의 가능성은 무한히 열려 있지만, 뛰어난 기술만으로 혹은 화려한 디자인만으로는 현실화될 수 없습니다. 다양한 전공자의 관심과 학습이 산업 현장에서 융합되었을 때 성공적으로 우리 삶에 안착할 수 있을 것입니다.

그 연장선에서 2021년 2학기 홍익대학교에서는 교양 선택으로 '미래 세상의 모빌리티' 과목이 최초로 개설되었고, 구체적이고 현실적인 연구 및 사례를 바탕으로 인간과 디자인, 그리고 엔지니어링에 관한 통찰을 더해 미래사회의 모빌리티 디자인에 대한 진지한 해답을 함께 찾아가는 과정을 다루었습니다. 지금까지는 일부 홍익대학교 수업과 연구 과제를 함께 한 학생들과 한정적으로 교류하고 지식을 쌓아왔지만, 좀 더 많은 학생 그리고 일반인과 함께 나누고자 '자율주행차의 UX 디자인'에 대한 수업자료를 모으고, 그동안 직접 지도했던 학생들의 수상작들을 모아 책으로 엮었습니다.

두꺼운 자율주행기술 백서는 넘쳐나도 사용자 중심의 정보는 보고서 끝자락에 빈약하게 한두 장 "자율주행차도 일반 소비자 가전 제품처럼 향후 사용자 경험이 성패를 가를 것이며, 따라서 UX 디자인이 중요하다."는 수준의 추상적인 내용만 있는 현실입니다. 우리나라의 자율주행 기술은 어느 나라와 비교해도 결코 뒤지지 않는 수준이므로, 이제 그에 걸맞게 실제 서비스될 접점의 UX 디자인을 다각도로 그릴 줄 아는 인재가 필요한 때입니다.

미래 모빌리티의 혜택을 실질적인 삶의 변화로 만들어 내는 데 다양한 분야의 전공자들이 참여하기를 바라며, 또 이들의 도전을 북돋는 데 이 책이 도움되기 바랍니다.

이 책의 특징

- 자율주행 기술 자체가 아닌, 디자인과 사용자 경험을 다룹니다.
- 본문에 소개하는 국내외 발표자료나 영상을 QR코드를 통해 바로 확인할 수 있습니다.
- UX 디자인 입문자를 위해 UX, UI, User Interaction의 개념부터 예시까지 상세하게 다룹니다.
- 실제 공모전 수상작의 발표자료를 그대로 제공하므로 프로젝트의 흐름을 이해하고 자신의 프로세스에 적용해볼 수 있습니다.
- 전문가 인터뷰를 통해 미래 모빌리티 분야에 진출하려는 이들이 어떤 역량을 키워야 할지 알려줍니다.

이 책에서 다루는 내용

- 1장 : 미래 모빌리티를 이해해 봅니다. 우리와 세계 속 미래자동차의 청사진을 그려보되, 왜 미래에 모빌리티의 변화가 필요한지 그 배경과, 어떤 혁신이 필요하고 또 이미 일어나고 있는지 살펴봅니다. 우리나라의 정책과 발전 방향을 살펴보고, 글로벌한 관점으로 시선을 확장하여 글로벌 리더들이 누구이며 어떻게 미래 모빌리티를 혁신하고 있는지 동향을 짚어 봅니다. 또 모빌리티를 스마트시티의 서비스 관점에서 바라볼 수 있도록 스마트시티의 개념과 모빌리티의 관계, 우리나라 스마트시티의 모습과 그 안에서 계획되고 있는 모빌리티의 사례를 소개합니다.

- 2장 : 미래 모빌리티로서 자율주행 시스템을 사람의 편익 관점에서 바라보는 시각을 제시합니다. 미래 모빌리티가 솔루션을 해결해야 할 현 사회의 통점은 무엇인지, 국내 법령과 전망에서 정의하는 자율주행 시스템은 무엇인지, 글로벌 표준은 어떻게 정의되고 있는지 살펴봅니다. 자율주행차와 시스템이 도입된 사례를 통해 미처 예측하지 못한 사람과 자율주행차의 상호작용 이슈를 살펴봅니다.

- 3장 : 신기술의 도입 초기에 발생하는 신뢰의 문제를 다룹니다. 선행 연구 결과에서 나타난 자율주행차를 보는 사람들의 인식과 실제 등장한 자율주행차에 대한 사람들의 반응을 신뢰의 관점에서 돌아봅니다. 특히 Waymo One 로보택시에 대해 공개되고 취재된 내용들을 조사 분석하여 웨이모(Waymo)와 같은 기업은 어떻게 신뢰의 문제를 디자인적으로 해결하고 개선하고자 했는지 배워봅니다.

- 4장 : 인지 심리학자 도널드 노먼의 디자인과 인간심리에서 소개된 디자인 원칙을 미래 모빌리티에 적용해 보았습니다. 완전히 새롭게 디자인되어 도입된 자율주행차 ZOOX에 널리 알려진 디자인 원칙을 대입해 봄으로써 디자인 원칙은 유니버셜하게 적용할 수 있음을 느껴보기 바랍니다. 그다음은 UX에서 UI 수준으로 시각을 전환하여 레벨2, 3, 4의 각각 출시된 기능의 인터페이스를 분석적으로 바라봅니다. 사용자로서는 제품의 사용 과정에 자연스럽게 녹아 있어 미처 깨닫지 못했던 수많은 시각적, 청각적, 물리적 장치들이 우리 인간으로 하여금 적

절한 상호작용을 유도하기 위해 사용되었음을 알 수 있을 것입니다. 이 장에서 구체적인 인터페이스들이 어떻게 설계되었는지 자세히 배우고 나면 아무리 스마트한 기계가 모든 과정을 자동화시켜줄 수 있다고 하여도 이것이 유일한 정답이 아님을 알 수 있습니다. 스마트한 기계와 인간이 조화로운 과정을 통해 인간의 궁극적인 목표를 달성하게 도와주려면 몇 가지 자동화 시스템의 디자인 원칙을 추가로 알고 디자인해야 합니다. 역시 도널드 노먼이 미래 세상의 디자인에서 오래전 강조한 디자인 원칙들을 자율주행차에 대입해 봄으로써 초보 디자이너나 개발자가 익히 알려진 실수를 범하는 일이 없도록 합니다.

- 5장 : 전통적인 자동차 제조사들이 미래 모빌리티 시장에서 주도권을 놓치지 않기 위해 어떤 미래 자율주행차를 콘셉트로 선보였는지 소개합니다. Volvo 360c, BMW MINI, Rolls-Royce103EX에서 각각 다른 콘셉트를 내놓았지만 분명한 것은 이들 모두 미래 모빌리티를 우리 삶을 혁신적으로 개선하는 문제 해결의 주체로서 완전 자율주행차로 그리고 있다는 사실입니다. 또 이들 모두 공통적으로 탑승객 중심의 공간 디자인에 역점을 둔 양상을 볼 수 있습니다.

- 6장 : 홍익대학교의 학생들이 자율주행 공모전에서 수상한 작품을 상세히 수록했습니다. 2018년 현대자동차 자율주행 UX공모전(현대엔지비 주최), 2019년 아우디폭스바겐 미래 모빌리티 공모전(아우디 폭스바겐 코리아 주최), 2021년 미래 자동차산업 아이디어 공모전(HKASA 현대기아자동차 협력회)에서 수상한 프로젝트를 소개합니다. 결과뿐만 아니라 그 과정에 충실한 프로젝트로서 면밀히 살펴보기에 좋은 사례들입니다.

- 7장 : 미래 모빌리티의 리더인 산업체 전문가에게 우리 고민을 상담하고 그들의 비전을 묻는 인터뷰를 대화형으로 수록했습니다. 이 책에서 가장 많이 소개된 웨이모(Waymo)의 시초부터 디자인을 이끌고 있는 안유정 디자인 최고책임자, 리프트(Lyft)에서 자율주행팀 Product Design Manager이자 동시에 Staff Designer로 팀의 전체적인 디자인 방향성이나 디자인 수행을 담당하고 있는 김영교 디자이너, 모빌리티를 플랫폼 차원에서 현재에서 미래로 연결시킬 잠재력을 가진 카카오모빌리티의 김정민 AI Tech Leader의 현실적인 이야기와 조언들이 이제 막 커리어를 시작하는 독자들의 수많은 궁금증과 불안을 해소하는 데 도움이 되기를 바랍니다.

감사의 글

연구와 산학 과제를 함께 수행하며 성장한 제자들의 이야기가 이 책의 구석구석에 스며들어 있습니다. 이제 사회로 나가 산업의 현장에서 미래 모빌리티를 만들어 나가고 있을 졸업생들과 지난 강의를 수강하고 피드백을 준 수강생들에게 감사드립니다. 특히 6장에서 소개한 수상작을 기꺼이 공유해 준 졸업생들에게 감사드립니다.

홍익대학교 디자인엔지니어링 융합전공에서 비롯된 이런 과목의 개설을 장려해 주신 대학혁신지원사업 단장님과 함께 강의하시는 박기철 교수님께 감사드립니다. 우리에게 디자인엔지니어링의 중요성을 일깨워 준 포틀랜드대학교의 빌 드레셀하우스 교수님, 디자인과 공학의 융합교육을 위해 함께 고민하고 노력해 온 많은 동료 교수님들과 지원을 아끼지 않은 학교, 그리고 수많은 예를 통해 이러한 노력의 중요성을 깨우쳐 주고 격려해 준 자동차 및 전자 산업계 전문가들에게 깊은 감사를 드립니다.

지은이 **임덕신, 임현준**

미리보기

먼저 들여다보기

해당 장을 학습하기 전에
이 장에서 다루는 주제에 대해
미리 생각해 보도록
화두를 던집니다.

먼저 들여다보기

- 다음의 QR코드를 통해 영상[89]을 보면서 미래 모빌리티가 우리 삶을 어떻게 변화시킬지 생각해 보자. 특히, 현재 누구의 어떤 불편함과 부당함이 미래 모빌리티에서 먼저 해결되어야 할지 근원적인 질문을 던져본다.

"자율주행? 수소차? 플라잉카? 우리는 미래에 어떤 차를 타게 될까?"

승용차로 한 시간 걸리는 거리를 20분 만에 갈 수 있을까? 플라잉카를 이용하면 가능하다. 하늘을 나는 자동차는 더 이상 미래의 일이 아니다. 미래 이동 수단은 어떤 모습일까? 네트워크 기술로 모든 것이 연결되고, 인공지능으로 자동차의 자율주행이 이뤄질 것이다. 그에 따라 자동차는 소유에서 공유로 변할 것이 예상된다. 공상과학 드라마에서만 봐왔던 미래자동차 키트를 만날 날도 머지 않았다.

영상 보기

사람이 조작하지 않고 자동차 스스로 움직이는 자율주행자동차 시대가 오고 있다. 우리나라는 2022년부터 자동으로 차로를 유지하는 **레벨3 단계의 부분 자율주행차를 상용화**할 예정이다. 레벨4 단계가 되면 비상시에도 사람의 개입 없이 주행할 수 있고, 레벨5 단계가 되면 자동차가 모든 운전 활동을 담당한다. 사람이 운전할 필요가 없어지면 이동 수단의 디자인도 달라질 수밖에 없을 것이다. 자동차 안에서 회의하고 영화 보고 휴식을 취할 수 있다. 다양한 센서로 사람의 감정을 읽고 그에 맞춰 실내 환경을 바꿔주는 자동차도 있다. 미래의 자동차는 단순한 이동 수단이 아닌 삶을 즐기는 공간이다.

3.2 웨이모의 사례 연구

2009년 구글의 자율주행차 프로젝트(Self-Driving Car Project)로 시작된 현재의 웨이모 로보택시는 2020년 본격적으로 일반 대중에게 서비스를 공개하였다. 10년 이상의 테스트 과정에서 기술적 완성도만 올라간 것이 아니라, 자율주행차와 인간의 상호작용에 많은 깨달음을 얻고 사용자 경험 디자인의 완성도도 높아졌을 것이다. 웨이모의 디자인 사례를 배우고 분석해 보자.

학습 목표

- 웨이모는 자율주행차에 대한 일반인의 인식을 어떻게 의도하고 있는지 설명 가능하다.
- 신기술이 우리의 삶에 들어왔을 때 사람들의 수용성을 높이기 위해 어떤 프로세스로 어떤 디자인을 할 수 있는지 웨이모의 사례를 들어 말할 수 있다.
- 무인 로보택시를 이용하는 사용자의 여정을 넓은 시각으로 바라보고, 각 단계별 디자인 아이디어를 발산할 수 있다.

3.2.1 구글의 프로젝트에서 Waymo Driver^{TM}까지

구글이 2009년 자율주행차 프로젝트를 처음 시작할 때 도요타 프리우스(Prius) 차량에 센서를 탑재하여 테스트하다가 2013년 완전 자율주행으로 방향을 정하고 나자 이에 걸맞는 프로토타입을 직접 제작하게 된다. 이것이 2015년 공개된 구글의 파이어플라이(Firefly) 프로토타입이다. 2017년에 웨이모가 독립적인 자회사로 설립되면서 크라이슬러와 제휴하여 자율주행 미니밴을 제작하였고, 이때부터 자동차 제조사와 OEM으로 제작한 프로토타입으로 일반 도로 테스트를 시작하였다. 현재는 Jaguar I-Pace를 도입하여 다섯 번째 하드웨어로 웨이모 원 서비스에 사용되고 있다.[85]

여기서 잠깐

웨이모 디자인 최고 책임자 안유정(Yoojung Ahn)의 SXSW 2020 기조연설[86]

사우스 바이 사우스웨스트(South by Southwest : SXSW) 학회에서 웨이모의 디자인 최고 책임자 안유정 디자이너가 웨이모의 디자인 원칙을 발표한 30분가량의 영상(다음의 QR코드 활용)을 처음부터 끝까지 경청해 본다면, 자율주행차 디자인이 얼마나 다양한 접점에서 사용자를 배려하고 총체적인 사용자 경험을 만들어내기 위해 애쓰는지 그 광범위한 UX 디자인의 영역에 놀랄 것이다.

영상 보기

도입글

해당 절의 학습 내용과 필요성 등을
보여 줍니다. 이를 통해 각 절의
맥락을 이해할 수 있습니다.

학습 목표

각 절을 학습하면서 구체적으로
어떤 역량을 갖춰야 하는지,
즉 무엇을 할 수 있어야
하는지를 제시합니다.

여기서 잠깐

본문에 대한 보충 설명, 참고 내용 등을
담고 있습니다. 본문을 학습하면서
참고하면 많은 도움이 될 것입니다.

자동화된 인공지능물이 생활에 많아지면 할 일을 다 맡겼으니 잊어도 되는 게 아니라, 달라진 관계 속에서 각자의 역할을 해 주어야 공생할 수 있다. 주전자 물이 다 끓었을 때 나는 "쉭~ 쉭~" 수증기 소리, 청소기 흡입에 문제가 생겨 "꺼억~ 꺼억~" 대는 소리와 같이 자연스러운 신호를 잘 살린다면 인간이 자동화 기계와의 관계에서 적절히 반응하는 데 효과적인 디자인이 될 것이다.

[그림 4-21]에 보이는 미래 자율주행차는 BMW Vision Next 100 콘셉트다. 완전 자율주행의 시대에도 운전을 즐기는 사용자를 위해 원할 때는 운전할 수 있도록 운전석과 스티어링 휠, 브레이크 페달 등이 제공된다.

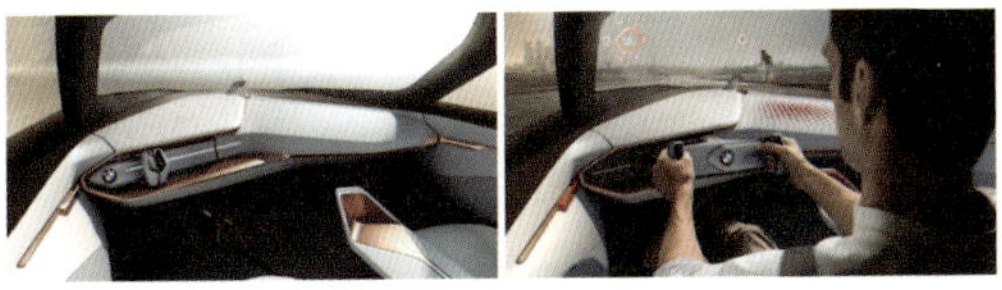

[그림 4-21] BMW Vision Next 100[132]

출처 표기

책의 뒷부분에 본문에서 언급된 영상이나 이미지의 출처를 모아두었습니다. 이를 통해 관련된 내용을 좀 더 자세히 살펴볼 수 있습니다.

! 생각해 봅시다 주행상태를 시각적인 디자인으로 나타낼 수 있을까?

다음의 QR코드로 제시된 영상은 BMW Vision Next 100 인테리어([그림 4-22])와 함께 내 · 외장의 다양한 디자인 면모에 대한 디자인팀의 의도와 미래 비전을 소개한다. 디자인팀 내에도 다양한 전문가들이 모여 사용자 인터페이스가 결정되고 완성되는 것을 알 수 있다. "풍부하고 복합적이고 자연스러운 신호를 제공하라"는 디자인 원칙이 꼭 사운드만을 이야기하는 것은 아님을 보여 주기 위해 이 사례를 추가한다. 암묵적인 의사소통으로써 촉각적 단서도 동원할 수 있다. 이 사례에서는 전기자동차의 도로 주행상태를 사용자가 알 수 있게 실내외 디자인에 기하학적 패턴을 적용하여 풍부하고 복합적이고 자연스러운 소통을 시도한 점이 눈에 띈다. (물론 이 "**Live Geometry**"가 손끝으로 소통하지는 않지만, 질감을 시각적으로 표현해 만져보지 않아도 그 느낌을 전달할 수 있다.)

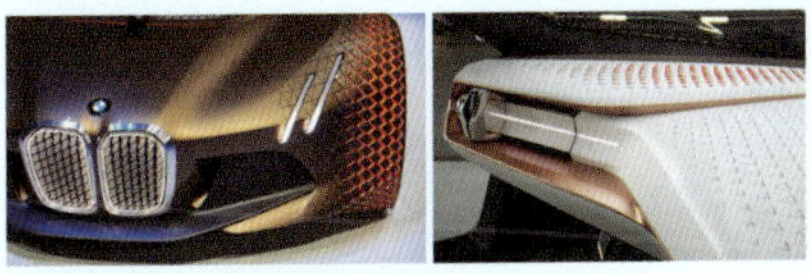

영상 보기

[그림 4-22] BMW Vision Next 100 "Live Geometry"[133]

생각해 봅시다

본문과 연계해서 생각해볼 수 있는 다양한 기술 이슈를 소개합니다. 이를 통해 학생들의 사고를 좀 더 확장시켜 줄 수 있습니다.

QR코드

본문에 소개된 동영상 및 사이트 주소를 QR코드로 제시합니다. 요약된 설명보다 영상이나 사이트를 방문해보면 학습에 더욱 흥미가 생길 수 있습니다.

연습문제

본문 내용을 제대로 이해했는지 확인하는 문제와 조사 및 정리하는 서술형 문제를 제시합니다. 이를 통해 해당 분야의 트렌드를 이해할 수 있을 것입니다.

연습문제

01 2030년 전기 수소차 시장이 어느 정도로 확대될 것으로 전망되는가? (2019년 10월 15일 대한민국 미래자동차 국가비전 선포식 당시 기준)

❶ 10~20% ❷ 20~30% ❸ 50% 이상 ❹ 90% 이상

02 2030년 미래자동차 국가비전에서 선언한 5-F(ree) 사회 구현의 다섯 가지 지표는 무엇인가?

이 책의 사용 설명서

01 강의 보조 자료

한빛아카데미 홈페이지에서 '교수회원'으로 가입하신 분은 인증 후 교수용 강의 보조 자료를 제공받을 수 있습니다. 한빛아카데미 홈페이지 상단의 〈교수전용공간〉 메뉴를 클릭하세요.

http://www.hanbit.co.kr/academy

02 연습문제 해답 안내

이 책은 대학 강의용 교재로 개발되었으므로 연습문제 풀이는 제공하지 않습니다. 단, 정답은 아래의 경로에서 내려받을 수 있습니다.

한빛아카데미 홈페이지 접속 → [도서명] 검색 → 도서 상세 페이지의 [부록 / 예제소스]

03 추천 강의 계획표

디자인 설계 프로젝트 중심의 전공에서는 UX 개념과 디자인 원칙을 수업하면서 학생들의 프로젝트를 병행하여 최종 프로젝트 발표로 기말고사를 대체할 수도 있습니다.

주차	수업내용
1	오리엔테이션
2	1.1 우리와 세계 속 미래자동차
3	1.2 미래 모빌리티의 리더
4	1.3 미래사회와 스마트 모빌리티 서비스
5	2.1 자율주행에 앞서 바라볼 사회의 통점
6	2.2 국내 법령과 전망 | 2.3 미국 자동차 공학회 표준
7	2.4 자동화 수준별 상호작용 이슈
8	중간고사
9	3.1 자율주행차를 보는 사람들의 인식
10	3.2 웨이모의 사례 연구 | 3.3 신뢰를 위한 디자인
11	4.1 사용자 중심 디자인 원칙
12	4.2 자동화 수준별 사용자 인터페이스
13	4.3 스마트한 기계와 인간의 공생
14	5.1~5.3 완전 자율주행차 디자인 사례 연구
15	기말고사

목차

2장 인간의 관점에서 보는 자율주행시스템

3장 신뢰할 수 있는 자율주행차 디자인

4장 사용자 중심 자율주행차 디자인

들어가기 전에

■ 미래 모빌리티의 등장은 우리의 일상을 얼마나 변화시킬까?

우리가 일상적으로 사용하는 물건 중 가까운 미래에 가장 크게 변할 일상 용품은 아마 자동차일 것이다. 변화의 조짐을 보이는 자동차나 조금씩 그 모습을 드러내고 있는 도심 항공 모빌리티(Urban Air Mobility : UAM)와 같은 미래 모빌리티의 가장 큰 특징은 자율주행이다. 자율주행은 기계의 일종인 모빌리티가 사람처럼 생각하고 판단하여 스스로 움직인다는 의미로, 여기에 고도의 기술 발전이 필요함을 예상하기란 어렵지 않다. 이미 그러한 기술이 상당 수준에 도달했고, 많은 이들이 완전한 자율주행이 수년 안에 가능할 것으로 예상하고 있다.

자율주행으로 대변되는 미래 모빌리티가 관심을 끄는 이유는 그로 인해 우리 일상의 많은 부분이 달라질 것이기 때문이다. "김 기사! 운전해~!"라고 지시하는 사모님처럼 누구나 직접 운전하지 않고 차를 타고 다니는 편리함을 누릴 수 있게 되는 것이다. 이러한 기술이 보통 사람들에게는 호사지만, 장애나 고령으로 운전이 어려운 이들에게는 독립적으로 자유롭게 공간을 이동할 수 있는, 완전히 새로운 세상을 열어주는 장치가 된다. 게다가 이러한 미래 모빌리티가 스마트시티와 연결되면 우리 생활은 더 편리하고 더 안전하며 더 즐거울 것이다.

■ 아름다운 미래는 기술의 완성만으로 가능할까?

19세기 말에서 20세기 초에 걸쳐 자동차가 마차를 대체하는 과정에서 겪어야 했던 문제들이 지금도 비슷하게 재현되고 있다. 가장 눈에 띄는 문제가 사회 수용성이다. 자동차는 위험하니 운전자 없이 혼자 다니게 해서는 안 되고 신호수 한 명이 빨간색 깃발을 흔들어 보행자들이 주의하도록 신호를 보내게 했다는 영국의 적기조례법은 오늘날 보면 진기하기까지 하다. 이는 새로운 기술이 도입될 때 기존 기술에 익숙한 사회 수용도가 얼마나 큰 장애가 되는지 여실히 보여 준다. 현재 자율주행차의 안전에 대해 사람들이 지닌 우려도 아직 상당하다. "자율주행차를 타면 차 안에서 무엇을 하겠는가?"라는 질문에 많은 사람이 "차가 운전을 안전하게 잘 하는지 살펴보겠다"고 답하는 실정이니 말이다. 즉, 새 기술에 아직 신뢰가 높지 않음을 의미한다. 시간이 지나면 조금씩 신뢰가 쌓이겠지만, 어쩌다 한 번씩 들리는 사고 소식은 그마저도 더디게 할 것이다.

■ 신기술을 접하는 사람들의 우려는 어떻게 줄일까?

우선 신뢰도를 높이기 위해 그 기계나 기술이 어떻게 작동하는지를 이해시킬 필요가 있다. 그게 자율주행차라면, 기기가 주변 상황을 어떻게 인식하고 어떤 판단으로 어떤 행동을 하는지 보여줌으로써 승객은 안도할 수 있다. 어떻게 작동하는지도 모르는 블랙박스 같은 차를 타고 조마조마한 마음으로 1주일, 1개월, 2개월… 시간을 보내며 서서히 염려에 무뎌지는 것보다, 새 기기의 원리를 이해시키면 훨씬 빨리 안심하게 하며 인간 중심적이다. 기술은 급속도로 발전해 왔지만 인간의 신체나 인지, 판단능력은 석기시대와 크게 다르지 않다. 그러니 그에 맞춘 소통이 필요하다. 소통은 차 내부뿐 아니라 외부에서도 중요하다. 주행 시 길을 건너려는 사람이나 같은 도로를 달리는 일반 자동차의 운전자와 소통하며 자율주행차의 경로를 미리 알려야 위험한 상황이 생기지 않게 할 수 있다. 이처럼 자율주행차가 위험하지 않다는 것을 사람들이 받아들이려면 자율주행 기술뿐 아니라 수용성 제고를 위한 인간 중심 기능과 장치가 중요하다. 여기서 후자는 인간 중심 디자인의 영역이자 인지심리학의 영역이다.

여기서 잠깐

적기조례법이란?

1705년 영국의 토머스 뉴커먼이 증기기관을 만들고, 1801년 리처드 트레비식이 상용 증기자동차를 출시한다. 트레비식의 증기자동차가 인기를 끌면서 영국에서는 택시, 버스 등 자동차 관련 서비스 산업이 싹트기 시작했다. 증기기관의 종주국 영국은 자동차 산업에서도 다른 유럽 국가에 비해 우월한 위치를 점하였다. 하지만 마부들이 기존 마차들이 영위하던 이동 · 물류 사업을 자동차가 침범한다고 반발하자 영국 정부는 마부 권익 보호 차원에서 1865년 '적기조례법(Red Flag Act 혹은 Locomotive Act)'을 발표하였는데 이는 결국 영국의 자동차 산업을 옭아맸다. 적기조례는 교외에서는 시속 6km, 시가지에서는 시속 3km 이상 운행 금지, 자동차 운행 시 운전사, 기관사, 자동차가 지나감을 알리는 기수 포함 3명의 인원 필수 등을 강제하였다. 다음의 그림을 150여 년 뒤인 지금 보면 어떠한가?

[그림 1] 적기조례법(1865)[1]

[그림 2] Evil AI Cartoons(2021)[2]

자율주행차가 안전하고 필요하다는 인식이 사회에 수용되면, 그다음으로 사람들에게 중요한 것은 차내 활동이다. 이동 중 운전할 필요가 없으니 그 시간을 활용할 수 있다. 그 활동이 휴식, 수면, 취식, 영화감상, 학습, 간단한 운동, 회의 등 사람마다 날마다 취하는 방법이 다를 테고, 사고 건수도 거의 없다면 전방을 주시할 이유가 없으니, 시트의 크기나 방향을 원하는 대로 바꾸거나 아예 없애고 침대나 운동기구를 놓을 수 있다. [그림 2]처럼 이동 중 수영이나 서핑을 하는 아이디어가 등장했을 정도다. 즉, 자율주행차의 실내는 용도에 따라 다양한 형태와 기능으로 새롭게 설계될 것이다. 이는 매우 좁은 공간을 위한 인테리어 디자인의 영역이고 차내 제품 디자인의 영역이라는 점에서 다방면의 챌린지가 존재한다. 이러한 변화로써 사람들은 자율주행차로 이동하는 동안 하고 싶은 일을 하는 즐거움과 재미, 행복을 느끼는 사용자 경험(User eXperience : UX)을 하게 될 것이다.

■ 엔지니어링과 디자인, 무엇이 더 중요할까?

이 책에서는 자율주행 미래 모빌리티의 많은 이슈를 다룬다. 앞서 살펴본 자율주행차의 수용성과 UX에 대한 짧은 예상만 엿보아도 사용자 중심의 사고와 디자인이 중요함을 알 수 있다. 그러나 그 모든 일이 이동 중인 모빌리티 내의 좁은 공간에서 이뤄진다는 것을 생각하면, 고정된 건물 안 인테리어나 제품 디자인과 달라야 하고 모빌리티를 총괄하는 자율주행시스템과 연동되도록 개발해야 한다. 예를 들면, 시트를 용도에 따라 재배치하려면 좁은 공간에서 작동하는 창의적인 메커니즘 설계와 차량의 움직임에 따라 메커니즘이 안전하게 작동하도록 자율주행시스템과의 연계를 고려할 수밖에 없다. 당연한 이야기지만, 모든 제품이 그러하듯 차량 실내 인테리어 장치나 소품 역시 기계공학, 전기전자공학, 소재공학, 생산공학 등이 바탕이 되어야 그 의도대로 제품을 만들 수 있다.

이 책에서는 지능을 지닌 자율주행 모빌리티와 로봇이 사람들과 어떤 상호작용을 이루고, 결과적으로 우리 삶을 어떻게 편리하고 안전하고 행복하게 해 줄 수 있는가를 디자인과 공학적인 관점에서 폭넓게 다룬다. 소위 4차 산업혁명이라고 하는 거대한 파도가 일고 있다. 여기서 겪는 수많은 사용자 관점 이슈들을 디자인-공학의 융합적 사고로 해결해 낼 인재가 절실한 상황이다. 이 책이 이러한 융합 인재를 세우는 기본 소양을 제공하는 데 기여하길 기대해본다.

1장

미래 모빌리티의 이해

Understanding Future Mobility

친환경 전기차와 수소차, 정보통신 기술(ICT)과 인공지능(AI)에 기반한 자율주행차 등 자동차의 미래는 어떤 모습을 향해 가고 있을까. 친환경화와 지능화 패러다임의 변화에 따른 미래 모빌리티의 특징을 알아보자. 미래 모빌리티를 이해하는 데 변화된 미래 사회도 고려하지 않을 수 없다. 우리는 미래 스마트시티의 모습과 그 속의 미래자동차를 구체적으로 그려낼 수 있는 능력과 시안을 갖춰야 한다.

먼저 들여다보기

■ 다음 영상에서 소개하는 우리나라 미래자동차 비전을 들어본다.

"2030년까지 미래차 경쟁력 1등 국가 실현" [3]

2019년 10월 15일 경기도 화성의 현대자동차 남양연구소를 방문한 대통령은 "우리는 이미 세계 최고의 전기차 · 수소차 기술력을 입증했다"며, **"2030년까지 미래차 경쟁력 1등 국가**가 되는 게 목표"라고 밝혔습니다.

영상 보기

"미래차 시대에 우리는 더 이상 추격자가 되지 않아도 됩니다. 세계에서 가장 빠른 이동통신망을 결합하면 자율주행을 선도하고, 미래차 시장을 선점할 수 있습니다."

또 미래차 산업은 새로운 일자리를 만들어 경제활력을 살릴 뿐 아니라 미세먼지와 온실가스를 줄이고, 교통약자들의 안전한 이동권도 실현할 수 있다고 강조했습니다. 그러면서 구체적으로 **2030년 신규 차량의 30%를 수소차나 전기차**로 생산하고, **50% 이상을 자율주행차**로 만들겠다는 정책 방향을 제시했습니다.

"전기차 · 수소차의 신차 판매 비중을 2030년 33%, 세계 1위 수준으로 늘리고 세계 시장점유율 10%를 달성하겠습니다."

이를 위해 전기차 급속충전기와 수소충전소 등 인프라를 대폭 확충하는 한편, 오는 **2027년 세계 최초의 자율주행 상용화**도 적극 지원하겠다고 밝혔습니다. 다만 기존 자동차 및 부품 · 소재 산업에서의 일자리 감소 우려에도 대비해야 한다며 규제혁신과 대 · 중소기업 간 상생협력 필요성을 강조했습니다.

1.1 우리와 세계 속 미래자동차

이 장에서는 소위 말하는 미래자동차를 바라보는 시선을 넓혀 우리나라의 미래 모빌리티 전략과 로드맵, 더 나아가 세계의 추세를 이해하는 것을 목표로 한다.

학습 목표

- 우리나라의 미래 모빌리티 사업계획을 이해할 수 있다.
- 미래 모빌리티의 종류를 정리할 수 있다.
- 미래 모빌리티의 세계적 추세를 말할 수 있다.

1.1.1 우리나라의 비전과 산업 전략

「**미래자동차 산업 발전 전략 – 2030년 국가 로드맵**」[4]에서 정의하는 **미래자동차**란 친환경 전기차와 수소차, 정보통신 기술(ICT)과 인공지능(AI)에 기반한 자율주행차를 포괄하는 자동차 개념이다. 정부는 미래자동차 산업을 8대 혁신성장 선도과제의 하나로 삼았다. 2030년 미래자동차 시장은 [표 1-1]에서 제시하는 것처럼 친환경차, 자율주행차(스마트카), 서비스 산업이 견인할 것이라 예상된다.

■ 친환경화

내연기관 시장부진 속에 **전기 수소차** 시장이 크게 확대되고 있다. 2030년 전기 수소차의 신차 판매 비중이 20~30% 이상 늘어날 것으로 전망되는 가운데, 스마트카 · 자율주행 기능 고도화로 자동차의 전동화를 촉진한다.

■ 지능화

IT 기업 중심으로 **자율주행차** 개발과 사업화를 빠르게 추진 중이다. 내비건트리서치의 전망에 따르면 2030년 기준 신차의 50% 이상이 레벨3 이상의 자동화 기능을 갖출 것으로 예상된다. 이는 반도체(센서), SW(인공지능) 등 전후방 산업 빅뱅 리드로 이어진다.

■ 서비스화

스마트폰과 O2O 플랫폼 기반 공유이동수단이 확산 중이다. 미국의 Uber는 이미 완성차기업 이상의 기업가치를 보유했으며, 중국의 디디(DiDi)는 이미 1일 3,100만 회 승차서비스를 제공하고 있다. 맥킨지 컨설팅에 따르면 서비스 분야의 연평균 시장성장률은 29.8%에 이를 것으로 예상된다.

[표 1-1] 2030년 미래자동차 글로벌 시장 전망(2019)[5]

수소-전기차(SNE 리서치 등)	자율주행차(내비건트리서치)	서비스(맥킨지)
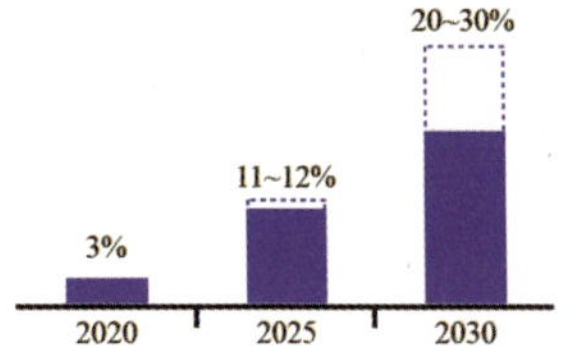	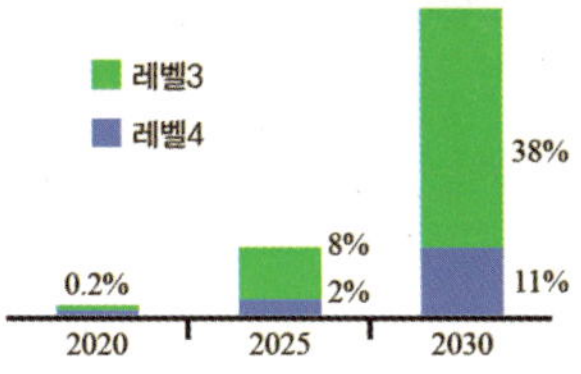	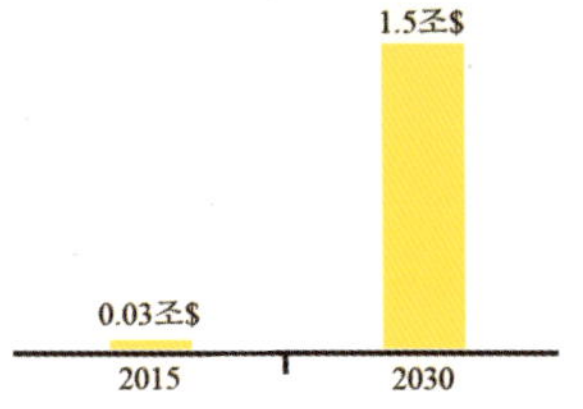
2030년 신차의 20~30% 이상 증가	레벨3 이상, 신차의 50% 이상 차지	서비스 분야 연 30% 성장

우리나라는 이러한 글로벌 시장 전망에 발맞추어 2030년 '미래차 경쟁력 1등 국가'로 도약하겠다는 비전을 제시한다. 구체적인 목표로 2030년 **5-F(ree)** 사회 구현의 다섯 가지 지표를 제시하는데 이는 사고(Accident), 장벽(Barrier), 정체(Congestion), 지연(Delay), 배출(Emission)이 없는 사회를 말한다. 이를 위해 단계적으로 "2021년 레벨3 자율차 출시 → 2024년 레벨4 일부 상용화 → 2027년 레벨4 전국 상용화"라는 로드맵을 그리고 있다. 이를 달성하기 위하여 친환경차 기술력과 국내 보급 가속화를 기반으로 세계시장을 적극 공략하고, 완전 자율주행 법제도·인프라(주요 도로) 완비(2024년), 민간투자(60조 원)를 기반으로 하여 개방형 미래차 생태계로 신속 전환하겠다는 전략도 세워 놓았다. [그림 1-1]은 이러한 기조의 큰그림을 보여 준다. 이러한 패러다임의 변화로써 궁극적인 우리 삶의 혜택으로 교통사고 사망자 74% 저감, 교통정체 30% 저감, 온실가스 30% 감축, 미세먼지 11% 감축의 효과를 기대한다.

[그림 1-1] 그림과 수치로 살펴보는 우리나라의 2030년 미래자동차 비전(2019)[5]

1.1.2 친환경차

세계적으로 탄소중립이 대세다. **탄소중립**은 대기 중 배출된 온실가스를 흡수, 제거하여 실질적인 배출량이 0이 되는 상태를 말한다. 120여 개국이 2050년까지 탄소 순배출을 없애는 '넷 제로'를 선언하거나 추진 중이다. 프랑스 파리가 2024년 개최되는 파리 올림픽에 맞춰 디젤엔진을 불법으로 규정할 계획이어서 주목받고 있다. 2017년 파리시청 교통정책 담당관은 "오는 2030년엔 화석연료 자동차에서 완전히 탈출할 것"이라고 선언하기도 했다. 유럽연합(EU)은 2035년 신차 배기가스 제로(0)라는 강력한 환경 규제를 추진할 것으로 보인다. 내연기관차를 대상으로 한 마지막 환경 규제가 오는 2025년 적용 예정인 유로 7이 될 것으로 예상했지만 유럽은 한발 더 나아가 전면 퇴출을 선언한 셈이다. 유럽연합은 2030년 모든 신차 배기가스 배출량을 65%로 낮추고, 2035년에는 0%로 낮추도록 요구할 계획이다.

2030년 유로 7 규제에 맞춰 내연기관 이산화탄소 배출량 37.5% 감축을 위해 막대한 투자를 해온 자동차 제작사들은 비상이 걸렸다. EU가 자동차 탄소제로 규제를 계획대로 추진한다면 5년 후인 2035년 내연기관 퇴출이 뻔하고 따라서 규제 대응을 위해 지금 추진하는 연구와 투자 전략은 무용지물이 될 것이 자명하다. 그러나 EU는 유럽 전체 CO_2 배출량 가운데 12%를 자동차가 배출하고 있다며 탄소중립 실현을 위해서는 불가피한 선택이라는 점을 분명히 하였다.

최근엔 유럽이 주도해오던 탄소중립 대열에 미국과 중국이 경쟁적으로 합류하고 있다. 다가올 기후변화 시대를 선도하려는 주도권 경쟁으로 확전되는 양상이다. 미국의 기업과 주 정부 차원의 움직임도 분주하다. 구글과 애플은 2030년까지 탄소중립을 하겠다고 선언했다. 미국 내 최대 자동차시장인 캘리포니아 주는 미국 50개 주 가운데 처음으로 2035년부터 휘발유 신차 판매를 금지하기로 했다.

우리나라 2018년 온실가스 총배출량(Land Use, Land-Use Change and Forestry : LULUCF 제외)은 1990년도에 비해 149.0% 증가했고, 2017년도보다는 2.5% 증가했다. 1990년대는 경제가 성장함에 따라 온실가스 배출량이 크게 늘었고, 1998년 외환위기의 영향으로 온실가스 총배출량이 14.1% 감소한 이후로 2000년대 경기가 회복되면서 온실가스 배출량이 꾸준히 증가했다. 우리나라는 국제사회의 노력에 동참하고 건강하고 넉넉한 미래를 만들어 가기 위해 2020년 10월 28일 '2050 탄소중립 선언' 그리고 12월 10일 '2050 탄소중립 비전'을 선포했다.

이렇게 내연기관차 퇴출이 가속화되면서, 친환경차의 기술력 확보와 도입도 가속화되고 있다. 우리나라 친환경차 관련 지표로 국토교통부의 사용 연료별 자동차 등록 대수[6]를 보면 2021년 친환경차(전기 · 수소 · 하이브리드차)가 전년대비 41.3%(+339천 대) 증가하여 누적등록 116만 대를 기록(1,159천 대)하였다.

특히, **수소차**는 전년대비 77.9%(+8,498대) 증가하여 총 19,404대가 등록(누적)되었으며, **하이브리드**는 전년대비 34.7%(+234천 대) 증가하여 총 908천 대가 등록(누적)되었다. 2021년 말 **전기차**는 전년대비 71.5%(+96,481대) 증가하여 총 231,443대가 누적 등록되었으며, 2018년 말 대비 4.2배로 증가되었다. 전기차 신규등록은 100천 대로 2020년(46천 대) 대비 115%(+54천 대) 증가하면서, 2021년 전기차 10만 대 이상 신규 등록된 국가가 되었다. 2014년 이후 증가 추이를 [표 1-2]에 정리하였다.

2021년도 전체 자동차 판매량이 정체하는 가운데 전기차, 수소차 등 **친환경차량** 보급은 높은 증가세를 나타냈다. 반면, 상대적으로 경유자동차는 총 등록대수가 증가세를 멈추고 처음으로 감소하였다. 2030년 전기 수소차의 신차 판매 비중이 20~30% 이상으로 확대되기까지 아직 갈 길이 먼 것이 사실인데 스마트카 · 자율주행 기능 고도화로 자동차의 전동화도 촉진될 것으로 기대해 본다.

[표 1-2] 친환경차 등록(누적) 추이 (단위: 대)[7]

구분		2014	2015	2016	2017	2018	2019	2020	2021
전체 자동차		20,117,955	20,989,885	21,803,351	22,528,295	23,202,555	23,677,366	24,365,979	24,911,101
친환경차	소계	140,297	180,361	244,158	339,134	461,733	601,048	820,329	1,159,087
	하이브리드	137,522	174,620	233,216	313,856	405,084	506,047	674,461	908,240
	전기차	2,775	5,712	10,855	25,108	55,756	89,918	134,962	231,443
	수소차	–	29	87	170	893	5,083	10,906	19,404
친환경차 등록비중(%)		0.7	0.9	1.1	1.5	2.0	2.5	3.4	4.7

[표 1-3] 2021년 전기차 모델별 누적등록 현황[7]

차명	원산지	차종	대수	비중(%)
코나 일렉트릭	국산	승용	32,789	14.2
포터II 일렉트릭	국산	화물	24,599	10.6
아이오닉 5	국산	승용	22,583	9.8
테슬라 Model 3	수입	승용	21,456	9.3
니로 EV	국산	승용	19,365	8.4
아이오닉 일렉트릭	국산	승용	18,256	7.9
봉고III 1톤 EV	국산	화물	15,637	6.8
쉐보레 볼트 EV	수입	승용	11,699	5.1
EV6	국산	승용	10,885	4.7
테슬라 모델Y	수입	승용	8,890	3.8
기타	–	–	45,284	19.6
소계			231,443	

전기차 차종별로는 승용이 185천 대(80.0%), 화물은 43천 대(18.6%), 승합 3.1천 대(1.3%), 특수는 130대(0.1%)가 등록되었다. 제조사별로는 현대(44%), 기아(23.7%), 테슬라(14.2%) 순으로 누적등록 점유율을 보이며, 테슬라 전기차의 등록 비중이 증가하는 것으로 집계되었다. 또 2021년 말 기준 누적등록 상위 전기차 모델을 살펴보면 코나 일렉트릭(32,789대, 14.2%), 포터Ⅱ 일렉트릭(24,599대, 10.6%), 아이오닉 5(22,583대, 9.8%), 테슬라 Model 3(21,456대, 9.3%), 니로 EV(19,365대, 8.4%) 순이다([표 1–3]). 전기 화물차는 구매보조금과 한시적인 영업용번호판 발급총량 예외정책 등에 따라 2019년 말 1.1천 대에서 2021년 말 43천 대로 대폭 증가하였다.

[그림 1-2] 우리나라 누적등록 1위인 코나 일렉트릭(2021)[8]

[그림 1-3] 우리나라 누적등록 2위인 포터II 일렉트릭(2021)[9]

[그림 1-4] 우리나라 누적등록 3위인 아이오닉 5(2021)[10]

1.1.3 전기자동차

순수 **전기자동차**(electric vehicle : EV)는 화석연료(가솔린 · 디젤) 엔진 없이 배터리를 이용해 전기에너지만을 동력원으로 사용하는 전기자동차를 말한다. 충전된 전기에너지만으로 구동돼 이산화탄소 등 배출가스가 전혀 발생하지 않음은 물론이다. 또 내연기관이 필요 없고 전기모터만 장착하면 되기 때문에 자동차 구조를 단순화할 수 있다. 자동차 앞쪽 엔진룸이 없어도 되니 그 공간을 활용한 기존 상식과는 다른 다양한 디자인의 자동차가 등장하고 있다.

구동 원리에 따른 분류

[표 1-4] 전기자동차의 종류[11]

	하이브리드 자동차 (HEV)	플러그인 하이브리드 자동차 (PHEV)	전기자동차 (EV)
구동원	엔진+모터(보조동력)	모터, 엔진(방전 시)	모터
에너지원	전기, 화석연료	전기, 화석연료(방전 시)	전기
구동형태		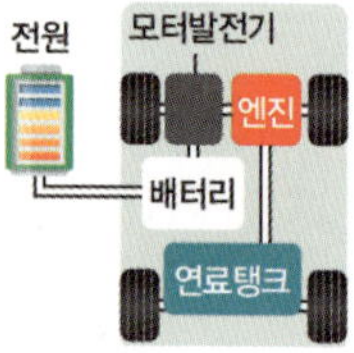	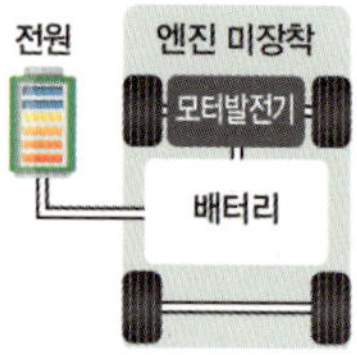
배터리	0.98~1.8kwh	4~6kwh	10~30kwh
특징	주행 조건별 엔진과 모터를 조합한 최적운행으로 연비 향상	단거리는 전기로만 주행, 장거리 주행 시 엔진사용, 하이브리드+전기차의 특성을 가짐	충전된 전기에너지만으로 주행, 무공해 차량

■ 하이브리드 자동차(Hybrid Electric Vehicle : HEV)

가장 쉽게 접할 수 있는 형태의 EV로, 도요타의 '프리우스'가 대표적이다. 화석연료 엔진과 전기모터를 함께 사용하는 점은 PHEV와 동일하지만, 배터리를 따로 충전하지 않는다는 차이가 있다. 정상 주행할 때는 주로 엔진을 사용하고, 시동 걸 때나 고속 주행 등 더 큰 출력을 요할 때는 전기모터를 보조로 사용하는 방식이다. 소비자(운전자)로 하여금 '배터리를 어떻게 관리해야 한다, 충전해야 한다' 등의 고민을 없애고 특별히 신경 쓰지 않아도 되게 했다는 큰 장점이 있다. 배터리 충전이 자체 동력으로 이루어지기 때문에 전기 충전소 등의 인프라가 필요치 않아 보급이 대단히 활발한 편이다.

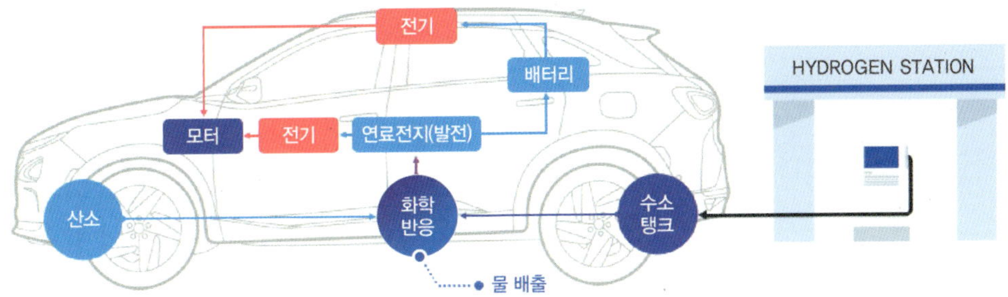

[그림 1-5] 수소전기차의 구동 원리[12]

그러나 2018년부터 ZEV(Zero Emission Vehicle) 크레딧을 주는 차종에서 순수 하이브리드차(예: 그랜저 하이브리드)와 고효율 내연기관차를 제외했다. ZEV는 '제조사는 연간 판매량 대비일정 비율만큼 전기자동차를 판매해야 한다'는 규제인데, HEV가 그 대상에서 제외된 것이다. 이 때문에 시장에서 친환경 자동차의 대세가 HEV에서 PHEV, EV로 넘어간다.

■ 플러그인 하이브리드 자동차(Plug in Hybrid Electric Vehicle : PHEV)

내연기관과 전기모터를 함께 사용하며, 배터리는 외부전원(plug)으로 충전할 수 있도록 한 전기자동차 형태이다. 전기 콘센트에 플러그를 꽂아 전기로 주행하다가 충전한 전기가 모두 소모되면 화석연료 엔진으로 움직이는데, 통상 40~50km의 거리를 전기로 주행할 수 있다. 내연기관을 써야 한다는 점에서 탄소 제로의 대안은 아니지만, 화석연료 자동차에서 EV로 가는 중간 단계로 인식된다. 아직 EV의 주행거리 한계가 있는 만큼, 그 단점을 보완하면서 연비를 늘릴 수 있다는 장점이 있다.

BMW i8의 경우, 가솔린 엔진과 전기모터를 함께 사용해 최고출력 362마력의 성능을 발휘할 수 있다고 한다. 연비는 47.6km/L로 기존 가솔린 자동차에 비해 2배 이상의 수준을 보이며, 한 번 충전으로 600km까지 주행이 가능하다. 이처럼 소비자 편의, 주행거리, 인프라 등으로 향후 가장 많이 사용될 전기자동차로 주목받고 있기도 하다.

전기 공급 방식에 따른 분류

전기자동차 관련 최근 글로벌 모빌리티 업계에서 주시하는 이슈 중 하나는 '전기 공급 방식'이다. 가까운 미래 대세가 될 'EV'에 어떻게 전기를 공급할 것인가 하는 문제에 두 가지 방식이 대표적으로 고려되고 있다. 리튬이온 배터리를 충전해 전기차를 움직이는 **배터리 방식** BEV(Battery Electric Vehicle)와 수소 전기분해를 활용해 전기를 생산하는 **수소연료전지 방식** FCEV(Fuel Cell Electric Vehicle)이다. BEV와 FCEV는 전기로 움직인다는 점은 같지만, 전기에너지를 만들어내는 방식과 구조가 완전히 다르다.

■ **수소연료전지**

물을 전기분해했을 때 수소와 산소가 발생하는 원리를 역으로 이용한다. 수소를 공기 중의 산소와 반응시켜 물과 수소에너지(전기)를 만들어내는데, 수소'전기차'지만 전기가 아닌 수소를 충전하고 화학반응으로써 발생시킨 전기로 모터를 구동하는 것이다. FCEV의 가장 큰 특징은 내연기관을 대신하는 수소탱크와 연료전지로, 수소를 물과 전기로 변환하는 과정이 거기서 이뤄진다.

■ **배터리 방식**

우리가 일반적으로 사용하는 스마트폰과 같이 전기를 충전해 사용한다. 최근 전기자동차는 충전 가능한 2차 전지 중에서도 리튬 폴리머 배터리를 주로 사용하며, 이 배터리(셀)를 여러 개 묶은 팩을 모듈화해 전기차에 장착한다. 배터리는 모터와 함께 전기차의 가장 중요한 부품이라고 할 수 있는데, 배터리의 용량이나 성능이 전기차의 주행가능 거리와 모터의 출력 등을 좌우한다. 전기차 배터리에는 충분한 주행거리 확보를 위해 높은 에너지 밀도가 요구되며, 배터리 제조사들은 경량화 기술을 통해 무게 대비 용량이 큰 배터리를 개발하고 있다. 이러한 고용량 배터리를 안정적으로 운용하려면 외장재인 배터리 케이스와 냉각 설계 등의 시스템도 필수적이다.

[그림 1-6] 코나 EV의 리튬 폴리머 배터리[12]

전기자동차 주요 선택 기준

종합적으로 볼 때 전기차는 배터리로 인한 무거운 무게가 단점이지만 이는 안정성을 높이는 효과가 있고(차량 전복 확률 낮음), 적은 소음이 장점이지만 보행자의 차량 인지가 어렵다는 새로운 문제를 낳았다. 또 아직 초기 구입 비용이 높지만, 몇 가지 항목만 따져 보면 저렴한 유지비와 관리 비용, 높은 내구성으로 가치가 높음을 알 수 있다. [표 1-5]에 전기차의 장단점을 나열하였다.

[표 1-5] 전기차의 장단점

장점	단점
• 즐거운 운전 경험 : 중 · 저속에서도 고성능 스포츠카 수준의 가속력 • 저렴한 유지비 : 전기차 연료비(전기 충전 비용)는 휘발유/디젤차 대비 저렴 • 친환경 에너지 : 일산화탄소와 질소를 배출하지 않음 • 쾌적한 운전 : 엔진과 배기장치에서 발생하는 소음과 진동이 없음 • 뛰어난 내구성 : 단순한 구조, 적은 부품 수, 뛰어난 내구성, 유지 관리 용이	• 내연기관 차량 대비 높은 초기 구입비 • 사회적 인식과 인프라 부족 • 내연기관 차량 대비 짧은 주행거리와 긴 충전 시간 • 부족한 충전 인프라와 주거 특성

2022 딜로이트 글로벌 자동차 소비자 조사에 따르면 전기차에 대한 소비자들의 관심은 낮은 연료비, 환경 문제 의식, 더 나은 운전 경험에 집중되어 있다. 전반적으로 아직은 소비자들이 전기차 구매를 고려하는 주된 요인은 연료비 절감으로, 이는 기후 변화에 대한 우려보다 높은 비율로 주요 요인이 되고 있는 현실이다([그림 1-7]의 인포그래픽 참조). 그뿐만 아니라 주행 거리, 충전 인프라의 부족은 여전히 전기차 구매의 장벽으로 남아있다.

이러한 소비자의 관점을 고려할 때 전기차의 배터리 성능 중 '1회 충전으로 가능한 주행거리 경쟁'이 뜨거워질 수밖에 없다. 글로벌 전기차 업체들은 잇따라 한 번 완충하면 상온에서 오래 달릴 수 있는 거리를 공개하고 있다. 충전 인프라가 충분하지 않은 상황에서 전기차 시장의 주도권을 잡으려면 충전 대비 긴 주행거리가 중요한 전략이 된 것이다. 2022년 공개되는 전기자동차들은 500km를 넘어서는 모델이 다수 등장한다.

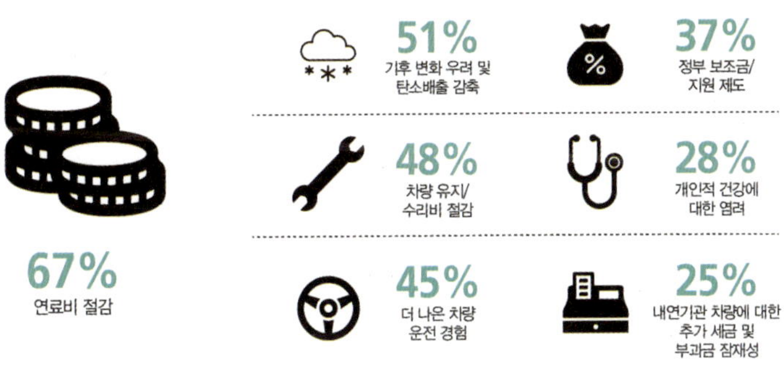

* 표본 수 = 482

[그림 1-7] 소비자들이 전기차 구매를 고려하는 주 요인(2022)[13]

! 생각해 봅시다　현재 전기차의 잠재 소비자에게 중요한 키워드는 무엇일까?

기존의 차종을 전기차로 출시하는 트렌드가 기존 팬심을 새롭게 자극하고 있다. 2022년 2월 아이코닉한 디자인의 미니(MINI) 브랜드도 최초 순수전기 모델인 '미니 일렉트릭'을 국내에 출시했다. 다음의 QR코드로 사이트[14]에 접속해 이와 같은 전기차의 대소비자 커뮤니케이션에 등장하는 주요 키워드를 살펴보자.

사이트 보기

"친환경적" 주행, "고전압 배터리 팩", "낮은 무게중심으로 안정적인 드라이빙과 핸들링, 코너링" 향상, 내연기관차와 다름없는 완벽한 "토크" 등이 주로 강조되고 있다. 소비자 입장에서 일차적인 관심사는 전기차의 주행 성능 지표인 1회 충전 최대 주행거리와 최고출력/최대토크일 것이다. 그러나 이러한 성능 지표 이 외에도 전기차가 열어갈 미래 지향의 새로운 디자인이나 공간 확보의 효율성도 무시할 수 없는 항목일 것이다.

[그림 1-8] 전기차의 대소비자 커뮤니케이션[14]

[그림 1-9] 전기차의 클러스터 디지털 계기판의 정보[14]

1.1.4 자율주행자동차

자율주행자동차란 운전자 또는 승객의 조작 없이 스스로 운행이 가능한 자동차를 말한다. 다시 말해, 자율주행을 위해 자동차에 IT · 센서 등 첨단 기술을 융합하여 스스로 주변 환경을 인식, 위험을 판단하고 주행 경로를 계획하여 운전자 또는 승객의 조작 없이 안전한 운행이 가능하도록 한 것이다.

이렇게 주변 상황과 도로 정보 등을 스스로 인지하고 판단하여 자동차를 운행할 수 있게 하는 자동화 장비, 소프트웨어 그리고 이와 관련한 일체의 장치를 모두 **자율주행시스템**이라고 하며, 자율주행자동차는 이 시스템을 통해 움직인다. 자율주행시스템이 안전 운행에 필요한 성능과 기준에 적합하지 않으면 자율주행자동차를 운행할 수 없다. 더 폭넓은 관점으로 **자율주행협력시스템**이란 어떤 신호기나 안전 표지나 교통시설 등까지 자율주행차가 운행할 수 있는 우리 환경에 협업하는 것을 가정한다. 자동차의 자동화와 지능화는 앞으로 더욱 기대를 모으는 부분이다.

낮은 수준의 자동화[1]로 **운전자 보조 기능**은 이미 다수 정착되어 있다. 높은 수준의 자동화로 운전자가 필요하지 않은 자율주행차의 경우, 최소한의 안전운행 여건을 갖추면 도로에서 시험운행할 수 있는 임시운행허가제도가 적용된다.

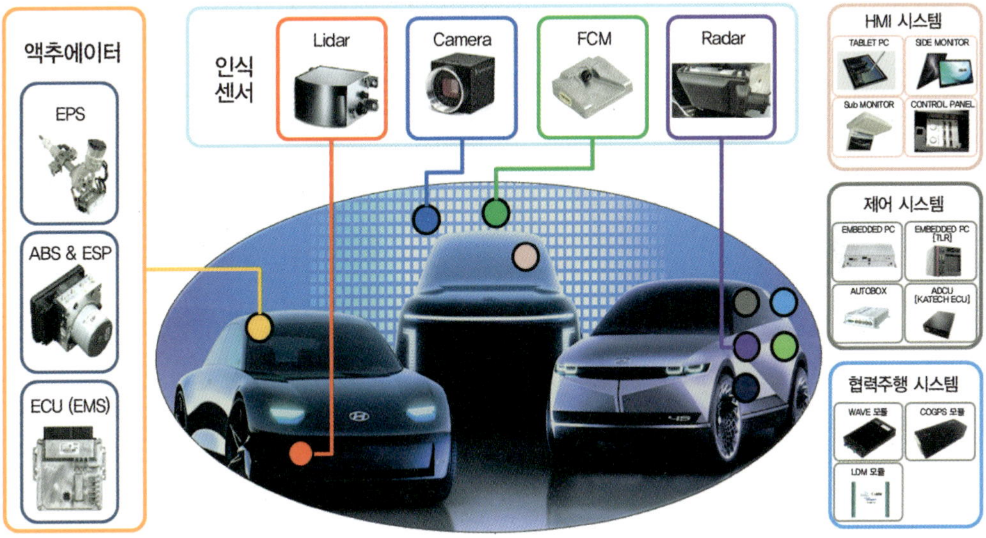

[그림 1-10] 자율주행자동차의 구성[15]

1 자동화 수준은 다음 장에서 자세히 설명할 예정이다.

■ 자율주행차 임시운행허가제도

국토부는 민간의 자율주행기술개발을 지원하기 위해 2016년 2월 자율주행차 임시운행허가제도를 도입했다. 임시운행허가를 받으려면 임시운행허가신청서를 국토교통부장관 또는 시 · 도지사에게 제출해야 하며, 시험 · 연구계획서, 자율주행차의 구조와 기능에 대한 설명서, 안전운행요건 적합 여부 확인에 필요한 서류 세 가지를 제출해야 한다. 또 자율주행자동차의 임시운행허가 신청 후 국토교통부장관이 정하는 날짜와 장소에 임시운행하려는 자율주행자동차를 제시하여 안전운행요건 적합 여부의 확인을 받아야 한다. 우리나라에서는 2016년 현대 제네시스가 국내 자율주행차 임시운행 제1호 차 허가를 받고 도로주행을 시작했다.[16] 2020년 **임시운행 허가 차량 대수**가 119대(41개 기관)로 백 대를 넘어섰다.

■ 임시운행 허가 대상 자율주행차 유형

2020년 국토부는 임시운행허가제도를 개정하여 자율주행차 유형을 기존 자동차 형태의 자율주행차(A형), 운전석이 없는 자율주행차(B형), 사람이 탑승하지 않는 무인 자율주행차(C형)로 세분화하고, 유형별 맞춤형 허가요건을 신설하였다.

첫째, **기존 형태의 자율주행차(A형)**에 적용되는 허가요건은 유지되나, 레벨3 안전기준을 충족한 상용화 직전의 차량의 경우에는 안전기준 규정과 유사 · 중복적인 허가요건을 완화하여 소비자들에게 판매되는 형태 그대로 시험운행할 수 있도록 허가 절차가 간소화되었다. 예를 들면, ▲ 차량 고장 시 경고장치, ▲ 자율주행 강제종료 장치 등을 부착해야 하는 의무가 면제되어 임시운행허가를 취득하는 것이 훨씬 수월해졌다.

둘째, **운전석 없는 자율주행차(B형)**는 ▲ 유사시 탑승자가 차량을 정지시킬 수 있는 버튼, ▲ 비상 조종장치, ▲ 고장 시 자동으로 정지하는 기능 등의 맞춤형 요건을 갖춘 경우 임시운행허가를 받을 수 있다.

셋째, **무인 자율주행차(C형)**도 현행 제도에서는 허가받을 수 없었으나, 이번 개정을 통해 임시운행허가를 받아 도로에서 주행할 수 있게 되었다. 시속 10km 이하로 저속 운행하는 C형 차량의 경우 시험운전자의 ▲ 원격 관리 · 감독체계, 유사시에 대응하기 위한 ▲ 차량 외부 비상정지버튼 등의 안전장치를 갖추고 교통 혼잡 대응방안 등을 포함한 ▲ 안전운행 계획서를 제출하면 임시운행허가를 받을 수 있다. 최고속도가 10km/h를 초과하는 C형 차량은 유사시 보행자 등이 차량에 부착된 비상정지 버튼을 누르기 어렵다는 점을 감안하여 차량과 운행구간의 특성 등을 고려한 안전성 확보방안(예: 차량 운행구간의 통제, 엄격한 비상운행기능 탑재, 안전요원의 동행 등)을 마련하고, 이를 안전운행 계획서에 포함하여 제출하도록 하였다.

- **운전석에 시험운전자가 탑승**하여 운행상황, 정상 작동 여부 등을 확인
- 수요응답형 자율주행 셔틀서비스 시범(실증)사업 등에 활용 중

(a) 운전석에 운전자가 탑승하는 기존 자동차 형태(A형)

- **운전석이 아닌 차량 내부 좌석**에 **시험운전자가 탑승**하여 비상시 안전조치 등을 수행
- 자율주행 셔틀 연구 · 실증사업 등에 활용 중
  ※ 판교에서 운행 중인 "제로셔틀"이 대표사례

(b) 무인셔틀 : 운전석 없는 자율주행차(無핸들 · 無페달, B형)

- **차량 외부**에서 운행상황 등을 확인하고 비상시 안전조치를 수행
- 연내 지정되는 시범운행지구 내 무인배송 사업, 무인배송 실증사업 등에 활용 예정
  ※ 미국에서 무인배송차량(뉴로 R2) 실증 중

(c) 배송로봇 : 탑승자 없는 자율주행차(C형)

- 후방에 **트레일러를 연결한 상태**에서 **자율주행 운행**
- 자율주행 물류운송 시스템을 개발하기 위한 군집주행 연구 수행 중

(d) 피견인자동차 연결운행 자율주행차

[그림 1-11] 임시운행 허가 대상 자율주행차 유형[17]

넷째, 자기인증능력 요건을 갖춘 제작사가 일정 수준의 안전장치 등을 갖춰 임시운행허가를 신청하는 경우 트레일러 등을 연결한 채로 시험운행을 할 수 있도록 하여 화물차 자율주행, 자율주행 캠핑카 등 보다 다양한 형태의 시험운행이 가능해질 전망이다.

■ 시범운행지구

모든 지역의 일반 도로에 자율주행차가 운행하는 것을 상상하기란 아직 어렵다. 하여 현재는 자율주행자동차 시범운행지구가 존재한다. **자율주행자동차 시범운행지구**란 자율주행자동차의 연구 시범운행을 촉진하기 위하여 규제 특례가 적용되는 구역을 말한다. 시범운행지구는 지난 2020년 5월 시행된 자율주행자동차법에 따라 새롭게 도입된 제도로서, 1차로 6개 지구를 지정한 후 1개 지구를 추가 지정해 서울 상암, 제주 등 7개 지구가 지정됐으며, 2022년 전국 10개 시 · 도 14개 지구로 확대될 예정이라고 공표되었다. 2022년 신규로 지정된 7개 지구는 교통이 혼잡한 도심지역(강남, 청계천), 여행수요가 많은 관광도시(강릉, 순천, 군산), 대중교통이 취약한 신도시구간(시흥, 원주)이 포함되어 다양한 사업모델의 실증서비스가 추진될 것으로 기대된다. [표 1-6]에 국내 시범운행지구를 2022년 기준으로 정리하였다.

[표 1-6] 국내 자율주행자동차 시범운행지구[18]

2021년 9월 기준	2022년 6월 추가된 지구
• 서울 : 상암동 일원 6.2km² 범위 • 충북 · 세종 : 오송역-세종터미널 구간 BRT 약 22.4km 구간 • 세종 : BRT 순환노선 22.9km, 1~4생활권 약 25km² 범위 • 광주 : 광산구 내 2개 구역 약 3.76km² • 대구 : 수성알파시티 내 약 2.2 km², 테크노폴리스 및 대구국가산단 약 19.7km² 범위, 산단연결도로 약 7.8km 구간 • 제주 : 제주국제공항-중문관광단지(38.7km) 구간 및 중문관광단지 내 3km² 구간 • 경기 : 경기도 판교 제로시티 일원 7.0km	• 서울 : 강남 · 삼성 · 학여울역 등 20.4km² • 서울 : 청계천로(종로구 및 중구 일대) 청계광장-세운교, 세운교-청계6가 등 약 8.8km • 경기 : 시흥시 배곧동, 정왕 3 · 4동 일원, 오이도역 - 배곧동 12.8km • 강원 : 강릉시 강릉역, 오죽헌, 해변 노선 등, 경포동, 교동, 중앙동, 강문동 일원 총 15.8km[*ITS 세계대회(2026년) 유치와 연계 추진] • 강원 : 원주시 반곡관설동 일원, 도심순환 셔틀형 서비스(혁신도시 2개 노선, 10km) • 전북 : 군산시 새만금, 고군산군도 일원, 고군산군도(15.6km), 국가산업단지(11km) 등 41.6km • 전남 : 순천 KTX 순천역-순천만 국가정원(6.5km), 순천만 국가정원 1호길 일원(관람자 노선, 2.7km)

■ 자율주행차 시대에 대한 대비 수준

전 세계 주요 자동차 업체와 신생 업체가 가세하며 기술 개발 속도를 올리는 가운데, 이를 뒷받침하기 위한 국가의 법률 지원과 일반 소비자의 인식 개선까지 완성되어야 자율주행차가 대중화될 수 있다. 자동차 관련 데이터를 분석하는 컨퓨즈드닷컴(Confused.com)[19]이 자율주행차 시대를 가장 잘 준비하고 있는 국가를 분석한 결과를 발표했다. 평가 항목으로는 정책 및 입법, 기업 본사, 자율주행 관련 특허, 소비자 수용도(구글 검색량), 전기차 충전기 인프라, 도로 품질 등을 점수로 환산했다. 그 결과 준비된 국가 Top 5는 미국, 일본, 프랑스, 영국, 그리고 독일 순이었다. 1위인 미국은 평균 환산 점수 8.62/10으로 약 50개의 자율주행차 기업 본사와 12억 7570개의 특허를 보유하고 있다. 한국은 평균 환산 점수 3.75/10으로 16위 수준이며, 기술 및 혁신 기업 본사, 인프라, 소비자 수용도 측면에서 특히 저조하다.

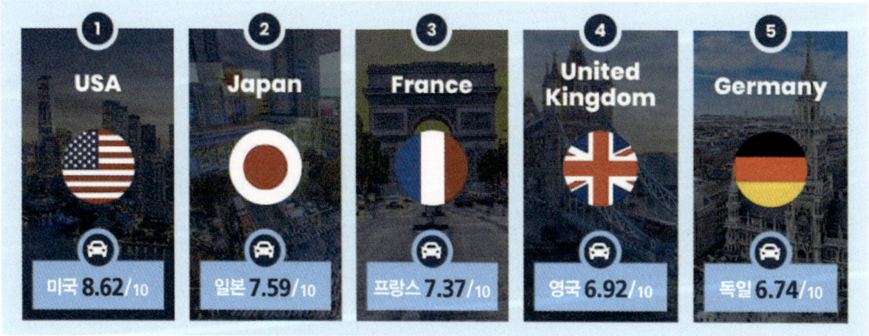

[그림 1-12] 자율주행차 시대를 가장 잘 준비하고 있는 국가 Top 5(2022)[19]

1.1.5 자율주행 정책 현황

2021년 6월 국토교통부가 **제1차 교통물류 기본계획** 5개년 발표에서 향후 5년간 자율주행차의 확산과 자율주행 기반 교통물류 체계의 발전을 위해 기본계획을 제시하였다.[20] 2025년 자율주행 기반 교통물류체계 상용화 시대 개막을 비전으로 전 고속도로와 시 · 도별 주요 거점에서 **자율주행 상용서비스** 제공하겠다는 목표다. 이를 위해 자율주행 서비스(10종 이상) 기술을 개발하여 자율주행차 상용화와 서비스 고도화를 위한 제도 · 인프라 기반을 완비할 계획이다. 이러한 비전과 목표, 추진방향에 따른 제1차 자율주행 교통물류 기본계획 5대 추진 전략의 주요 내용은 다음과 같다.

■ 자율주행 교통물류 서비스 기술 고도화

- 자율주행 여객, 화물, 사회 기반 서비스에 기술력 확보를 추진한다.
- 자율주행 기반 대중교통, 교통약자 특화 서비스와 같은 여객 서비스와 화물차 군집주행, 자율주행 도심 배달 서비스와 같은 화물배송 서비스를 개발하고, 자율주행 운행 지원과 안전을 위한 도로 모니터링, 긴급 복구, 순찰 등의 사회 기반 서비스의 기술개발도 추진한다.

■ 자율주행 교통물류 서비스 실증 환경 조성

- 규제특례지구인 시범운행지구와 규제자유특구를 중심으로 실증을 확대하고, K-City 등 자율주행 테스트베드의 고도화를 추진한다.
- 자율주행 기반 서비스의 유상 실증이 가능한 자율주행차 시범운행 지구를 지속 확대하고, 세종 · 광주 규제자유특구를 통해 서비스 실증과 규제 정비도 신속히 추진할 계획이다.
- 레벨4 자율주행차의 시험, 연구를 지원하기 위해 테스트베드 설비를 고도화하고, 테스트베드 내 기업 상주 연구공간을 마련하여 기술개발과 실증을 지원할 계획이다.

■ 자율주행 교통물류 서비스 사업환경 조성

- 자율주행 기반 서비스가 전국에 도입될 수 있도록 자율주행에 필요한 도로 · 통신 인프라를 전국에 구축하고, 데이터, 플랫폼 등 서비스 기반에 관리 체계 정립을 추진한다.
- 자율주행차와 차세대 지능형교통체계(Cooperative-Intelligent Transport Systems : C-ITS)의 도입 등을 고려하여 도로 설계 · 운영 관련 기준을 재정립하고, 도로교통 변화 정보가 신속 갱신 · 제공되는 동적 지도의 기술 · 서비스 개발을 추진한다.
- 차세대 지능형교통체계인 C-ITS를 2025년까지 전국 주요도로에 구축하고, C-ITS를 통한 다양한 안전서비스도 고도화한다.
- 자율주행 관련 데이터 표준화 및 빅데이터 관리를 위한 공통 플랫폼을 개발하고, 서비스 제공 플랫폼에 대한 평가 및 환류 체계를 마련하여 서비스 제공의 질과 다양성 확보를 추진한다.

■ 자율주행 안전성 강화와 기술 수용성 제고

- 자율주행차의 주행 안전성, 신뢰성을 확보하기 위해 안전 기술을 고도화하고, 안전기준의 국제 조화 기반 마련, 자율주행 기술에 대한 사회적 수용성 향상을 추진한다.
- 레벨4 자율주행차에 대한 주행 · 충돌 · 통신 · 시스템 안전성 평가를 위한 기준과 시험방법을 마련하고, 해킹방지 등 사이버보안과 안전사고 대응체계를 구축한다.
- 안전기준의 국제조화를 위한 로드맵을 갖추고, 이용자 입장에서 기술 수용성 향상을 위한 개인 정보 보호 지침(가이드라인) 마련 등을 추진한다.
- 자율주행 교통물류 생태계 구축
- 자율주행 기반 교통물류체계의 국제공동연구 등 글로벌 경쟁력을 확보하고, 지속가능한 산업 생태계 조성을 위해 기업 지원 등을 확대한다.
- 국제 공동연구와 연구인력 교환 프로그램 등을 발굴 · 운영하고, 해외진출 기업이 각국의 자율주행 테스트베드를 원활히 활용할 수 있도록 테스트베드 간 협력체계 강화도 추진한다.
- 기업성장을 지원하기 위해 국토교통 혁신펀드를 확대하고, 민간의 조기 사업화를 위한 예산지원 확대를 추진한다.
- 대학 커리큘럼 개선 등 자율주행 인력양성을 확대하고, 일자리 전환에 따른 상생모델 개발, 전환 교육 등의 일자리 대응방안 연구도 추진할 계획이다.

이렇게 정부가 주도하는 기술개발, 실증, 사업화, 안전, 생태계 관점에서의 계획을 바탕으로 한 자율주행 협력 시스템을 먼저 큰 그림으로 그린 후 자율주행차를 디자인하는 것이 융합 디자인 프로세스의 시작이다. 자율주행 시대가 도래하면 이동 편의성과 교통 안전성이 제고되고, 관련 일자리 창출 등 경제적 효과가 클 것으로 예상된다. 그 기대효과는 다음과 같다.

- **편의성** : 대중교통 접근 시간 20% 감축, 대중교통 환승 소요시간 50% 감축, 교통약자 이동권 확보와 서비스 공정성 제고
- **안전성** : 서비스 종사자의 부주의로 인한 교통사고 50% 감축, 이에 따른 교통사고 사망률도 2015년 대비 50% 감소 기대
- **일자리** : 자율주행 기반 서비스의 다양화와 데이터 분야의 고부가 가치 산업 육성 등으로 일자리 1만 개 창출

생각해 봅시다 **자율주행차의 등장으로 새롭게 생겨나는 직업이 있을까?**

제주 시범운행지구에서 실증 중인 라이드플럭스 사의 블로그에서 안전요원의 운영 사례와 전망을 엿볼 수 있다. 현재 국내 실증 사업에서는 운전석에 **안전요원(Safety Driver)**이 앉아 있는데 이들은 특별한 교육을 받고 자율주행 시스템에 대한 높은 이해도와 함께 책임감을 가지고 차량을 운행하는 주체이다. 우리가 이용하는 도로가 완벽히 통제된 환경이 아니다 보니 복잡하고 불확실성이 높은데, 이런 환경에서 처음부터 완벽한 자율주행 차량이 탄생하기는 어렵다. 많은 검증과 테스트를 통해 그 신뢰도를 최대로 확보하고, 안전이 검증되었을 때 운전석에 안전요원 없이 운행 가능하게 되는 것이다. 그전까지는 검증 기간으로 자율주행 시스템을 잘 이해하고 혹시 모를 위험한 상황, 아직 많이 검증하지 못한 상황에 대비하기 위해 상황을 주시하고 필요한 경우 승객의 안전에 대응하는 역할을 안전요원이 담당한다.

이 인력은 별도의 교육과 급여를 받으며, 안전 운행의 의무를 다하는 하나의 일자리로 발전해가고 있다. 교육 시에는 기본적인 안전 교육부터, 자율주행차에 대한 이해도 향상, 시스템 개발 과정에서의 한계점, 특정 주기별로 시스템이 개선되어 가는 사항, 차량 안전 점검 방법에 대한 내용을 포함한다고 한다. 웨이모의 경우 안전요원이 2017년 4월부터 2019년 10월까지 차량에 동승하였으나, 현재 원격으로 차량의 상태와 주행 상황을 주시하는 형태로 업무가 바뀌었다. 원격 안전요원은 비상시의 상황이 되면 원격으로 차량 제어에 개입하여 안전한 운행을 책임진다. 1:1의 원격 제어도 자율주행차의 신뢰도가 향상되면 1:다(多)로 바뀔 것으로 예상된다. 이렇게 새로운 역할과 범위의 직업이 생겨나게 된다.[21]

생각해 봅시다 **자율주행차의 상용화 확대를 위해 해결해야 할 이슈는 무엇일까?**

다음 QR코드로 제시되는 KBS 뉴스 영상[22]은 **세종시**에서 자율주행버스를 1년 운행한 결과 시민의 반응을 보도하고 있다. 다음은 보도 내용이다.

영상 보기

"세종도서관에서 자율주행 택시 한 대가 출발합니다. 차량 양옆과 앞뒤, 넉 대의 '라이다' 센서를 통해 차량 간 거리와 신호를 감지해 스스로 움직입니다. 도로 사정에 따라 알아서 속도를 내는데 시속 100km까지 달립니다. 카카오 택시처럼 앱으로 호출해 이용할 수 있습니다. 요금은 천 원. 사전 신청한 250명만 앱 사용이 가능하지만 앞으로 대상자를 늘릴 예정입니다. 시범 운행 자율주행버스에는 지난 1년간 2백 명이 탔습니다.

설문조사 결과 이용자의 80%가 '신기하다'면서 만족한다고 답했고, 70%는 '다시 이용할 의향이 있다'고 답했습니다. 다만 아직 자율주행이 2~3단계 수준인 만큼 안전을 우려하는 목소리도 나왔습니다. 어린이보호구역에서는 자율주행이 법으로 금지돼 있습니다. 도로에서는 돌발상황에 대비해 운전석에 사람이 타서 최소한의 수동 운행을 하게 됩니다. 세종시는 자율주행 시범지구 지정과 규제 특례도입을 통해 스마트 운송 수단의 상용화를 한 단계 끌어올릴 계획입니다."

다음 QR코드로 제시되는 KBS 뉴스 영상[23]은 **대구**에서 운행하는 자율주행업체의 어려움을 보도하고 있다. 다음은 보도 내용이다.

영상 보기

"자율주행차 실증도시를 목표로 하고 있는 대구시가 정부 자율차 시범운행지구로 지정돼 지난해부터 운영을 시작했습니다. 그런데 애초 기대와 달리 시민들의 자율차 이용이 저조하고, 일부 지구는 아직 운행할 차량도 없는 등 운영상 문제점이 드러나고 있습니다. 지난해 말 국토교통부의 자율주행차 시범운행지구로 지정된 대구 테크노폴리스. 스마트폰 앱으로 자율차를 호출하고, 차량에는 안전관리자가 탑승해 만일의 상황에 대비하고 있습니다. 자율차 시범운행 6개월째, 지금까지 이용인원은 147명으로, 하루 평균 1명에 불과합니다. 이마저도 유상 운송 실적은 10명이 채 되지 않습니다. 자율차 3대의 총 운행 거리도 하루 평균 10여 km 정도입니다. 버스처럼 정해진 노선만 운행할 수 있고 노선도 교통 소외지역을 도는 코스로 정해져 있다 보니, 이용자가 적을 수밖에 없다는 지적이 나옵니다."

1.2 미래 모빌리티의 리더

이 장에서는 미래 모빌리티가 가져올 패러다임의 변화를 과거로부터의 학습을 대입해 통찰해 본다. 전통적인 자동차 제조사 외에 새롭게 등장한 모빌리티의 리더는 어떤 기업이며, 어떤 전략을 구사하는지 알아본다.

학습 목표

- 인류 역사에서 패러다임 전환이 일어난 순간의 경험을 현재 모빌리티 패러다임 전환에 대입할 수 있다.
- 자율주행 업계 순위에서 새롭게 등장한 리더는 어떤 기업인지 그 패턴을 정리할 수 있다.
- 전통적인 자동차 제조사 대비 새롭게 등장한 리더들의 전략 차이를 이해하고 설명할 수 있다.
- 변화하는 시대적 흐름에 맞추어 우리나라의 대표 자동차 제조사는 어떻게 대처하고 있는지 상세한 전략을 분석하고 자신의 의견을 낼 수 있다.

1.2.1 패러다임의 전환

1900년과 1913년의 모습을 비교한 뉴욕 5번가의 거리 풍경을 담은 사진을 보면 혁신에 의한 변화가 어느 순간 급진적으로 우리 사회를 변화시킬 수 있는지 단편적으로 알 수 있다([그림 1-13]). 1900년 거리에 마차가 아닌 자동차는 1대밖에 없었으나(빨간색 O 표시), 불과 10년 남짓 뒤인 1913년 자동차로 뒤덮인 거리에 마차를 찾아보기 힘든 모습은 깜짝 놀라지 않을 수 없다. 초기 사회 수용도가 장벽이 되기는 하나, 수용되는 순간 변화는 눈 깜짝할 사이에 일어날 수 있음을 이 사회는 이미 경험하였다.

이 대비되는 두 장의 사진은 2011년 모건 스탠리의 테슬라에 대한 보고서에 등장하면서 새로이 회자되었다. 당시에는 전기차가 어느 순간 대세로 전환될 것이며, 이런 가능성을 테슬라가 미국 내 자동차 제조사 4위로 등극하는 순간 재조명한 보고서였다. 완전 자율주행차가 아직 멀었다는 회의적인 시선도 존재하지만, 어느 날 더 이상 인간이 운전하지 않는 혹은 하지 않아도 되는 시대가 도래할 것이라는 예측은 이미 기정 사실화되었다고 보아도 무방하다. 현재자동차 제조사들은 거리가 완전 자율주행차로 뒤덮일 날이 도래했을 때 도태되지 않기 위해 한편으로는 레벨3 기능을 앞다투어 내놓으면서도 레벨4~레벨5에 대비하는 일도 게을리 할 수 없는 형편이다.

(a) 1900년

(b) 1913년

[그림 1-13] 뉴욕 5번가의 거리 풍경[24]

우리 사회를 100년도 전에 변화시킨 인물 헨리 포드는 “내가 사람들에게 무엇을 원하는지 물어봤다면, 아마 더 빠른 말을 원한다고 했을 것이다(If I had asked people what they wanted, they would have said faster horses).”라고 말했다. 완전 자율주행의 시대는 사람들의 설문응답에만 의존해서 말 그대로 만들어서 되는 것이 아니다. 이는 혁신적인 기업 혹은 인물이 앞장서 비전을 제시하고 이끌어갈 것이다. 그런 비전을 제시하는 데 전통적인 완성차 제조사는 기존 빅테크 기업(예: 구글 웨이모) 혹은 자율주행차에 특화된 새로운 기업(예: 죽스)으로부터 위협을 느끼지 않을 수 없다. [그림 1-14]는 딜로이트 그룹이 미국에서 2020년 조사한 결과다. 미국 소비자들이 완전 자율주행차 기술을 상용화할 것이라 가장 믿고 있는 업체의 유형으로 전통적인 자동차 제조업체는 47%로 절반 이하를 차지하는 데 그친 반면, 자율주행차에 특화된 새로운 기업과 기존의 기술 기업에 기타까지 합하면 53%에 달했다.

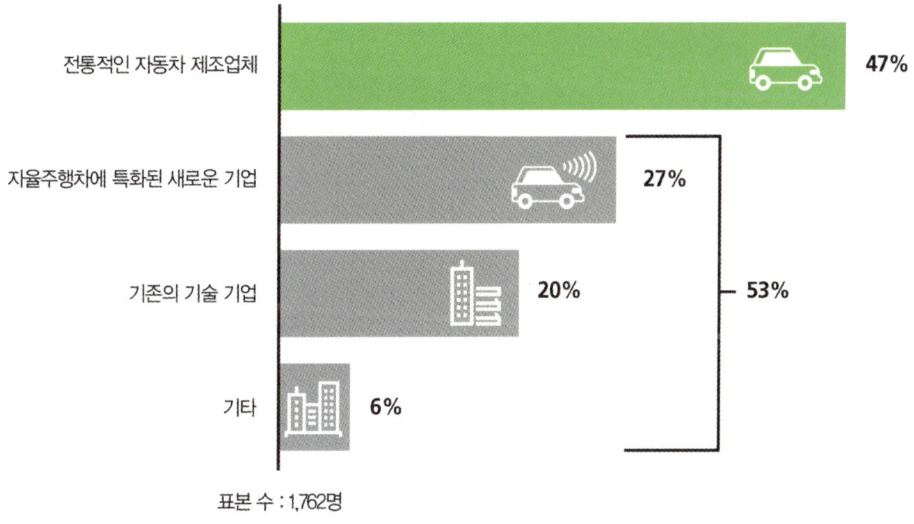

[그림 1-14] 완전 자율주행차 기술을 상용화할 것이라 믿는 업체의 유형(2020)[25]

1.2.2 자율주행 순위

자동차 제조사들은 해마다 "세계 올해의 자동차(World Car Of The Year : WCOTY)" 선정에 사활을 건다고 해도 과언이 아닐 것이다. 24개국 출신 82명 정도의 국제 자동차 기자들로 구성된 심사위원단이 선정하는 올해의 자동차 상은 성능, 사용자 환경, 가치, 안전, 환경, 시장 영향력, 감성품질, 혁신의 기준으로 평가받는다. 유구한 역사와 권위를 자랑하는 이 자동차 상은 심사위원이 운전자로서 직접 탑승하고 평가한다. 성능, 사용자 환경, 안전 등이 주로 운전자에 맞춰진 기준이다. 완전 자율주행의 시대가 도래한다면 더 이상 운전자는 존재하지 않다는 점에서 "올해의 자동차" 상의 기준도 완전히 다른 패러다임으로 전환되어야 할 것임은 분명하다. 과연 2050년 "올해의 자동차" 상은 어떤 기준으로 누가 평가하게 될까?

이러한 변화는 이미 일어나고 있다. 가이드하우스 인사이트(Guidehouse Insight[26])는 매년 **자율주행 업체의 순위**를 [그림 1-15]와 같은 리더보드 형태로 발표한다. 평가 지표는 매년 변동되지만 x축을 전략, y축을 실행으로 잡고 구체적인 미래 전략과 실제 구현 여부를 중심으로 평가하는 점은 동일하다. 2021년 1분기 발표 순위를 보면 리더(LEADERS) 그룹에 웨이모(Waymo), 엔비디아(Nvidia), 아르고 AI(Argo AI; 포드 · 폭스바겐), 바이두(Baidu)와 같은 기업들이 약진하고 있다. 점수로 보면 1위인 웨이모가 85.6점이었다. 그 외 경쟁자(CONTENDERS), 도전자(CHALLENGERS), 후발주자(FOLLOWERS) 그룹으로 분류된다(25점 단위로 구분). 현대차그룹이 합작 투자한 모셔널(Motional)이 죽스(Zoox), GM Cruise와 같은 기업과 나란히 경쟁자 그룹에 포함되었다는 기사도 눈에 띄지만, 전통적인 완성차 제조업체가 리더 그룹 밖에 있는 현실이다.

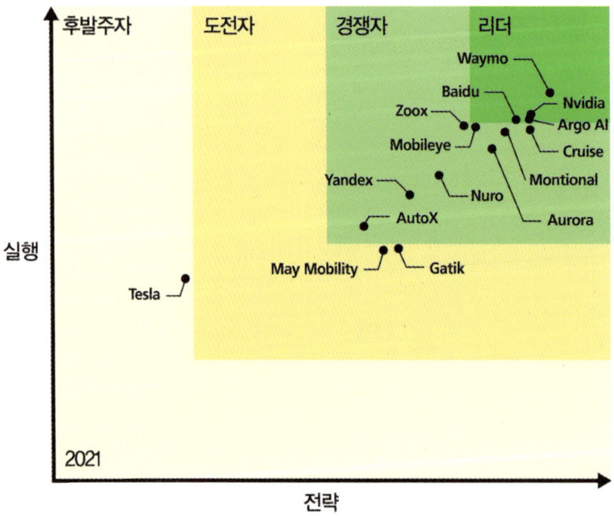

[그림 1-15] 가이드하우스 인사이트 자율주행 순위(2021)[27]

[표 1-7] 가이드하우스 인사이트 자율주행 순위(2019~2021)[28]

순위	2019년	2020년	2021년
1	웨이모	웨이모	웨이모
2	크루즈(GM)	포드	엔비디아
3	포드	크루즈(GM)	아르고 AI(포드 · 폭스바겐)
4	앱티브	바이두	바이두
5	인텔-모빌아이	인텔-모빌아이	크루즈(GM)
6	폭스바겐	현대차그룹-앱티브	모셔널(현대차그룹-앱티브)
7	다임러-보쉬	폭스바겐	모빌아이
8	바이두	얀덱스	오로라
9	도요타	죽스	죽스
10	르노-닛산-미쓰비시	다임러-보쉬	뉴로

[표 1-7]에서 2019~2021년 추이를 확인할 수 있다. 또 하나 발견할 수 있는 트렌드는 다양한 주자(player)들의 합작이다. 마치 피처폰 시절 휴대폰 제조사가 모든 것을 단독으로 만들어 내놓다가, 스마트폰 시대가 도래하면서 운영체제를 플랫폼으로 내놓는 기업이 생태계의 중심에 서고, 완성폰을 내놓는 제조사의 역할이 플랫폼과 공생(예: 구글의 안드로이드 OS에 의존하는 삼성의 스마트폰, 또 여기에 입김을 발휘하는 통신사까지)하는 하드웨어 제조로 변모, 여기에 서비스를 제공하는 다양한 제3의 파트너(3rd party)들이 생겨난 것을 떠올릴 수 있지 않은가? 이러한 현재의 판도에 애플이 또 하나의 폐쇄 플랫폼(closed platform)으로 자율주행차를 내놓는다면 전체 생태계에 미치는 파장이 어마어마할 것으로 예상된다.

1.2.3 애플카 등장의 예고

애플이 2014년부터 타이탄 프로젝트(Project Titan[29])를 비밀스럽게 결성해 **애플카**를 만들고 있다는 루머는 일찌감치 세간의 관심을 끌었다. 아직 자율주행 순위에 애플이 등장하지 않았지만, 모바일 업계에 애플이 아이폰으로 가져온 지각변동을 기억한다면, 애플카가 자동차 업계에 미칠 파장 또한 엄청날 수 있다. 애플 사이트에 2019년 2월 자동화된 운전 시스템의 안전 보고서[30]도 공개하였고, 검색되는 애플의 특허에 자동차 관련 특허가 쏟아져 나오고 있다. 지금까지 애플이 자동차 관련 특허로 출원 혹은 등록한 것들[31] 중 자율주행차를 고려했다 여겨지는 것은 다음과 같다.

특허로 예측하는 애플의 자율주행차

■ 은닉형 사용자 인터페이스

애플이 출원한 '**은닉형 사용자 인터페이스(concealed user interfaces)**' 특허는 탑승객 중심의 차량 제어에 관한 발명이다. 운전자가 없는 자율주행차 안에서 탑승객이 필요 시 시스템에 접근하고 제어하는 인터페이스로, 사용자가 앉은 위치를 감지하는 시트 조합, 사용자가 보고 만질 수 있는 패널 조합, 그리고 사용자가 발을 내려놓는 바닥 조합 등([그림 1-16(a)]와 [그림 1-16(b)]에 탑승객이 앉은 위치에 따라 어떻게 동작하는지 표시)을 사용자의 입력과 출력 장치로 활용하는 방안이다.

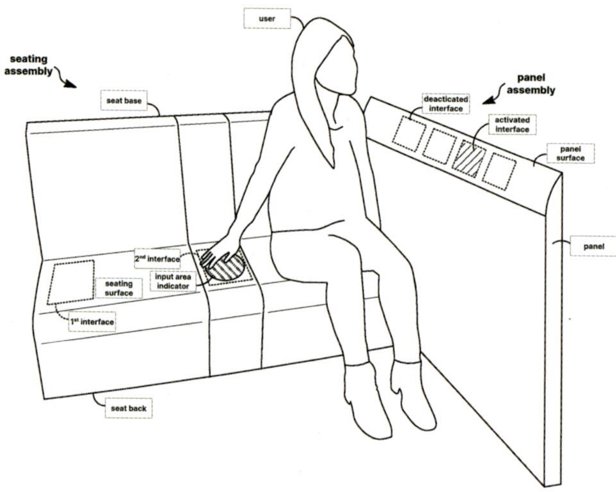

(a) 시트와 패널

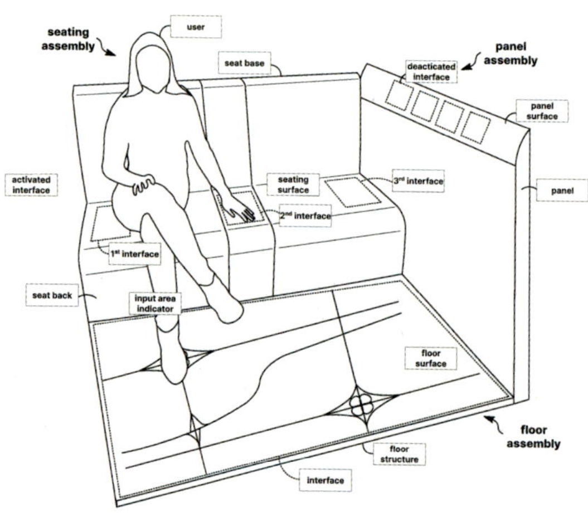

(b) 바닥

[그림 1-16] 은닉형 사용자 인터페이스[32]

자율주행의 시대에 탑승객은 편한 자리에 자유롭게 앉을 것이기 때문에 인터페이스 위치도 그에 따라 최적화될 필요가 있다. 그렇다고 모든 좌석에서 접근 가능한 인터페이스를 반복적으로 늘어놓으면 불필요하게 산만한 인테리어가 될 수 있으므로, 사용자의 맥락에 맞게 사용 가능한 위치의 인터페이스가 제안되며, 최적의 위치에서 활성화되고, 사용하지 않을 때는 비활성화되도록 은닉(conceal)하는 사용자 인터페이스이다. 사용자의 앉은 위치, 시선의 방향, 제스처, 음성명령을 인식하여 적절한 인터페이스가 활성화되는 알고리즘을 담았다. 이미 아이폰에서 안면인식과 시리(Siri)와의 음성명령 등에 익숙한 사용자라면 더욱 친숙하게 이용할 수 있어 매우 강력한 사용자 잠금장치(lock-in)가 될 수 있다.

■ 홀로그래픽 헤드업 디스플레이를 갖는 시스템

애플이 출원한 '**홀로그래픽 헤드업 디스플레이**를 갖는 시스템(system with holographic head-up display)' 특허는 우리가 현재 일반적으로 알고 있는 헤드업 디스플레이(Head-Up Display : HUD)와 몇 가지 차별점을 보여 준다. 보여지는 형태가 홀로그램이라는 점과 [그림 1-17(a)]에 빗금으로 표시된 영역인 운전석 앞 윈드실드뿐만 아니라 도어부의 측면창, 후면창에도 보여진다는 점이다.

이 특허는 운전자나 탑승객 누구에게나 적용되는 것으로 보여 사람이 운전하는 상황도 가정하고 있다. 다만, [그림 1-17(b)]와 같이 측면 차창에 이를 가능하게 한 점은 자율주행 시대의 탑승객이 어느 좌석에 앉든 운행 정보(차의 속도, 위치 정보, 인포테인먼트 등 차량의 실내 관련 정보)를 홀로그램으로 볼 수 있도록 했다고도 볼 수 있다. 이 역시 이미 애플카 서비스를 현재 사용하는 사용자라면 그 경험이 확장된 것으로 친숙하면서도 새롭게 다가올 것이다.

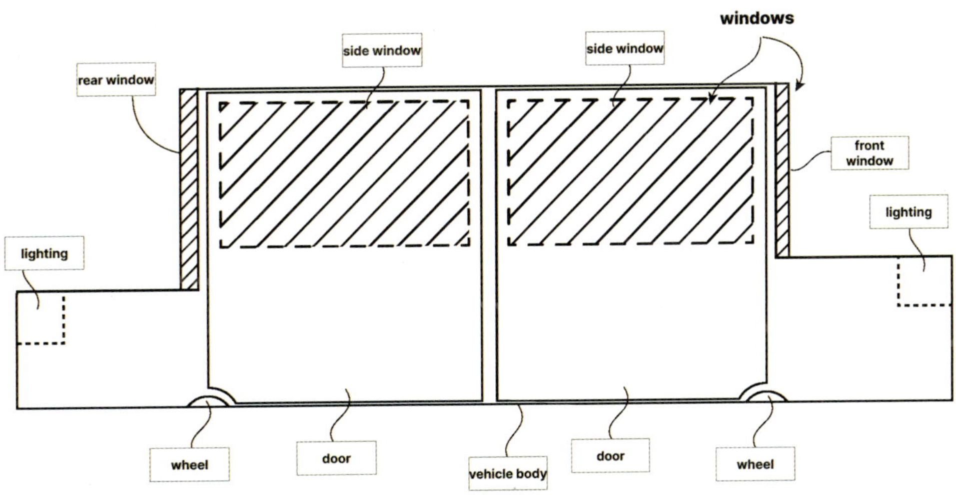

(a) 홀로그램이 적용되는 윈도우 영역

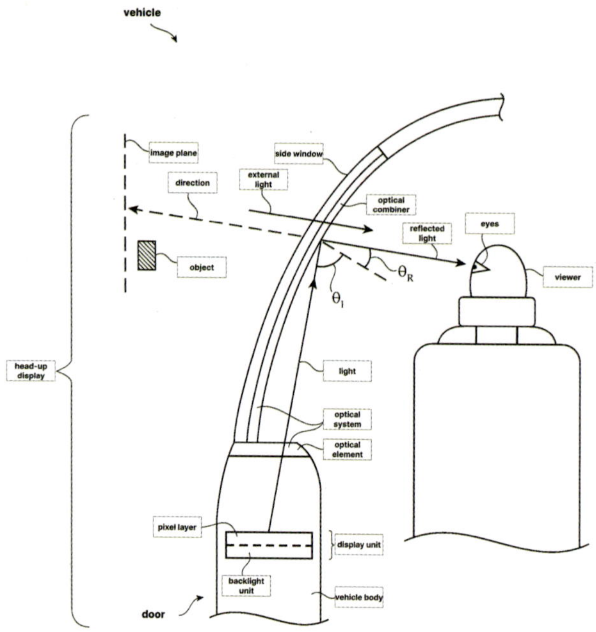

(b) 홀로그램의 동작 원리

[그림 1-17] 홀로그래픽 헤드업 디스플레이를 갖는 시스템[33]

■ 몰입형 가상 디스플레이

애플의 '**몰입형 가상 디스플레이(augmented virtual display)**' 특허는 탑승객이 **멀미**를 하지 않도록 다방면으로 돕는다. 멀미는 정전기관과 시각정보의 차이가 있을 때 발생한다. 자율주행차는 인간 운전자가 운전을 하지 않게 되어, 탑승자로서 주변 환경정보를 인지하고 차량조작을 시시각각 판단하지 않는다. 따라서 사전 경험치가 없는 경로로 이동하거나, 시시각각 직접 조작하지 않는 차량의 정지, 회전, 가감속 등에 대한 적절한 정보를 제공하지 않으면 멀미가 생기기 쉽다.[34] 자율주행차 이용하는 승객의 상황을 여러 번 언급하고 있다. 이를테면, 자율주행차에서 운전할 필요가 없으면 책을 읽거나, 컴퓨터 등 기기로 업무를 보는 등 다른 활동을 하고 싶을 것인데, 이런 작업을 하는 탑승자는 멀미를 느낄 수 있으므로 가상의 시각 자료를 실제 운행 속도와 방향에 맞게 제공하는 것을 골자로 한다. [그림 1-18(a)]와 같이 탑승객이 HMD(head mount display) 기기를 착용하거나 혹은 창을 디스플레이로 활용하는 방안을 기술하고 있다. 움직이는 차 안에서 가상으로 더욱 몰입할 수 있는 콘텐츠도 제시하고 있다. 예를 들어, 일반 내비게이션 화면이 아닌 숲 속에서 카누를 타고 강을 타는 장면, 행글라이더를 타고 나는 장면, 혹은 실제 현 위치의 주변을 실사로 보면서 이동하면 멀미도 나지 않고 휴식도 취할 수 있는 것이다. 창문이 없는 차 안에서는 먼 곳을 응시할 수 없어 멀미가 더 심각할 것이다. 또 멀미를 떠나 자율주행차를 타는 사람들은 무언가 혁신적인 경험을 기대할 것이다. 따라서 2D 혹은 3D 콘텐츠를 **가상현실**로 제공하며, 콘텐츠는 엔터테인먼트 용도나 업무용 어느 것에든 활용할 수 있을 것이다.

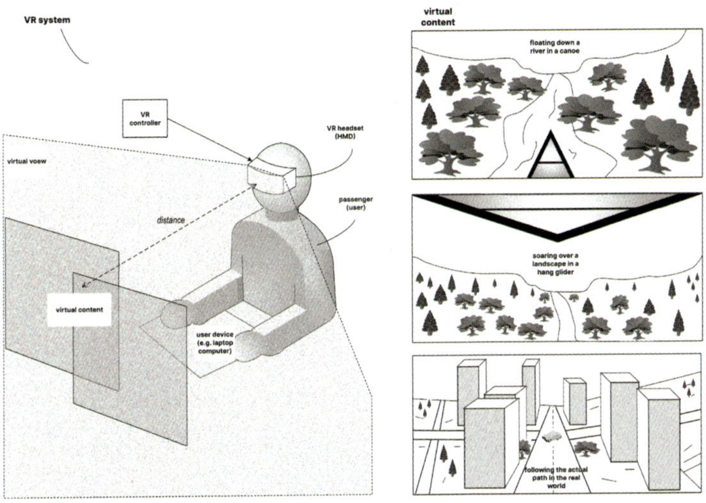

(a) VR의 동작 원리

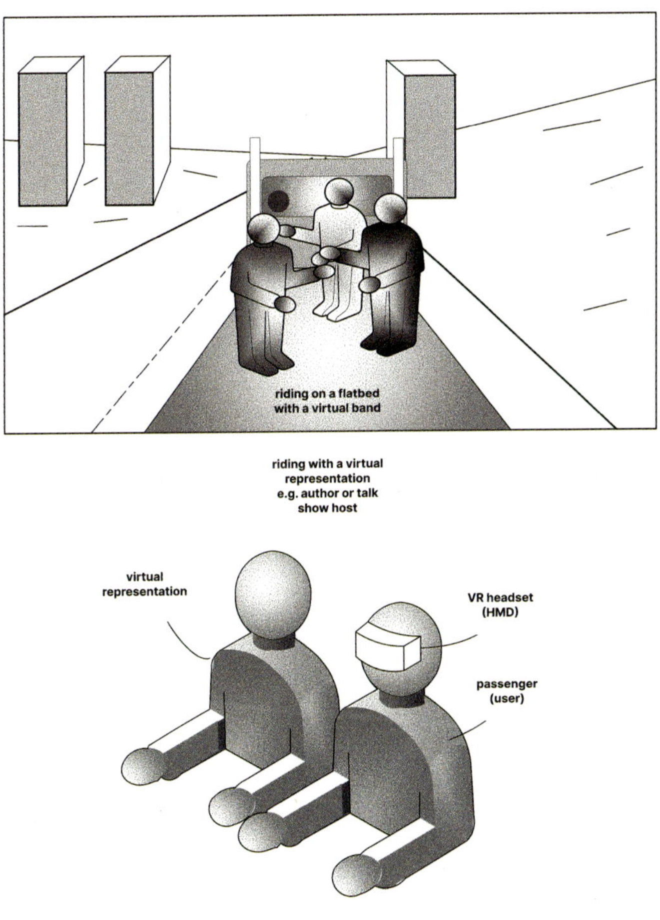

(b) 가상의 동승자

[그림 1-18] 몰입형 가상 디스플레이[35]

특허에는 [그림 1-18(b)]와 같이 클라우드상에서 가상의 탑승객을 호출해 동승하고 이동하는 경험을 제공하거나, 여러 사람과 연결하여 화상 회의를 하는 시나리오도 등장한다. 이 역시 이미 스마트폰 사용자가 사용하는 거의 모든 서비스가 확장된 형태를 상상해볼 수 있다. 사무실에서 집중해서 하는 일 대비 이동하는 동안 자율주행차 안에서 해결하면 좋은 활동들이 새로운 행동 패턴으로 정착할 수도 있다. 이동 시간과 환경에 적합한 콘텐츠가 탑승객에게 추천될 수도 있을 것이다.

■ 탑승객 안전 시스템

애플의 '**탑승객 안전 시스템(Occupant Safety Systems)**' 특허는 충돌 사고와 같은 위험이 발생했을 때 탑승객의 안전을 보장하기 위한 시스템(Passive Safety System) 중에서 에어백이 구동되는 방식에 대한 발명이다. 특허 전문에 '자율주행(Autonomous Driving)'이라는 단어를 언급하고 있지는 않지만, 마주 보는 시트 배열에서 탑승객의 안전과 관련된 다양한 상황을 대비한 것에서 완전 자율주행차와 무관하지 않을 것임을 추측해 볼 수 있다. 특허의 서두에 전통적인 좌석 시스템에도 적용될 수 있지만 마주 보는 좌석 배열에도 유용하게 적용될 수 있음을 강조하였다. 이 특허는 하나의 특허 안에 다섯 개 이상의 아이디어와 그것들의 조합을 포괄하고 있다. 주요 아이디어는 새로운 에어백 시스템, 공간 구분 파티션 메카니즘, 충격 완화 및 승객 간 충돌 방지를 위한 자동 시트 조절 세 가지로 볼 수 있다.

새로운 에어백 아이디어 세 가지와 공간 구분 파티션(cabin divider)을 조합하여 마주 보는 좌석에 앉은 탑승객끼리 부딪히거나, 실내에 고정되지 않은 물건에 의해 다치는 일을 방지하는 데 다음의 아이디어들은 단독으로 혹은 조합하여 활용될 수 있음을 명시하고 있다. 그중 두 가지 가능한 조합의 예를 [그림 1-19]와 같이 들고 있어 이중 삼중으로 탑승객의 안전을 도모하고 있음을 느낄 수 있다.

- 무릎 벨트에서 위로 올라오는 에어백(lapbelt airbag)
- 천장에서 내려오는 에어백(roof airbag)
- 창의 커튼이 부풀어 오르는 에어백(curtain airbag)
- 공간 구분 파티션이 펼쳐지는 형태(cabin divider)

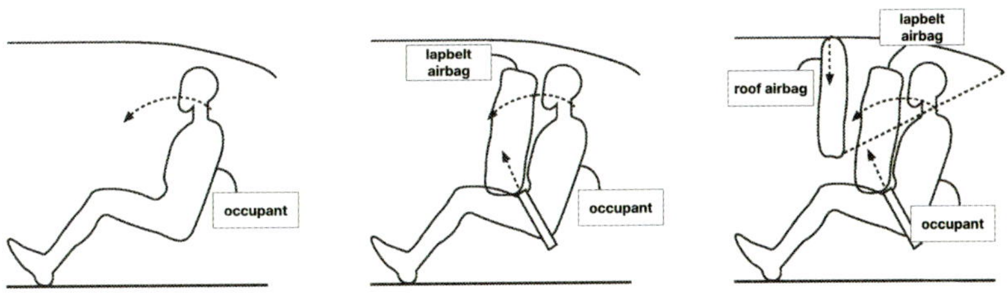

(a) lapbelt + roof 에어백

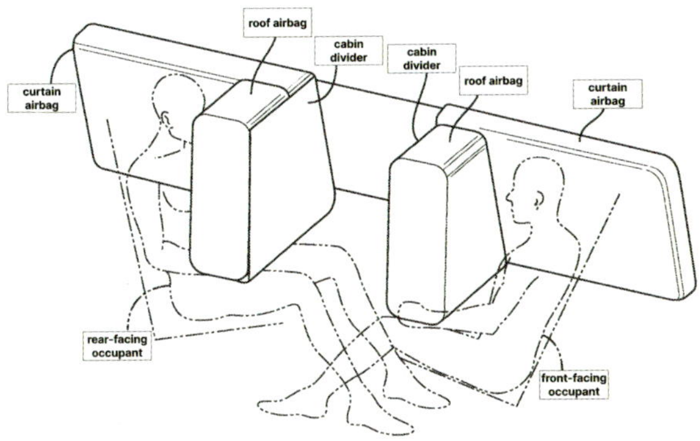

(b) roof + curtain 에어백

[그림 1-19] 탑승객 안전 시스템 1[36]

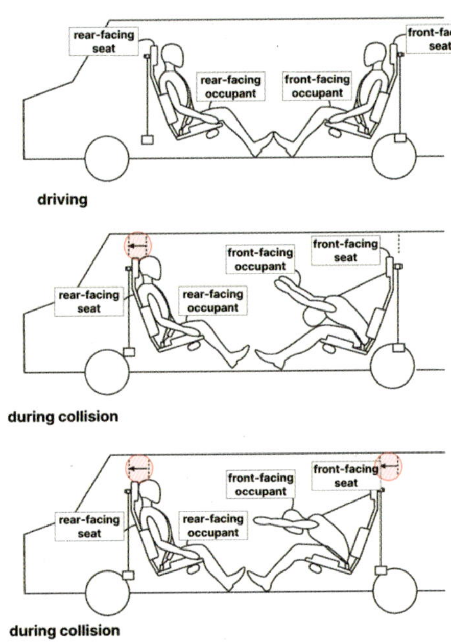

[그림 1-20] 탑승객 안전 시스템 2[36]

■ 외부 라이팅과 경고 시스템

애플의 특허 '외부 라이팅과 경고 시스템(Exterior Lighting and Warning System)'에는 본격적으로 자율주행에 대한 언급이 되어 있다. 애플은 기존 모바일 운영체제에서 익숙한 형태의 정보를 자동차의 외부에 표시하는 안을 다양하게 제시하였다. [그림 1-21]의 다양한 각도에서 바라본 자동차에는 윈도우 바로 하단에 차량을 360도 두른 라이팅 영역이 존재한다. 전면에는 텍스트 정보도 사용 가능함을 암시했다. 자동차의 외부 표시 장치에 활용할 메시지로는 다음과 같은 사례가 언급되었다.

- 차가 멈추는 중 / 속도를 올리는 중
- 차가 자율주행 중 (사람이 수동으로 운전 중인 상황과 구분)
- 우회전 예정
- 도로 미끄러움 주의
- 횡단보도에서 대기 중
- 안녕하세요? / 안녕히 가세요.

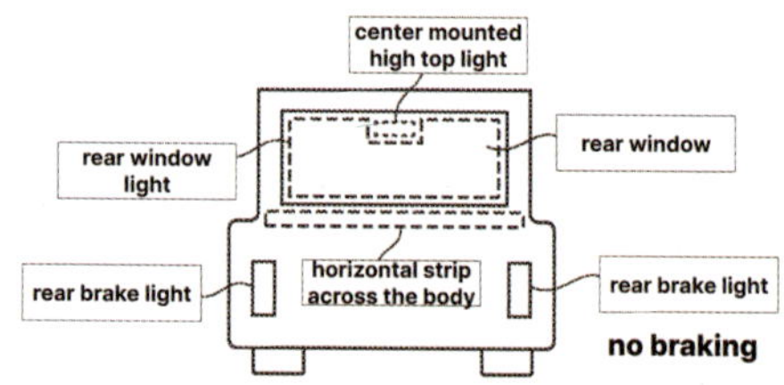

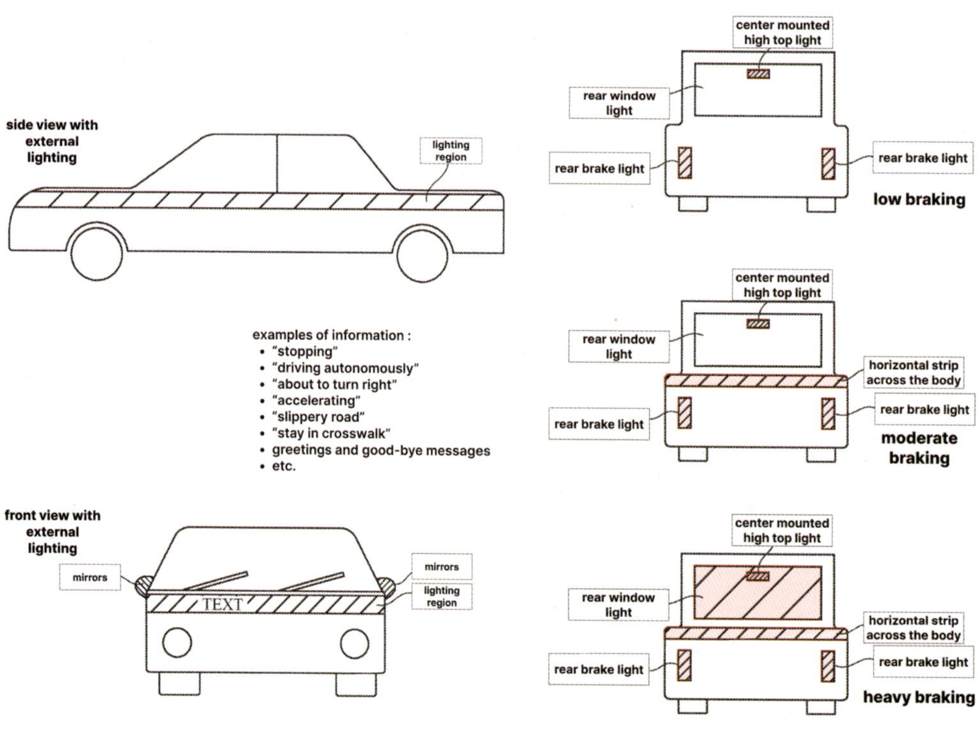

[그림 1-21] 외부 라이팅 경고 시스템[37]

이런 표시 장치는 후면에도 존재하는 데 기존 브레이크등은 원래대로 동작하면서, 부가적으로 추가된 라이트들이 제동 상태에 대해 단계별로 더 확실하게 알려주는 기능도 있다. 이러한 소통은 차의 가속, 감속 등 속도 변화, 차의 현재 속도, 차의 위치, 방향 등의 조향, 그리고 주변 차량이나 보행자 감지, 승객이 설정한 메시지 등을 외부에 보여 준다. 또 필요할 때는 소리 정보도 사용될 것이라 명시되어 있다. 이러한 특허를 볼 때 애플이 자율주행의 시대에 대비하여 도로 사용자(보행자, 자전거, 오토바이 등)의 안전까지 고려하고 있다고 예측할 수 있겠다.

영국 차량 리스 전문가 커뮤니티 바나라마(Vanarama)에서 애플 특허를 모두 조합하고 **애플카 디자인**을 상상하여 외부와 내부까지 3D 데이터로 만들어 놓았다([그림 1-22]). 이렇듯 루머만으로도 많은 이들의 상상을 자아내는 것이 애플이다.

사이트 보기

(a) 애플카(예상) 3D 모델 외관

(b) 애플카(예상) 3D 모델 내부

[그림 1-22] 애플카(예상) 3D 모델 외관과 내부[38]

카플레이 업그레이드가 자동차 업계에 던지는 메시지

2022년 초 업계 동향에 의하면 애플카 프로젝트에 애플의 AI & 머신 러닝 전문 임원과 기존의 애플워치를 이끌어온 전문 임원이 투입되었다고 한다. 애플이 미래 자율주행차를 스마트폰 사용자 경험에서 확장해 나간다면 애플카는 인공지능이 지원되는 IoT(Internet of Things)의 개념으로 볼 수 있다. 이러한 조짐은 2022년 6월 애플 세계 개발자 컨퍼런스 WWDC(The Apple Worldwide Developers Conference)에서 대대적으로 업그레이드된 iOS 16 카플레이(CarPlay) 콘셉트를 보면 알 수 있다.

[그림 1-23] 애플 iOS 15 카플레이 사용 중인 차량 환경과 주요 연동 애플리케이션[39]

애플 카플레이는 2014년부터 사용이 시작되어 [그림 1-23]의 iOS 15 버전으로 발전하기까지에 이르렀다. 우리나라에서 애플맵이 대세가 아니다 보니 크게 와닿지는 않지만, 애플의 발표에 따르면 "미국 시장에서 98%의 자동차가 카플레이를 제공하고 있으며, 미국 소비자들의 79%는 카플레이가 있는 차만 구매를 고려한다"[40] 고 한다. 미국 내 고도화된 애플 지도에 의존하고 있는 스마트폰 사용자가 애플 카플레이를 자신의 차에 연동했다면, 그와 동시에 따라오는 다양한 앱 사용과 편의성에도 익숙해졌을 것이다. 한 번의 연결로 핸즈프리 통화와 시리가 읽어주고 말로 답하면 보내주는 문자, 개인 스마트폰에서 듣던 음악, 팟캐스트 등을 차 안에서 편히 이용하고 나면, 이전으로 돌아가려 하지 않을 것이다. 그래서 구글의 안드로이드 오토(Android Auto)와 애플의 카플레이는 이 자동차 안에서의 사용자 경험에 눈독 들이지 않을 수 없을 것이다. 두 회사 모두 플랫폼의 연결성과 자사의 인공지능으로 점점 더 편리해지는 기능을 자동차 안에서 누릴 수 있음을 지속적으로 홍보하고 개선해 왔다.

[그림 1-24] 애플 iOS 16 카플레이 콘셉트 대시보드[40]

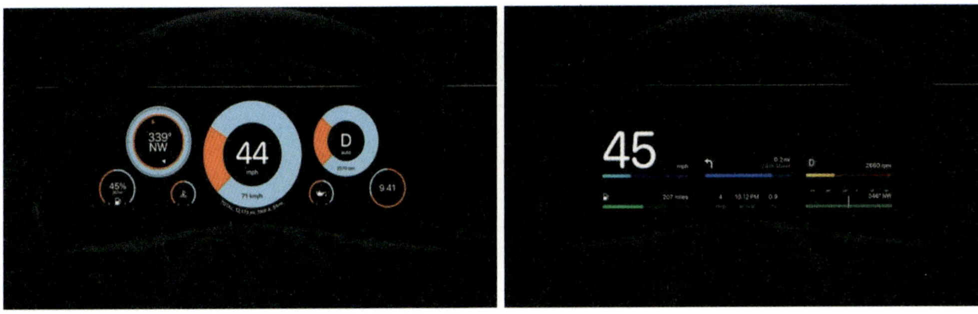

[그림 1-25] 애플 iOS 16 카플레이 콘셉트 계기판 인터페이스 개인화 화면 예시[40]

그러던 중 2022년 애플이 선보인 카플레이 업그레이드는 깜짝 놀랄 신세계와 같다. 자동차 제조사의 넘볼 수 없는 영역이라 여겨지던 계기판까지 점령했음은 물론, 하드웨어로서의 자동차 실내 경험을 더욱 적극적으로 제어하는 공조장치 설정까지 접근 가능해졌다. 이 모든 것을 익숙한 내 스마트폰과 동일한 사용자 인터페이스로 나만의 개인화 맞춤 설정을 끌어올 수도 있으니 흥분되는 사건이다. [그림 1-24]를 보면 계기판에서 조수석까지 대시보드 전체로 확장된 iOS 16 카플레이의 사용자 인터페이스를 보여 준다. 기존의 아이폰 사용자라면 누구나 쉽게 적응할 것이다. 차를 새로 사거나 렌트를 하면 제조사별 새로운 인터페이스에 적응해야 했던 어려움을 떠올려 보라. 익숙한 플랫폼이 연결된다는 것은 엄청난 편익을 제공한다.

게다가 [그림 1-25]와 같이 계기판 디자인과 정보 표현도 애플 워치(Apple Watch)에서 시계 페이스(Watch Face)를 설정하듯, 수많은 옵션의 원형 디자인에 세부 컴플리케이션까지 조절 가능한 것을 떠올려 보면 이제 계기판의 디자인과 정보 구성도 초개인화될 수 있을 것으로 예상된다. 기존의 자동차 제조사가 손에 꼽을 몇 가지 옵션(예: 아날로그, 디지털, 스포츠카 등)을 제공하던 것에 비할 바가 아니다.

이 버전은 차 안에서 자동차만이 했던 많은 기능들도 카플레이 안으로 들어왔다는 데 의미가 있다(예: HVAC 열선 통풍시트 조절, Audio, 제로백 성능 보기 등). 기존 아이폰 사용자가 자신의 기기를 개인화했던 경험을 떠올려 보면 이제 차 안의 모든 환경 조절을 개인 맞춤형으로 제공 가능하다고 예상할 수 있다. 한 대의 차라도 서로 다른 가족 구성원이 자신의 아이폰을 연동하는 순간 그에 맞춰 세팅될 것이다. 인터페이스 화면의 구성과 컬러 등을 개인별 맞춤형으로 설정할 수 있을 뿐만 아니라, 탈 때마다 사용자에 맞는 에어컨 바람세기와 온도 설정, "엉따(열선시트)"를 켤지 말지, 듣던 음악 이어 듣기 등을 매번 다시 설정할 필요가 없어진다. 애플은 [그림 1-26]과 같이 계기판 위치에 스마트폰의 긴급한 이벤트가 들어와 표시되어 기존 대비 시선의 분산이 없어진 점, 커진 중앙 디스플레이에 음악 재생 등 위젯을 선택적으로 나타나게 할 수 있는 점 등을 선보였다.

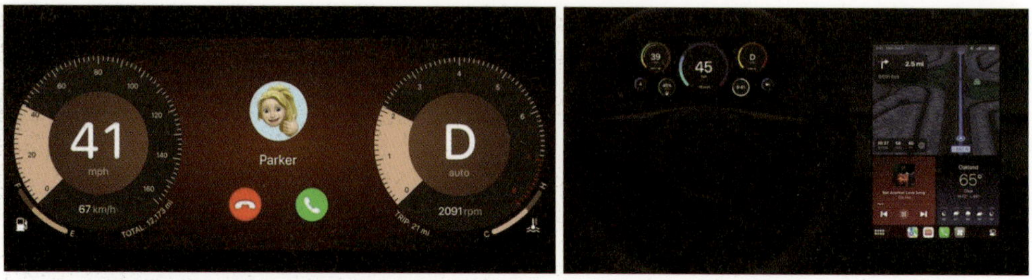

[그림 1-26] 애플 iOS 16 카플레이 콘셉트: 다양한 앱 연동 화면 예시[40]

이는 단순히 카플레이의 개선 차원이 아니라, 애플이 본격적으로 자동차 업계로 진출하는 로드맵의 한 단계로 볼 수 있다. 애플이 21세기 초 기존 업계에 던진 패러다임의 전환은 무엇이었는가? 플랫폼, 서비스, 사용자 경험! 지금의 완성차 업계에 시사하는 키워드는 세 가지이다. 플랫폼이 형성되어 업계 표준으로 자리 잡기까지 주도권 경쟁이 예상되며, 여기서 밀리지 않기 위해 모든 기업에서 자사 플랫폼을 내놓는 일이 예상된다. 이러한 플랫폼의 필요는 자율주행이라는 주 기능에서뿐만 아니라, 이동이라는 여정에서 파생되는 다양한 서비스 또한 활성화시키기 위한 것이며, 이 같은 환경이 더 활발히 이뤄지려면 제3의 파트너가 들어와 맘껏 놀 수 있어야 한다. 과거로부터 배워보자면 자사에서 모든 것을 완성하기보다는 열린 플랫폼으로 각각의 서비스를 잘하는 파트너들과의 협업이 활성화되면 바람직할 것이다.

미래 소비자는 다양한 서비스 중 본인의 이동 여정에 맞춘 환경을 매번 선택할 수 있게 될 것이다. 이런 모든 개별 소비 욕구를 완성차 업체가 일일이 다 추종할 수는 없다. 현재 모바일 플랫폼에 들어와 비즈니스를 하는 제3의 파트너들이 각 분야의 전문가로서 스마트폰 이용 소비자의 욕구를 충족시켜 주는 것과 같은 생태계가 형성되어야 할 것이다. 예를 들어, 기본적인 공유 호출 서비스가 있다면, 동영상 시청에 최적화된 시원한 사운드와 몰입도 높이는 큰 화면이 설치되고 창이 외부 자연광을 적절히 차단해 주는 차를 호출할 수 있거나, 완벽한 메이크업 상태로 하차할 수 있도록 이동 중 진동을 최소화하여 화장 파우치와 용품이 흔들리지 않게 진열되고 거울로 화장을 확인할 수 있는 차를 호출하는 것도 가능할 것이다. 각각의 서비스에서 비즈니스를 하는 스타트업이 생겨나길 기대해 본다.

1.2.4 스마트 모빌리티 서비스

모빌리티는 사전적으로는 '유동성 또는 이동성 · 기동성'을 뜻하는 말로, 일반적으로 사람들이나 물건을 A지점에서 B지점으로 이동하는 방식이나 수단을 말한다. **스마트 모빌리티**는 인공지능, 빅데이터 등 정보통신기술(Information and Communications Technology : ICT)에 기반하며,

해당 기술을 활용한 기존 교통수단(모빌리티)을 스마트화하는 서비스를 총칭한다 하겠다. 즉, 모빌리티 서비스는 택시, 버스, 지하철 등 전통적인 대중교통은 물론 공유 전동 킥보드, 카 셰어링, 카 헤일링, 라이드 헤일링 등 최근 등장한 새로운 이동 수단과 이동 형태를 포함한다.

스마트 모빌리티는 4차 산업혁명의 핵심 키워드다. 4차 산업혁명 시대의 모빌리티는 전통적인 모빌리티에 ICT 시스템, 인프라, 서비스, 제도 등을 결합한 스마트 모빌리티로 진화 중이다. 인공지능, 빅데이터 등 정보통신기술은 사회 전반에 걸쳐 엄청난 변화가 예상된다. 4차 산업혁명, ICT 신기술과 융합된 제품, 서비스가 등장할 때마다 용어에 '스마트'란 단어를 사용하고(예: 스마트폰, 스마트팩토리, 스마트홈, 스마트시티 등), 그 가운데 이동기기를 뜻하는 모빌리티를 스마트 모빌리티라고 부르는 것은 자연스러운 현상이다.

이러한 추세는 실제 산업의 현장에서 절박하게 나타난다. 현대자동차가 2019년 12월 CEO Investor Day에서 급격한 산업 변화에 적극 대응하고 미래 모빌리티 산업을 주도하기 위해 고객 중심의 중장기 혁신 계획인 **'2025 전략'**을 발표했다.[41] 현대자동차가 완성차 회사로 느끼는 시장의 상황은 '전동화/디지털화 중심의 산업 전환'에 대응하기 위해 투자 확대가 불가피하나 동시에 산업 저성장으로 수익성 확보가 쉽지 않다는 어려움이 존재한다. 2025년을 바라보며 현대자동차는 새로운 고객가치를 고민하고, 고객이 가장 원하는 제품과 서비스를 제공함으로써 생존을 넘어 미래 지속 성장을 추구하기 위한 전략을 내놓았다.

현대자동차의 모든 전략의 시작은 고객가치로부터 정의하였고, 새로운 고객은 스스로 재미있는 콘텐츠를 만들고 데이터 기반의 맞춤화된 소비를 지향하며 시장을 리드하고 있다는 점에 주목하고 있다. 고객 변화에 맞춰 현대자동차는 디지털 기술 기반의 개인화된 가치를 실현하는 '스마트 이동 경험'을 새로운 고객가치로 추구한다([그림 1-27(a)]). 이들의 전략적 지향점인 '스마트 모빌리티 솔루션 기업'은 **'지능형 모빌리티 제품(Smart Mobility Device)'**과 **'지능형 모빌리티 서비스(Smart Mobility Service)'** 2대 사업 구조로 펼쳐진다([그림 1-27(b)]).

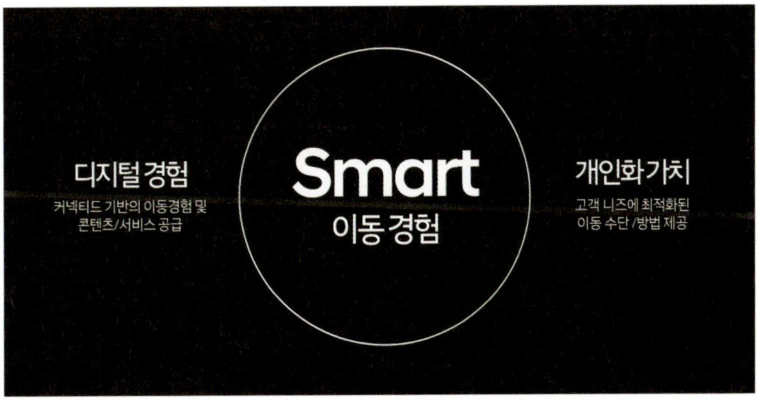

(a) 현대자동차 '2025 전략'의 새로운 고객가치

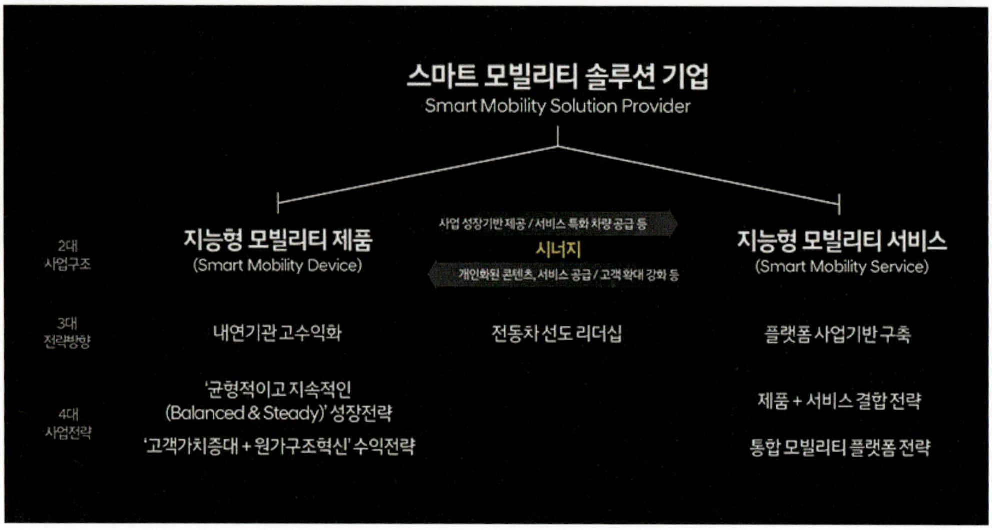

(b) 현대자동차 '2025 전략'의 전략적 지향점

[그림 1-27] 현대자동차 '2025 전략'의 일부(2019)[41]

■ 내연기관 고수익화와 전동차 선도 리더십

'지능형 모빌리티 제품(Smart Mobility Device)'은 현대자동차가 기존 제조사업 경쟁력 제고를 기본적으로 하겠다는 의미다. 내연기관 차량에서 확보된 수익성을 바탕으로 미래 전동화 시대 대응을 강화하고, 자동차는 물론 PAV(Personal Air Vehicle, 개인용 비행체), 로보틱스, 라스트 마일 모빌리티(Last Mile Mobility)[2] 등 다양한 모빌리티 제품군으로 확대 전개해 끊김 없는 이동 경험을 제공하는 제품 라인업을 확대한다는 전략이다. 또 과거 물량 확대 중심에서 벗어나 '균형적이고 지속적인 성장(Balanced & Steady Growth)' 전략을 추진한다는 내용이다. 손익과 물량, 지역과 지역, 내연기관과 전동차, 시장과 차종 사이의 균형을 갖추고, 단기보다는 장기적 관점의 지속 성장을 추구한다는 복안이다.

지능형 모빌리티 제품 사업 확장을 위한 지역과 제품 관점의 최적화 성장 전략으로는 우선 가격 경쟁력이 우수한 전기차를 중심으로 젊은 고객층과 기업 고객 시장을 적극 공략, 빠르게 규모의 경제를 확보하겠다는 전략이다. 2025년까지 배터리 전기차와 수소전기차의 연간 글로벌 판매를 총 67만 대(배터리 전기차 56만 대, 수소전기차 11만 대)로 확대해 고객이 선호하는 글로벌 3대 전동차(배터리 전기차, 수소전기차) 기업으로 도약하며, 한국 · 미국 · 중국 · 유럽 등 주요시장은 2030년부터, 인도 · 브라질 등 신흥시장은 2035년부터 적극적으로 신차에 전동화를 추진할 것이라고 한다. 고객 가치 증대(Value-Up)와 원가 구조 혁신(Cost Structure Innovation)을 동시

2 마이크로 모빌리티, 퍼스널 모빌리티로 불리는 초단거리 개인 이동수단으로 통상 차에서 내려 목적지까지 마지막 1마일(1.6km) 정도의 이동 서비스를 제공한다.

에 추구하는 수익 전략도 병행, 현 고객의 구매 의향을 충족시키는 핵심 차별화 요소를 적용해 인센티브 지출은 축소하고 고객 충성도는 높여 브랜드 파워를 제고하는 선순환 체계를 구성할 것이라고 했다.

■ 스마트 차별화 요소

디지털 기술과 개인화된 콘텐츠 분야에서 경쟁우위가 가능한 3대 스마트 차별화 요소를 선정, 고객 가치 증대를 통한 수익성 강화에 나서겠다고도 한다. 3대 스마트 차별화 요소는 혁신적 디지털 사용자 경험, 인공지능(AI) 커넥티드 서비스, 안전 지향 자율주행 등이다. 경쟁 상품과 차별화되는 점을 마케팅 용어로 **USP**라고 하는데, 이는 **Unique Selling Point** 혹은 **Unique Selling Proposition**의 축약어다. USP는 독립적인 제품의 장점으로 경쟁사에 현존하지 않거나 확연하게 우위를 점하는 점을 철저한 시장 분석을 통해 뽑아낸다. 현대자동차에서 2025 전략으로 뽑아낸 USP 세 가지가 1) 'WOW factor' 디지털 UX, 2) 'A.I.' 커넥티드 서비스, 3) '안전성 우위' 자율주행이다.

- **'WOW factor' 디지털 UX** : 혁신적 디지털 사용자 경험은 하드웨어와 소프트웨어를 통한 디지털 감동 요소를 제공함은 물론, 2025년까지 고도화된 음성 사용자 경험과 개인 비서와 대화 나누는 듯한 경험을 제공하는 것이 목표다.
- **'A.I.' 커넥티드 서비스** : 인공지능(AI) 커넥티드 서비스는 2025년까지 모든 지역의 신차에 커넥티드 카 기능을 기본으로 적용하고, 외부 콘텐츠/서비스와의 연결 강화, 인공지능 기반 개인화 구현에 중점을 둔다.

[그림 1-28] 현대자동차 '2025 전략' 중 고객 가치 실현을 위한 3대 USP(2019)[41]

- **'안전성 우위' 자율주행** : 2025년까지 자율주행 2 · 3단계와 주차 ADAS(첨단운전자보조시스템) 기술을 전 차종으로 확대하고, 2022년 완전 자율주행 플랫폼 개발, 2024년 양산 추진이 핵심이다.

현대자동차는 플랫폼 기반의 서비스와 콘텐츠로 맞춤형 고객 가치를 제공하는 지능형 모빌리티 서비스를 새로운 사업으로 육성할 것이라고 한다. 고객을 중심으로 자동차와 정비, 관리, 금융, 보험, 충전 등 주요 서비스를 함께 결합해 제공하는 사업 모델을 추진하고, 향후 현대자동차 주도의 플랫폼을 통해 고객군과 수익원을 확대한다.

■ 제품 + 서비스 경험 전략

또 지능형 모빌리티 '제품 + 서비스' 사업을 유기적으로 관리할 수 있는 '통합 모빌리티 플랫폼'을 구축해 차량 내 · 외부와 다양한 고객 접점에서 발생하는 대규모 데이터를 확보하고 이를 분석해 파트너사와 함께 고객에게 최적화된 서비스를 선보일 예정이다. 커넥티드 카와 정비망을 통해 수집된 차량 제원, 상태, 운행 정보 데이터를 활용한 보험, 정비, 주유, 중고차 등의 단순 제휴 서비스를 넘어, 쇼핑, 배송, 스트리밍, 음식 주문, 다중 모빌리티(multi-modal)[3] 등 지능형 모빌리티 '제품 + 서비스'가 삶 중심으로 확장된 세계 최고 수준의 맞춤형 모빌리티 라이프를 제공하겠다는 것이다.

이를 위한 상세 전략으로 북미에서 4단계 이상 자율주행차 상용화에 대비해 카 셰어링과 로보택시 실증사업을 전개한다. 한국, 아시아태평양 지역, 동남아, 호주에서는 각 시장별 모빌리티 서비스 회사와의 제휴로 시장 진입을 추진하며, 서비스 시장이 성숙한 유럽과 러시아에서는 지능형 모빌리티 '제품 + 서비스' 결합 사업을 우선적으로 실시한다고 한다.

이러한 전략의 실현 가능성에 회의적인 시각도 존재한다. 예를 들어, 성공적인 UAM 생태계 구축을 위해 인천국제공항 주변의 복잡한 항로, 안전성 확보, 착륙장 건설 시 기존 비행기와 충돌 문제, 군사제한구역 해제 등 다양한 문제해결이 불가피하다. 기존의 문제 해결을 위한 솔루션이 새로운 패러다임 아래 새로운 문제가 발생할 것은 필연적이라 하겠다. 이미 현대자동차는 솔루션 프로바이더로서 다양한 사업을 시도하고 있는 모습이다. 현대자동차가 시행 중인 스마트 모빌리티 서비스는 공개된 현대자동차그룹 저널의 토픽 〈모빌리티 서비스〉[42]를 살펴 보면 도움이 될 것이다.

3 대중교통, 카 셰어링 등 다양한 교통수단을 조합해 사용자의 이동 편의성을 최적화시키는 모빌리티 서비스를 말한다.

1.2.5 목적 기반 모빌리티(PBV)

목적 기반 모빌리티(Purpose Built Vehicle : PBV)는 이름 그대로 사용 목적이 뚜렷한 모빌리티를 뜻한다. 운행 용도에 최적화된 구성을 갖추고, 승객 또는 화물을 안전하고 효율적으로 이동하는 운송 수단이다. 최근에는 급진적인 전동화와 자율주행 기술 발전에 힘입어 운전자 중심으로 설계된 자동차에서 벗어나 사용 목적에 한층 최적화된 모빌리티 디바이스로 진화하고 있다. 실내 공간을 한층 유연하게 설계하는 등 이용 고객이 취하는 가치를 극대화시킨 모빌리티 디바이스가 제공된다. 최근 이같이 사용 목적이 뚜렷한 목적 기반 모빌리티가 대세라고 해도 과언이 아니다. 글로벌 PBV 시장 역시 큰 폭으로 성장하고 있다. 지난 2020년 32만 대 규모였던 연간 판매량이 2025년에는 130만 대에 이를 전망이다. 이에 많은 자동차 제조사가 미래 모빌리티 솔루션 중 하나로 PBV를 주목하고 있다.

PBV를 주요 전략으로 내건 우리나라 기아의 사례를 들어보자. 기아는 **2030년 중장기 전략**으로 글로벌 시장에 2022년 목표치 315만 대 대비 27% 증가한 400만 대를 판매하기로 했다. 이 중 전기차는 120만 대를 판매할 방침이다. 2023년 플래그십 모델인 EV9을 비롯 2027년까지 매년 2종 이상을 출시해 총 14종의 전기차 풀라인업을 구축한다. 2025년 출시되는 모든 신차에는 커넥티비티 서비스가 가능하게 하여 무선 업데이트(Over the Air : OTA)를 통해 성능을 최신화 · 최적화하고, 2026년에는 선진 시장에 판매되는 모든 신차에 고도화된 자율주행기능을 탑재할 계획이라고 한다. PBV를 중심으로 한 신사업에 대한 구체적 청사진도 제시했다. 2022년 기존 양산차를 기반으로 한 파생 PBV ▲ 레이 1인승 밴, ▲ 택시와 모빌리티 서비스 전용 모델 '니로 플러스(Niro Plus)'를 출시, 2025년에는 스케이트보드 플랫폼을 적용한 전용 PBV 모델을 출시하는 등 2030년 글로벌 PBV No. 1 브랜드로 자리 잡겠다는 복안이다.

니로 플러스는 2022년 5월 기아에서 출시한 첫 전기차로 목적 기반 모빌리티다. 본격적인 판매에 앞서 공개 후 12일 만에 사전계약 8000대를 기록할 정도로 인기를 보였다. 전체 계약 대수 가운데 택시 모델은 48%, 업무용 모델은 52%를 차지했다. 기아와 택시 업계는 '니로 플러스' 택시 모델을 통한 친환경 전기택시 대중화를 가속함으로써 대기환경 개선과 탄소배출량 저감에 기여한다는 방침이다. 니로 플러스는 국내에서는 전기 택시 모델로, 해외에서는 카 헤일링 서비스로 활용할 예정이다. 탑승객에게 여유로운 공간을 선사하기 위해 1세대 니로 대비 전고와 전장을 각각 80mm(1세대 니로 루프랙 미적용 기준)와 10mm 늘리고, 루프 라인을 높여 1열과 2열 헤드룸을 각각 50mm, 64mm 추가 확보한 것이 특징이다. 또 실내 1열과 2열 사이 B필러에 손잡이를 적용하고, 2열 도어 암레스트 사이드에 후방 차량을 살필 수 있는 리플렉터를 적용해 탑승객이 편하고 안전하게 승 · 하차할 수 있게 했다. 64.0kWh 배터리와 최고출력 150kW 모터를 조합해 1회 충전 시 392km(도심 기준 433km)를 주행할 수 있다. 기아 관계자는 "기획 단계부터 운전자와 승객이 제안하고 평가하는 과정을 통해 개발된 니로 플러스는 진정한 고객 중심 기업으로 도약하고

자 하는 기아의 비전을 담고 있는 첫 번째 PBV 모델"이라며, "택시 업계와의 지속적인 협력을 통해 친환경 모빌리티 수요에 적극 대응하고 택시 이용 승객들에게 최적화된 서비스를 제공할 것"이라고 전했다.

[그림 1-29(a)]의 니로 플러스 택시 모델은 앞서 단종된 K5 택시를 대체하며 인기를 얻고 있다. 영업에 필요한 다양한 기능을 통합 제공하는 올인원 디스플레이를 비롯해 슬림형 헤드레스트, 워크인 디바이스, C타입 USB 단자, 2열 시트벨트 버클 조명, B필러 어시스트 핸들 등 2열 승객을 배려한 편의 장비를 갖췄다. [그림 1-29(b)]의 올인원 디스플레이는 영업용 기기를 통합 적용하고, 음성인식으로 다양한 기능을 지원한다. 내비게이션과 앱 미터, 디지털 운행 기록계를 통합 적용했다. 이를 통해 행정 구역별 위치 데이터 기반 자동 시외 할증 기능, 티맵 오토 내비게이션, 신규 택시 요금체계 적용 시 무선 업데이트(OTA) 등을 제공한다. 기아는 카카오모빌리티와 협업으로 연내 OTA를 통해 올인원 디스플레이에서 카카오택시 호출 앱을 이용할 수 있도록 개발 중이다. 승객이 택시 호출 시 올인원 디스플레이를 통해 호출을 확인하고 스티어링 휠 버튼으로 수락할 수 있다. 올인원 디스플레이는 현대차그룹 인공지능(AI) 기술 개발 담당 에어스 컴퍼니가 자체 기술로 구현한 음성 기반 서비스 'AI 어시스턴트'를 탑재했다. 길 찾기와 전기차 관련 문의에 답변 등을 제공한다. 내비게이션과 연계해 음성으로 길 안내 요청 시 목적지 도착 후 예상 배터리 잔량을 알려준다. 예상 배터리 잔량이 부족할 경우 충전소를 경유하는 경로를 운전자에게 먼저 제안한다.

이는 실제 택시 서비스업 종사자를 대상으로 최근 두 달 동안 진행한 올인원 디스플레이 시범 운행에서 높은 인식률과 빠른 반응속도로 긍정적 피드백을 받았으며, 추후 사용자가 궁금해하는 질문에 대한 업데이트를 꾸준히 진행할 예정이라고 한다. 이런 서비스를 운영하기 위해서는 OTA가 필수 기능이며, 지속적인 고객의 의견 반영을 통해 꾸준히 고객의 기대에 맞추지 못한다면 PBV는 시장 경쟁에서 살아남을 수 없다. 이러한 서비스 제공과 운영에 있어 기아의 사례에서 카카오모빌리티와 협업 모델처럼의 생태계 구축도 필수적인데, 협업의 결과가 호출을 확인하고 스티어링 휠

(a) 1세대 니로 EV 기반 파생 목적 기반 모빌리티 기기

(b) 올인원 디스플레이로 제공되는 택시 서비스

[그림 1-29] 기아 니로 플러스 택시[43]

버튼으로 수락할 수 있는 기능과 같이 서비스와 하드웨어가 밀착 연동할 때 고객 경험은 극대화될 것이다.

기아는 레이 1인승 밴, 5인승 풀플랫, 니로 플러스 등 기존 차 기반의 PBV로 시장에 조기 대응하며, 2025년에는 첫 번째 전용 PBV 모델 출시를 계획하고 있다. 기아의 전용 PBV는 라이드 헤일링, 로보택시, 소형 카고밴 등 다양한 운행 목적을 소화하는 미드 PBV로 개발할 예정이다. 미드 PBV는 전용 스케이트보드 플랫폼에서 다양한 어퍼 보디를 결합 가능한 구조를 채택하고 저상화, 편평화된 플랫폼의 장점을 바탕으로 일부 모델에서는 성인이 실내에 서서 작업 가능한 높은 실내고와 적재성을 구현한 것이 특징이다. 아울러 실시간 무선 소프트웨어 업데이트, 60만km 내구 테스트 충족 등 운행 사업자의 총소유비용을 절감하는 사양과 내구성을 마련할 계획이다. 향후 완전 자율주행이 가능한 로보택시도 미드 PBV를 통해 구현된다. 기아의 전용 PBV 라인업은 미드 PBV 외에도 마이크로 PBV와 라지 PBV 등으로 확대된다. 마이크로 PBV는 소형 화물 배송에 최적화된 무인 자율주행 PBV로 식품, 생활용품 등의 배송에 사용된다. 또 라지 PBV는 물류, 콜드체인(냉장물류), 다인승 셔틀, 이동식 오피스, 스토어 등 다양한 비즈니스 사례로 확장성을 넓힐 계획이다. 이를 통해 전자상거래, 물류, 셔틀, 로봇 배송 등 다양한 모빌리티 서비스 분야에서 고객 맞춤형 솔루션을 제공하는 것을 목표로 하고 있다.

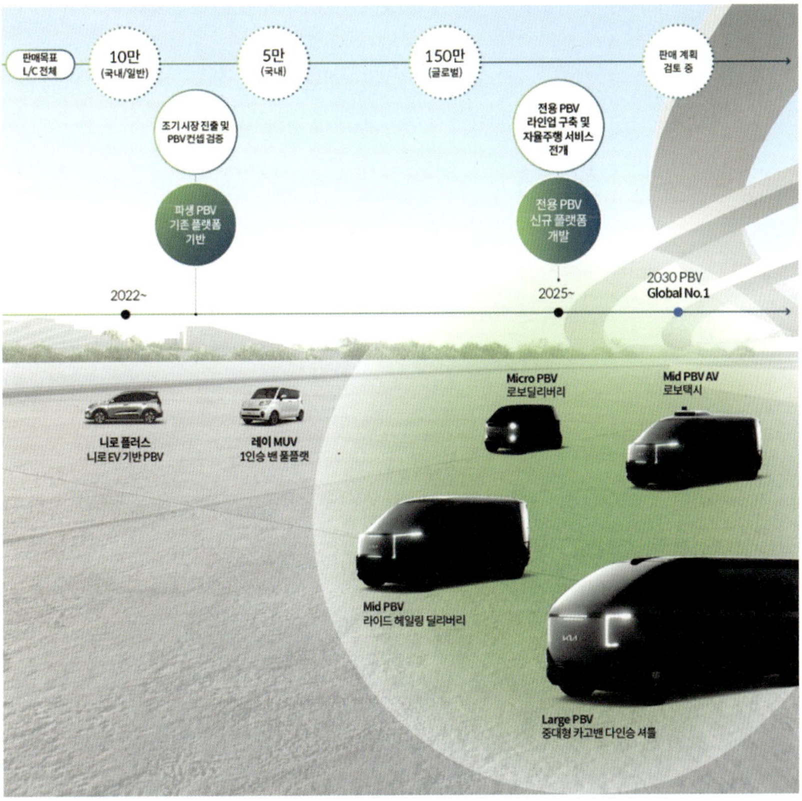

[그림 1-30] 기아의 PBV 전략과 상품 라인업 전개 방향(2022)[44]

모빌리티 환경이 급변하면서 PBV의 성장 가능성은 더욱 커지고 있다. 소비자 의식이 자동차를 소유하는 것에서 모빌리티를 이용하는 형태로 변화하면서 카 셰어링이나 라이드 헤일링과 같은 모빌리티 서비스가 확대되고 있다. 글로벌 시장 조사 업체에서는 모빌리티 공유 서비스가 2021년 글로벌 120만 대 수준에서 2030년 490만 대까지 성장할 것으로 전망했다. 이동 서비스에 특화된 PBV가 주목받는 이유다. 이와 함께 코로나-19 팬데믹의 영향으로 개인화된 모빌리티 서비스의 수요 증가와 함께 비대면 전자상거래가 활발해지면서 물류 수요도 급격하게 늘고 있다. 글로벌 국제민간회의인 세계경제포럼(World Economic Forum)의 2020년 발표에 따르면, 전 세계 100개 도시의 **라스트 마일 배송** 수요는 2030년까지 78% 증가하고, 이를 나르는 배송 차량도 36% 증가할 것으로 예상된다. 이와 관련해 글로벌 자동차 업계의 움직임도 분주하다. 이미 모빌리티 서비스에 투입해 상용화한 전동화 PBV 실증 사업부터 미래 자동차 기술을 반영한 콘셉트까지 다양한 그림을 구상하고 있다. 즉, 오염물질을 배출하지 않고 도시에서 지점과 지점을 오가며 사람과 화물을 나르고, 자율주행 기술의 도움으로 고객에게 직접 배송하는 라스트 마일 배송 역할을 PBV에 기대하는 것이다. 현대차그룹이 제시하는 PBV의 미래는 지난 2020 CES에서 공개한 스마트 모빌리티 솔루션이 그 청사진이라 할 수 있다. 하늘을 나는 도심형 항공 모빌리티 UAM과 도로 위의 자율주행 PBV가 도심 터미널 역할의 Hub를 통해 유기적으로 연결되는 모습을 구체화한 것이다.

[그림 1-31]과 [그림 1-32]에 보이듯 현대차그룹이 공개한 자율주행 PBV S-링크는 스케이드보드 플랫폼과 자율주행 기술을 결합해 이동형 카페, 병원, 식당, 화물 운송 등 다양한 운행 목적에 유연하게 대응하는 것이 특징이다. 용도에 따라 차체 길이를 4~6m 조절할 수 있으며 태양광 충전 패널, 360° 회전하는 볼 타입 휠, 모바일 기기와 반응하는 인터랙티브 미디어 월, 운행 정보를 알려주는 디스플레이 등이 적용된다. 아울러 PBV가 서로 통신을 주고받으며 대열을 유지하고, 감속이나 방향 전환도 물 흐르듯 자연스럽게 구현하는 자율 군집주행 기능을 탑재하며, 이를 통해 승객 수요에 최적화된 경로로 이동한다.

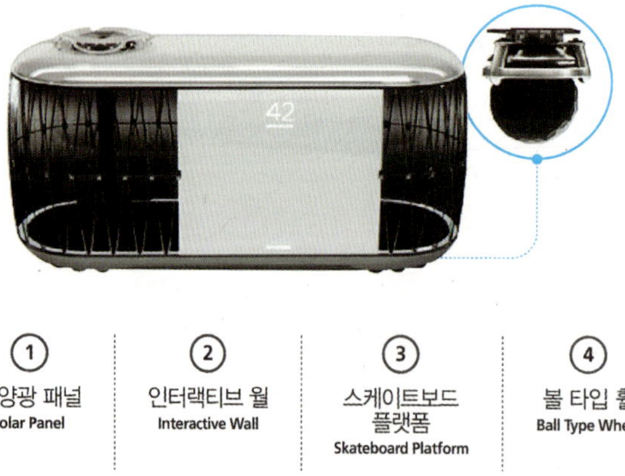

[그림 1-31] 현대차그룹의 PBV 콘셉트 S-링크[44]

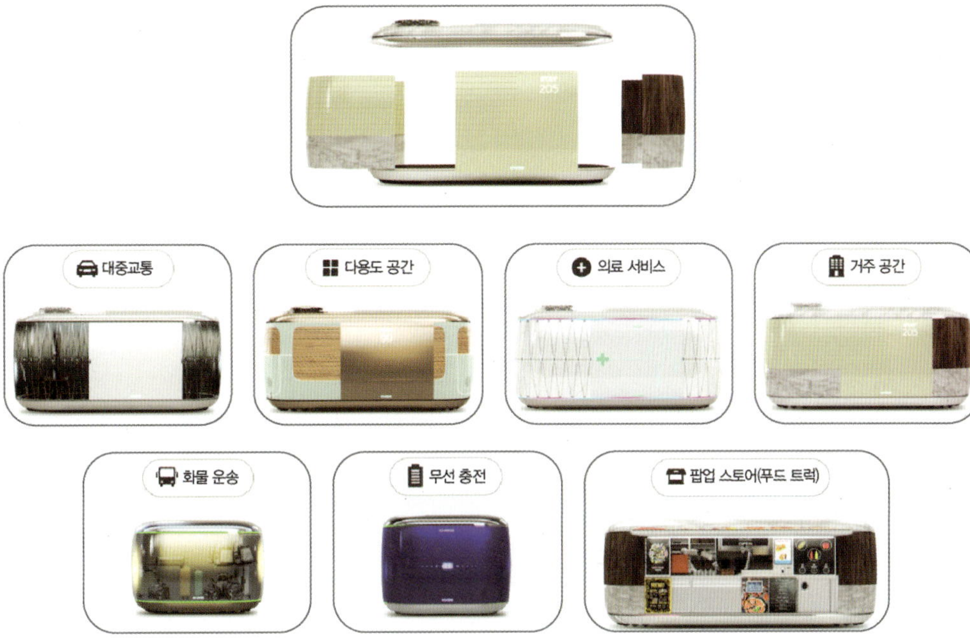

[그림 1-32] 현대차그룹이 공개한 자율주행 PBV S-링크의 활용 예시[45]

자율주행은 사람이 자동차 운전대를 잡을 필요 없이 원하는 목적지에 갈 수 있도록 하며 모빌리티(mobility)에 새로운 패러다임을 가져올 것으로 예상된다. 하지만 자율주행은 어디까지나 수단일 뿐, 자율주행을 통해 이루고자 하는 궁극적인 지향점은 곧 PBV로 귀결된다. 'S-링크'는 자율주행을 기반으로 '전용 플랫폼'을 구현한다. 이동형 카페, 병원, 식당, 화물 운송 등 다양한 목적에 유연하게 대응할 수 있다.

생각해 봅시다 **현대자동차가 고안한 PnD 모듈이란 무엇일까?**

다음의 QR코드로 볼 수 있는 유튜브 영상[46]은 2022년 소비자 가전 박람회(Consumer Electronic Show : CES)에서 현대자동차가 소개한 미래 시나리오다. 앞서 설명한 운송기기에서 운송기기+모빌리티 서비스로의 패러다임 전환, 자율주행 기술의 실현과 목적 기반 모빌리티의 현실화, 스마트 모빌리티 솔루션 프로바이더로 다양한 모빌리티 서비스 주체를 아우를 수 있는 플랫폼에 대한 비전을 느낄 수 있는가?

영상 보기

- PnD 모듈(Plug and Drive Module) : 모든 사물에 이동성을 부여하는 AI 기반 휠 유닛
- 모듈 도킹 시스템 : 물류와 사람의 라스트 미터(last meter)를 구현하는 도킹 시스템
- 마더 셔틀(Mother Shuttle) : 장거리를 고속으로 가기 위해 여러 대의 모빌리티를 탑승시키는(high speed platooning) 마더 셔틀

PnD 모듈은 인휠 모터와 스티어링, 서스펜션, 브레이크 시스템, 환경 인지 센서 등을 하나의 구조로 결합한 일체형 모빌리티 솔루션이다. PnD라는 이름처럼 다양한 사물에 이동성을 부여할 수 있도록 설계되었으며, 결합하는 사물에 따라 크기와 개수를 자유자재로 조절할 수 있는 것이 특징이다. 또 모듈이 계속 회전해도 내부 전선이 꼬이지 않도록 조정하는 스티어링 액추에이터(Steering Actuator) 기술을 적용해 제자리 360° 회전과 같은 자유로운 움직임이 가능하다. 현대차는 CES에서 5.5인치 휠 사양의 PnD 모듈을 적용한 네 가지 콘셉트 모빌리티를 공개하며 MoT(Mobility of Things) 생태계 실현의 가능성을 입증한 바 있다. PnD 모듈은 사물의 이동성을 새롭게 정의함과 동시에 전통적인 공간의 개념을 확장하며, 라스트 마일 실현을 위한 PBV 형태의 퍼스널 모빌리티나 물류 운송을 위한 로지스틱스 모빌리티와 같이 일상에서 다양하게 활용될 전망이다.

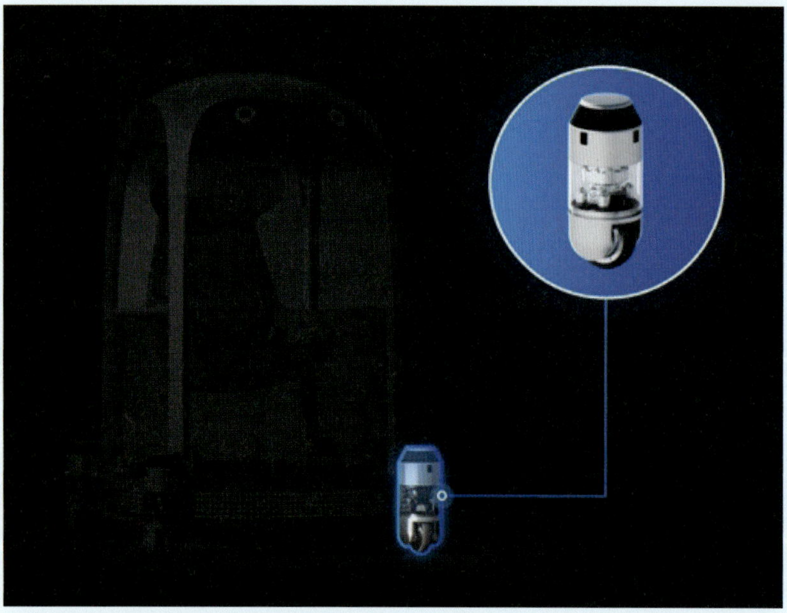

영상 보기

[그림 1-33] 현대차그룹이 CES 2022에서 공개한 PnD 모듈[47]

1.3 미래사회와 스마트 모빌리티 서비스

미래 모빌리티는 변화된 미래사회 안에서 존재하고, 그 중추적인 역할을 수행한다. 이 장에서는 미래사회의 청사진을 더 큰 그림으로 이해하고, 그 안에서의 모빌리티의 역할을 알아보자.

학습 목표

- 스마트시티란 어떤 개념이며, 어떤 모습으로 그려지고 있는지 사례를 말할 수 있다.
- MaaS의 개념이 무엇이고, 왜 중요한지 설명할 수 있다.
- 스마트시티의 모빌리티로 빠질 수 없는 도심 항공 모빌리티(UAM)의 역할을 다른 모빌리티와 연계하여 설명할 수 있다.
- 우리 스마트시티의 구체적인 모빌리티 계획에 등장하는 기기와 서비스를 나열할 수 있다.

미래사회에서 우리가 발전된 삶을 사는 모습을 상상할 때 교통은 빠질 수 없는 소재다. 스마트시티를 그리는 청사진에서 모빌리티는 지금의 고질적인 일상의 문제들이 해결된 이상향으로 그려지며, 이는 도시 인프라의 변화도 필연적으로 동반한다. [그림 1-34]는 1939년 뉴욕 월드 페어에서 지엠(GM)이 발표한 퓨처라마(futurama)의 모습이다. 이미 이때도 운전자 없이 운행되는 로보택시 개념이 선보인 것이다. 이러한 모빌리티는 자동 고속도로를 다닌다. 스마트 카와 스마트 도로의 개념이 80여 년 뒤에 현실로 재조명되고 있다. 도요타는 자동차 제조사로서 스마트시티의 프로토타입을 리빙랩으로 만들겠다고 2020 세계가전박람회 CES에서 선언하였고, 2021년 착공하였으니 자율주행차가 누비는 스마트시티는 먼 미래의 마냥 꿈만 같은 이야기는 아니다. [그림 1-35]에 보이는 **도요타의 우븐시티**가 그것이다.

[그림 1-34] Futurama: Highways & Horizons(1939) Credit: General Motors[48]

[그림 1-35] 도요타 우븐시티(2019)[49]

1.3.1 스마트시티와 모빌리티

UN에 따르면, 세계인구는 현재 70억 명에서 2050년까지 90억 명으로 증가할 것이며, 급속한 도시화로 도시로 유입되는 인구는 25억 명 이상으로 늘어날 전망이다. 물론 대부분의 도시인구 증가는 중국, 인도 등 아시아와 아프리카에서 발생할 것으로 보이며, 도시로의 인구유입에 따른 주택보급, 교통시설 건설, 에너지와 수자원 네트워크 구축 등이 중요한 과제다. 도시를 효과적으로 운영하기 위해 ICT를 활용하여 도시화를 보다 효율적이고 신속히 이루고자 하고 있다.

1990년대까지만 해도 화석연료 등 에너지 위기 등에 대비하여 지속가능한 도시를 위한 노력이 대부분이었으나, 2000년대 초반 정보통신기술의 발달을 계기로 우리나라 중심의 유비쿼터스도시(u-city), 디지털시티, 인텔리전트도시 등 다양한 도시 모델이 제시되다가 최근에는 **스마트시티**로 수렴되고 있다. 도시는 그동안 산업혁명의 등장과 더불어 대규모 변화를 겪어왔다. 1차 산업혁명 발생 시 기계화와 철도의 등장으로 공업도시가 모습을 보였고, 2차 산업혁명 시기에는 자동차의 등장으로 도시가 급격히 팽창하였다. 정보통신기술의 발달로 도시는 보다 지능화, 자동화되며 각종 시스템들이 체계적으로 자리 잡았는데, 4차 산업혁명 기술의 등장으로 도시는 다시 새로운 대전환의 시대를 맞았다.

스마트시티에 대한 정의는 국가별 여건에 따라 매우 다양하지만, 공통적으로는 4차 산업혁명 시대의 혁신기술을 활용하여, 시민 삶의 질을 높이고, 도시의 지속 가능성을 제고하며, 새로운 산업을 육성하기 위한 플랫폼을 말한다. 오늘날 스마트시티는 선진국이나 개발도상국 할 것 없이 전 세계

[그림 1-36] 산업혁명과 도시의 발달[50]

적으로 도시 문제를 해결하기 위한 미래도시 모델로서 가장 주목받는다. 그중에서도 가장 집중되는 분야는 단연 교통이다. 우리나라의 경우 2018년부터 세종 5-1 생활권과 부산 에코 델타시티(EDC)를 스마트시티 **'국가시범도시'**로 지정하고, 4차 산업혁명 기술이 접목된 최첨단 도시를 건설하기 위한 대규모 프로젝트가 진행되고 있으며, 대구, 시흥과 같은 기존 도시에서 다양한 문제를 해결하기 위해 R&D 실증사업으로 **'국가혁신성장 프로젝트'**를 진행 중[51]이다.

2000년대 초기 **스마트시티**는 교통모니터링, 범죄예방, 화재탐지 등 통합관제형의 서비스공급자 중심이었다. 최근에는 유럽을 중심으로 헬스케어, 안전 등 서비스 개발과 보급에 시민 참여를 유도하는 시민 중심 스마트시티가 보다 보편화되었다. 우리나라의 경우, 기존 u-city를 통해 확보한 플랫폼 접근방식을 강화하여 각 사일로 간 연계를 위한 노력의 일환으로 112와 119의 CCTV 정보 공유와 공동 대처를 위한 5대 연계서비스가 대전시를 중심으로 성공적으로 진행한 바 있다. 최근 전국적으로 40개 이상의 도시에 통합플랫폼을 표준화하여 보급 중이며, 3년 이내에 기초 지자체의 50% 이상이 5대 연계서비스를 제공하게 될 것이다.

세계적으로 대표적인 스마트시티로 인정받는 **인천 송도**는 도시 내 설치한 CCTV 영상을 모니터링하고, 번호판을 자동으로 인식하여 범죄발생을 최소화한 바 있다. 우리나라의 서울시와 광역 대도시들은 그동안 첨단교통시스템(intelligent transport systems : ITS)을 중심으로 교통관제센터가 도시운영관리의 중요한 축을 담당했는데, 버스정보시스템, 교통카드시스템, 교통안내서비스 등 다양한 교통서비스가 등장하면서 교통은 스마트시티 발전에 핵심 기능이 되었다. 서울시는 2013년부터 빅데이터 분석을 이용한 심야버스인 일명 '올빼미 버스'를 성공적으로 운행 중인데,

밤 12시 이후 택시 등 교통수단공급이 원활하지 못한 지역에 집중적으로 심야노선버스를 배치하여 시민들의 안전한 귀가를 지원하며 호평을 받기도 하였다.

스마트시티는 4차 산업혁명의 종합 플랫폼으로, 스마트시티의 도메인 중에서 가장 주목받는 분야는 교통이라고 볼 수 있다. 교통 분야는 최근 우버와 리프트 등과 같은 공유 교통수단의 등장과 기존 운송체계와의 갈등이 있지만, 퍼스널 모빌리티, 자율자동차의 기술 발전, 드론택시의 시험운영 등 기존 교통모드와 다른 형태의 온디맨드 교통수단의 등장은 모빌리티 환경을 급속하게 변화시킬 전망이다. 특히, 사용자 중심의 모빌리티 서비스를 의미하는 MaaS(Mobility as a Service)의 등장은 기존 교통수단, 교통정보, 교통결제 등의 분리된 시스템을 하나로 통합할 수 있는 기술적인 바탕을 제공한다는 측면에서 주목할 만하다.

또 에너지와 교통의 연계 등 2016년 오하이오 주 콜롬버스에서 시도한 'Smart Columbus' 프로젝트는 교통과 연계되는 다양한 스마트시티의 실험모델이라고 할 수 있다. C-ITS와 V2G 기술의 접목으로 교통 약자를 고려하고, 콜럼버스 시민의 이동 편의성을 도모하는 모델이 성공적으로 진행되면, 스마트시티의 교통은 보다 넓은 영역으로 전개를 기대할 수 있다. 도시에 자율자동차를 본격적으로 운영하고 자동차 대부분을 전기차로 운행하면, 에너지 수급 체계도 달라질 수 있다. 또 First Mile-Last Mile 운송수단으로 퍼스널 모빌리티는 끊임없이 확대될 것인데, 과연 지속가능한 도시 교통은 어떤 형태의 교통수단이 최적의 운송 형태로 자리매김할지 앞으로 다양한 시도로써 자리 잡게 될 전망이다. 이를 위하여 우선 소규모로 실험하고 성공적인 사례를 바탕으로 확대해 나가면 현명한 방법이 될 것이다. 아울러 다양한 인접영역과의 협력체계 유지가 스마트시티와 교통 발전을 위한 첩경이라고 본다. 여전히 공공성이 강한 스마트시티와 스마트 교통에 국가의 통합적이고 전략적인 투자와 실행이 더욱 절실히 요구되고 있다.

1.3.2 서비스로서의 모빌리티

MaaS(Mobility as a Service)는 **서비스로서의 모빌리티**를 뜻한다. 이용자가 목적지로 이동할 때 복수의 이동 수단을 활용하여 최적화된 경로와 교통수단을 찾도록 하는 데 활용된다. 스마트폰 하나로 카 셰어링뿐 아니라 철도, 택시, 자전거, 전동 스쿠터, 주차장, 라이드셰어, 렌터카, 그리고 숙박에 이르기까지 포괄적인 이동 서비스를 제공하자는 것이 MaaS다. 이 개념은 핀란드 헬싱키에서 사용되고 있는 'Whim' 서비스를 최초로 본다. 'Whim'은 핀란드 기업 MaaS Global사(社)가 헬싱키에서 2016년부터 제공하기 시작했다. 이용자가 스마트폰 앱을 실행하고 목적지를 입력하면 출발지에서 목적지까지의 경로와 이동 수단 몇 가지가 제안되는데, 제안된 경로와 이동 수단 중 이용하고 싶은 것을 선택하면 예약이나 발권, 요금 지불까지 스마트폰 앱으로 완료할 수 있다.

[그림 1-37] 운송의 넷플릭스를 모토로 하는 Whim[52]

기존에는 목적지까지 이동 수단이 여러 개이면 이동 수단마다 이용자가 검색, 예약, 발권, 지불을 해야 했으나, 그 과정을 줄여 바꿔 탈 때 걸리는 시간을 줄이고 번거로움을 개선한 것이 획기적이었다. Whim은 각 사업자가 운영하는 여러 이동 수단을 스마트폰 앱에서 통합함으로써 이용자 편리성을 높였을 뿐만 아니라 이동 수단을 무제한으로 탑승할 수 있는 매력적인 정액 요금제를 만들어냈다.

MaaS에서의 이용자 편익은 '이동의 편리성 향상'뿐만 아니라 '교통비 절감' 효과도 컸다. 이용자가 수송 효율이 낮은 자가용에서 높은 대중교통으로 이동하면서, 전체 도시 주행 차량이 감소해 정체가 완화되고 배출가스량의 저감도 기대할 수 있었다. 실제로 MaaS Global사가 Whim 사용자를 대상으로 실시한 조사 결과[53]에 따르면, Whim 제공 개시 전후 헬싱키의 'Whim 이용자 이동'에서 차지하는 대중교통 이용 비율이 대폭 증가(48% → 74%)한 것으로 나타나 도시의 대중교통 이용을 촉진하는 효과를 보았다고 한다. 또 이동 데이터를 하나의 MaaS 플랫폼에 축적함으로써 새로운 데이터 활용도 가능하기 때문에 더욱 스마트시티에 도입해야 할 개념이다.

Uber의 장기적인 목표도 사용자가 앱으로 모든 이동 수단을 예약하고 이용할 수 있게 하는 MaaS에 있다. 이러한 비전은 Uber뿐 아니라 Lyft 등 거의 모든 모빌리티 플레이어들의 비전이 되고 있다. 전기 스쿠터 서비스를 출시하며 이동옵션 확대와 사명 변경을 발표한 유럽의 Taxify부터, 전기 자전거 공유 서비스를 발표한 카카오모빌리티, 전기 자전거 스타트업에 투자를 발표한 쏘카에 이르기까지 MaaS를 비전으로 삼는 사업자는 이제 국내외에서 쉽게 찾아볼 수 있다.

Uber가 MaaS를 준비함에 첫째는 대중교통과의 연계를 강화, 둘째는 바이크/스쿠터를 통해 퍼스트 마일과 라스트 마일 이동 수단을 통합하는 것 이렇게 두 가지가 축을 이룬다. Uber는 Denver에 기반을 둔 대중교통 업체인 Regional Transportation District (RTD)와 제휴하여 Uber 앱에 대중교통 옵션을 직접 추가하였다. Denver 거주자들은 Uber 앱 업데이트를 통해 목적지까지 이동하는 데 Uber Pools, Uber X, Uber Select는 물론 기차, 버스, 지하철 등 대중교통 옵션에 이르기까지 도착 예정시간(ETAs)을 볼 수 있다. 도시 내 A에서 B로 이동하기 위한 가장 빠르고 가장 편리한 최적의 방법이 바로 대중교통이기 때문에 이를 자사 앱으로 가져온 것이다.

Uber의 입장에서 타 교통서비스 연계를 편리하게 했을 때, 자사의 서비스 이용이 감소할까봐 우려할 수도 있다. 그러나 2018년 7월 Uber가 JUMP 바이크와 서비스를 통합한 후 사용자 변화를 분석한 결과, 통합 서비스 사용량이 15%나 증가했다고 한다. 놀랍게도 Uber의 라이드 헤일링은 교통 혼잡도가 높은 평일 오전 8시~오후 6시대에 15% 감소했지만, 전체적으로는 라이드 헤일링이 JUMP 바이크로 대체되면서 사용자가 15% 증가한 것이다([그림 1-38]). JUMP 바이크는 주로 낮 시간에 사용되었으며(69%), Uber 서비스는 상대적으로 출퇴근 시간에 집중되었음을 알 수 있다. MaaS의 개념이 적용되었을 때 사회 전체적으로도 구성원에게 혜택이 있음은 물론, 개별 모빌리티에도 결과적으로 이득임을 말하고자 할 때 이 사례가 언급되곤 한다.

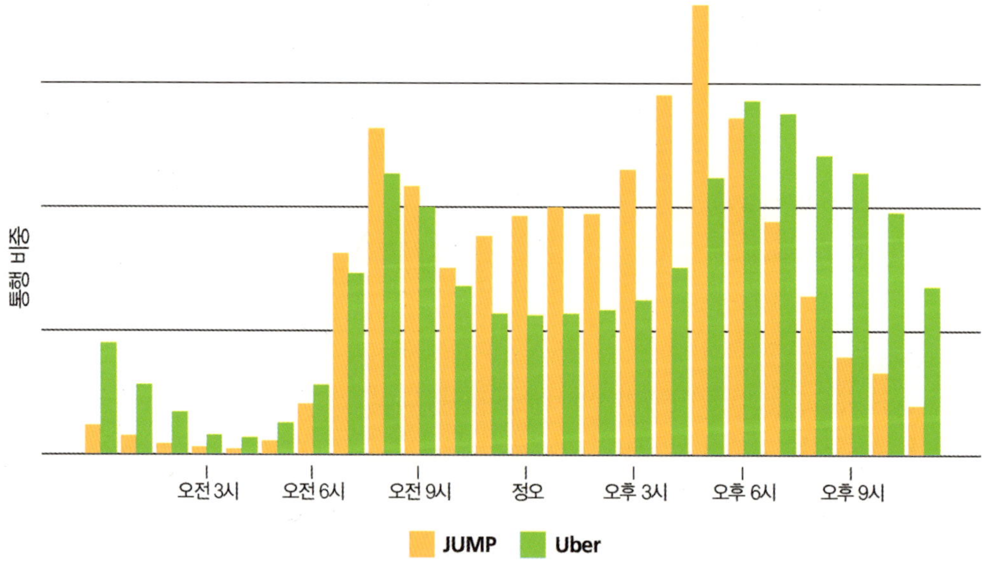

[그림 1-38] 혼잡한 시간대에 Uber 카 헤일링을 대체한 JUMP 바이크[54]

1.3.3 도심 항공 모빌리티

서로 다른 형태의 모빌리티를 이어주는 하나의 생태계 안에서 사람들은 혁신적인 이동성을 경험할 수 있음을 앞서 MaaS 개념으로 설명하였다. 이렇듯 모빌리티의 종류가 세분화하여 연결되면서 이동을 완성시켜 줄 것인데, 그중 빠지지 않는 하나가 하늘을 자유롭게 나는 '**도심 항공 모빌리티(Urban Air Mobility : UAM)**'다. 미래 스마트시티에서 빌딩 숲 사이를 비행하는 UAM을 타고 환승 거점인 허브(hub)에 도착해 곧바로 친환경 자율주행차로 갈아탈 수 있다면 어떨지 상상해 보라.

많은 컨설팅 업체들의 결과에서 사업성과 관련하여 도심 항공 모빌리티의 비즈니스 모델로 생각하는 기체 형태는 4~5명을 태울 수 있는 에어 택시 개념을 말한다. 이러한 소형 항공기를 전기동력(allelectric) 항공기로 만들 수 있다면, 수직 이착륙이 가능하고 기존 헬리콥터보다 안전성이 우수하며 소음도 훨씬 낮은 항공기를 설계할 수 있는 가능성이 열린다. 승차공유(ride sharing) 사업모델과 결합해 안전하고 조용하며 저렴한 항공운송을 제공하고 도시 상공을 이용하여 출발지에서 목적지까지 최단 거리로 이동이 가능해지면, 지상의 교통 혼잡을 피하고 기존 이동 시간을 비약적으로 단축할 수 있다. 이 새로운 운송 수단의 또 다른 장점은 항공사가 정해 놓은 일정에 맞춰 스케줄을 조정해야 하는 현재의 방식이 아닌, 내가 원하는 때 이용할 수 있는 소위 온디맨드 모빌리티(on-demand mobility)가 가능하다는 점이다. 지상에서의 택시 개념이 항공에서도 구현되는 것이다.

이렇게 **UAM**은 지역 사회를 유기적으로 연결하고 더욱더 가깝게 만들어 주며, 도심 교통혼잡으로의 해방을 통해 사람들에게 그들이 관심 두고 즐기고자 하는 활동을 좀 더 할 수 있도록 소중한 시간을 돌려줄 것이다. 그러나 UAM이 육상 운송을 100% 대체하지는 못할 것으로 보인다. 오히려 2D 세계를 3D로 확대하여 빠르게 증가하는 도시 모빌리티의 필요를 충족시켜 도시의 기능과 편리를 증대할 것이다.

우리가 지상 이동성과 항공 이동성을 끊어짐 없이 완벽하게 연계하게 되면, 이는 우리와 물류의 이동 방식을 혁신시키고 예전에 휴대폰의 등장이 그랬던 것처럼 생활 방식도 완전히 바꿀 것이다. 이러한 이유로 UAM에 대한 관심이 전 세계적으로 높아졌으며, 많은 회사에서 이 새로운 시장을 목표로 믿을 수 없을 정도로 다양한 비행체 콘셉트를 내놓고 있다. 가장 낙관적인 시장 연구 결과에 따르면, 2040년대 UAM 시장이 약 1조 5천억 달러 규모로 성장한다고 예측하였다. 현재 UAM 기체를 개발하기 위해 뛰어든 전 세계 주요 OEM과 스타트업 기업들은 200개 업체가 넘는다. 매우 다양한 콘셉트가 나오고 있으며, 대표적인 형상은 [표 1-8]과 같다.

[표 1-8] 도심 항공 모빌리티 기체의 대표적인 형상[55]

기체 콘셉트	Multicopters (Wingless)		Vectored thrust (Tilt rotor type)	
형상		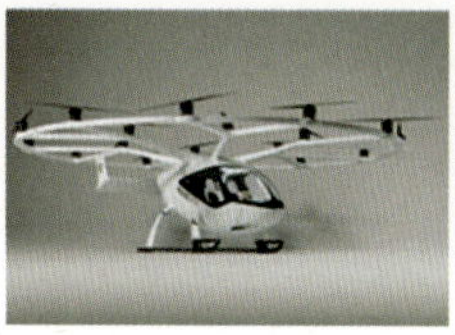		
모델명	Ehang 216F	Volocity	S4	VA-X4
제조사/국적	Ehang/중국	Volocopter/독일	Joby Aviation/미국	Vertical Aerospace/영국
특징	• 최대 이륙중량: 650kg • 유상 하중: 220kg • 탑승 인원: 2인승 • 파워트레인: 배터리 • 비행 거리: 35km • 최대 속도: 130km/h	• 최대 이륙중량: 900kg • 유상 하중: 200kg • 탑승 인원: 2인승 • 파워트레인: 배터리 • 비행 거리: 35km • 최대 속도: 110km/h	• 최대 이륙중량: 2,177kg • 유상 하중: 450kg • 탑승 인원: 1(조종사) + 4(탑승객) • 파워트레인: 배터리 • 비행 거리: 241km • 최대 속도: 322km/h	• 최대 이륙중량: Unknown • 유상 하중: 450kg • 탑승 인원: 1(조종사) + 4(탑승객) • 파워트레인: 배터리 • 비행 거리: 161km • 최대 속도: 241km/h

메가시티(megacity; 인구 1,000만 명이 넘는 도시)의 도로, 주차 시설로 활용하고 있는 면적 중 20%를 공원, 박물관, 공연 센터 등으로 바꿀 수 있다고 상상해 보면, UAM은 도시를 더 인간 중심적으로 만들 잠재력이 있다고 볼 수 있다. UAM은 도시 외곽에서 대도시의 혜택과 편리에 더 쉽게 접근할 수 있게 할 뿐만 아니라 도심 안의 시설들을 걸어 다니며 이용할 수 있도록 바꾸어 주고, 앞으로 전개될 전기차, 수소차와 함께 도시 환경을 보호하며 깨끗한 공기를 제공하는 데 기여할 것이다. 현대자동차가 2020 소비자 가전 박람회(CES)에서 발표한 비전인 스마트 모빌리티 솔루션(Smart Mobility Solution)의 일환으로 UAM 비전 콘셉트인 S-A1을 선보였다([그림 1-39]).

현대자동차그룹이 지향하는 지상과 항공을 끊어짐 없이 연결하는 통합 모빌리티 환경을 구축한 미래 도시가 현실이 되려면 소음 저감, 안전사고 예방을 위해 여러 개의 로터를 독립적으로 구동하는 분산전기추진기술(Distributed Electric Propulsion : DEP)과 같은 기술이 뒷받침되어야 한다. 현대자동차의 콘셉트 모델 S-A1은 총 8개의 로터가 탑재된다고 한다. 날개 15m, 전장 10.7m로 활주로 없이 수직 이착륙이 가능하고, 조종사 포함 총 5명이 탑승하며, 최대 약 100km를 비행할 수 있다고 한다. 최고 속력은 290km/h, 이착륙 장소에서 승객이 타고 내리는 5분여 동안 고속 배터리 충전이 가능하다고 전망한다. 아울러 비상상황에 대비한 낙하산 전개 시스템, 탑승자 간 원활한 대화를 돕는 저소음 설계, 탄소 복합재를 이용한 경량화 등으로 안전성, 편의성, 경제성까지 갖출 예정이다.

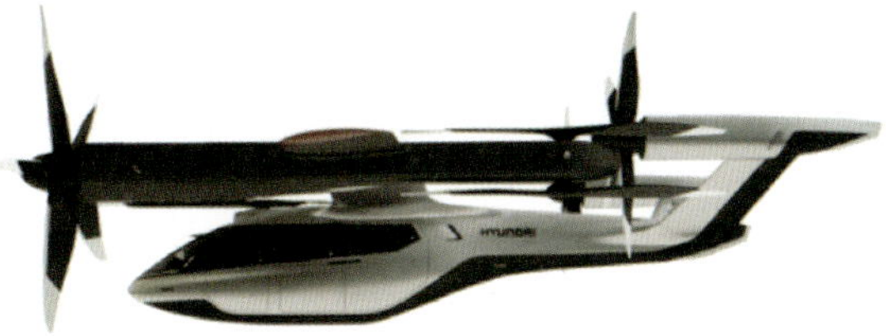

[그림 1-39] 도심 항공 모빌리티 비전 콘셉트 모델, S-A1 [56]

1.3.4 세종 스마트시티의 모빌리티 사례 연구

행복도시 세종시는 대중교통을 지향하는 도시계획을 수립했으나 현재 심각한 승용차 중심도시로 변모하였다. 세종시는 대중교통이 열악하여 교통부문 시민만족도가 낮았다. 이를 해결하기 위해 도시생활의 편리함은 유지하면서 도시 내 소유 자동차 수와 운행 차량 수를 1/3 수준으로 점진적으로 줄이는 것이 목표다. 목표를 달성하려면 공유수단, 자율주행, 통합 모빌리티 등 다양한 시민 체감 모빌리티 서비스 도입과 직주근접, 걷고 싶은 환경을 조성하여 이동의 다양성 증가, 교통체증 감소, 환경오염과 에너지 소모 감소를 꾀해야 한다.

세종 스마트시티의 모빌리티 혁신으로 시민들의 편리한 이동과 안전을 보장하는 환경이 구축된다면 다음과 같은 다양한 측면의 기대효과가 예상된다.

- 시민의 이동 편의성 증진, 경제적/환경적 비용 감소
- 소유 자동차의 이용 억제로 교통혼잡 감소, 대중교통 활성화
- 공유 기반 서비스로의 자연스러운 유도, 경제적 인센티브 제공
- 새로운 모빌리티 비즈니스 창출로 모빌리티 신산업 육성, 일자리 증대
- 4차 산업혁명 신기술 적용으로 혁신융합기술 발전

이러한 스마트 모빌리티 서비스는 빅데이터와 인공지능을 활용해 각 모빌리티 서비스의 과학적인 이용을 수용한 결과에 기반하여 적정대수, 배차간격, 노선계획 등을 수립할 계획이라고 한다. 도입되는 서비스는 **카 셰어링**(스테이션 기반 차량 공유 서비스), **카 헤일링**(기사가 포함된 수요 응답형 차량공유 서비스), **프리 플로팅 서비스**(초소형 EV 모빌리티 혹은 전동 킥보드)가 예상된다.

자율주행 모빌리티 도입으로 안전하고 편리한 이동 서비스를 보장하고자, 무인 자율주행 셔틀 서비스와 스마트 물류 서비스가 고려되고 있다. 이용자의 관점에서 앞서 언급한 다양한 교통수단의 통합 모빌리티 플랫폼이 제공되어 최적 교통정보와 경로제공, 수단예약과 결제까지 'One-Stop Door-to-Door' **통행서비스**를 구현하겠다는 계획이다. 스마트시티와 Maas는 이제 다른 나라만의 이야기가 아니다.

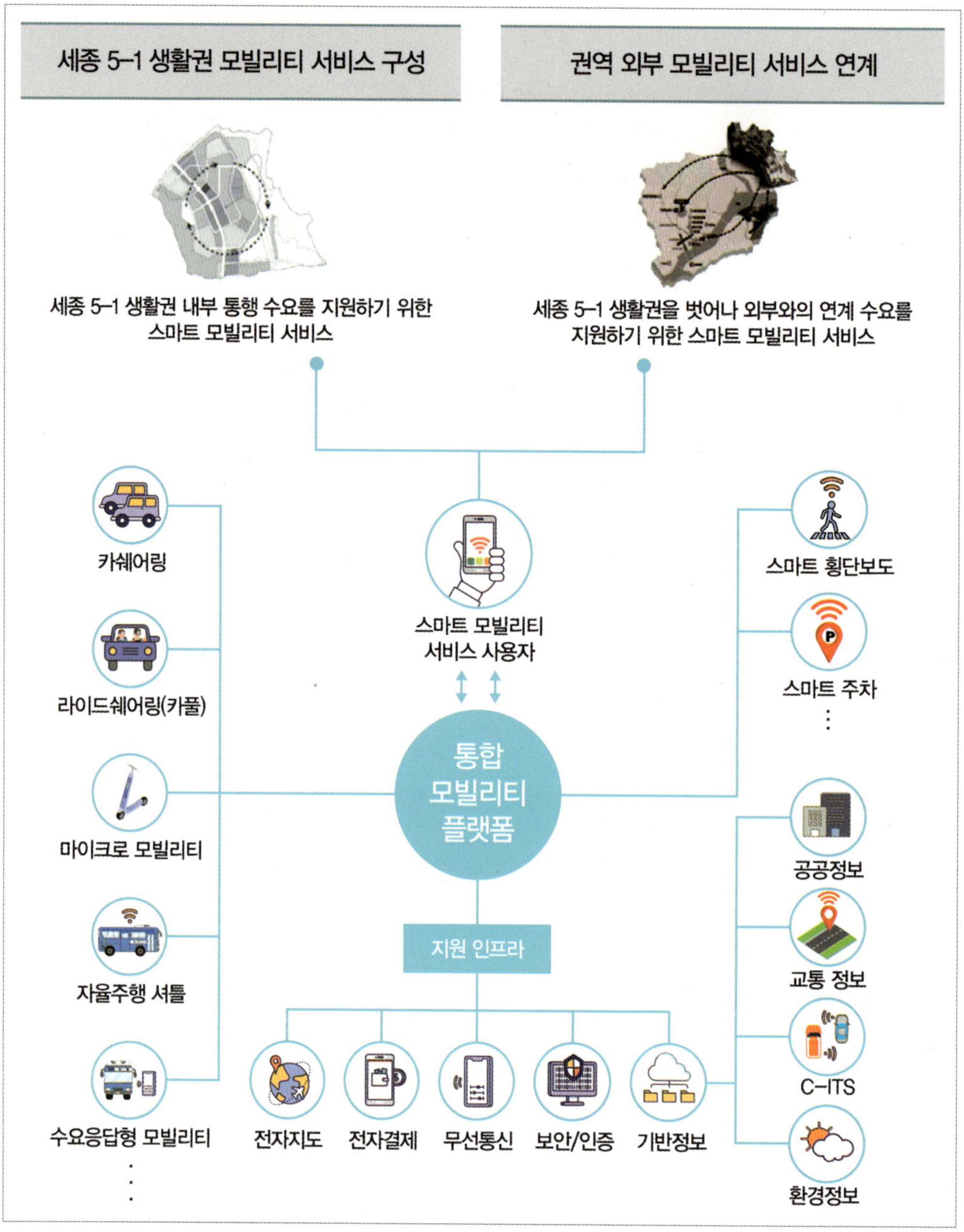

[그림 1-40] 국가시범도시 세종 모빌리티 구조도[57]

생각해 봅시다 **인간 중심의 스마트시티란 무엇일까?**

다음의 QR코드로 볼 수 있는 유튜브 영상[58]은 2020년 현대자동차가 그린 가상 스마트시티의 모습이다. 앞서 이야기한 개념들이 어떤 모습으로 등장하지 확인해 보자. 시나리오의 어떤 부분에서 **"인간 중심의 스마트시티"**라고 여겨지는가?

영상 보기

연습문제

01 2030년 전기 수소차 시장이 어느 정도로 확대될 것으로 전망되는가? (2019년 10월 15일 대한민국 미래자동차 국가비전 선포식 당시 기준)

❶ 10~20% ❷ 20~30% ❸ 50% 이상 ❹ 90% 이상

02 2030년 미래자동차 국가비전에서 선언한 5-F(ree) 사회 구현의 다섯 가지 지표는 무엇인가?

03 다음 중 2018년부터 ZEV(Zero Emission Vehicle) 크레딧을 주는 차종이 아닌 것을 고르시오.

❶ EV ❷ HEV ❸ PHEV ❹ BEV

04 전기자동차의 장단점을 각 세 가지 이상 드시오. 특정 전기차 모델이 장점을 잘 살리고 단점을 극복한 예가 있다면 설명하시오.

05 한 조사 결과에 따르면 소비자들이 전기차에 관심을 갖는 가장 큰 요인은 연료비 절감이다. 일반 소비자가 현재 내연기관차 대비 전기차를 구매하고 사용할 시 연료비가 얼마나 절감될지 비교할 수 있는 지표로 무엇이 있는가? 이것이 대소비자 커뮤니케이션에 어떻게 노출되고 있는지 소비자의 접점을 찾아 세 대 이상의 모델을 비교하시오.

06 목적 기반 모빌리티(Purpose Built Vehicle : PBV)의 예시를 하나 들고, 목적에 최적화된 설계 혹은 디자인 요소를 구체적으로 언급하시오.

07 각자의 프레임으로 30년 후 미래 세상에서 PBV를 사용하는 시나리오를 상상하여 다양한 방식으로 서술하시오.

08 MaaS의 개념이 빨리 도입되었으면 좋겠다고 생각된다면 일상의 어떤 부분에 불편함을 느끼는 여정이 있는가? 또 MaaS가 무엇인지 설명하고, 그러한 관점에서 불편한 상황이 어떻게 개선된다면 좋을지 개선안을 제시하시오.

2장

인간의 관점에서 보는 자율주행시스템

Human-Centered Autonomous Driving System

우리 사회가 제시하고 있는 법령, 표준, 개발 계획, 미래 청사진 등을 살펴봄으로써 구체적인 자율주행차 디자인의 이슈로 다가가 볼 수 있다. 자율주행차법의 원문, 국토교통부 첨단자동차과의 보고서 원문, 미국 자동차 공학회 보고서 원문을 직접 인용하여 흩어져 있는 내용들을 엮고 그것들의 흐름에 맞춰 탐독할 수 있도록 하였다.

먼저 들여다보기

■ 다음의 QR코드를 통해 영상[59]을 보면서 미래 모빌리티가 우리 삶을 어떻게 변화시킬지 생각해 보자. 특히, 현재 누구의 어떤 불편함과 부당함이 미래 모빌리티에서 먼저 해결되어야 할지 근원적인 질문을 던져본다.

"자율주행? 수소차? 플라잉카? 우리는 미래에 어떤 차를 타게 될까?"

승용차로 한 시간 걸리는 거리를 20분 만에 갈 수 있을까? 플라잉카를 이용하면 가능하다. 하늘을 나는 자동차는 더 이상 미래의 일이 아니다. 미래 이동 수단은 어떤 모습일까? 네트워크 기술로 모든 것이 연결되고, 인공지능으로 자동차의 자율주행이 이뤄질 것이다. 그에 따라 자동차는 소유에서 공유로 변할 것이 예상된다. 공상과학 드라마에서만 봐왔던 미래자동차 키트를 만날 날도 머지 않았다.

영상 보기

사람이 조작하지 않고 자동차 스스로 움직이는 자율주행자동차 시대가 오고 있다. 우리나라는 2022년부터 자동으로 차로를 유지하는 **레벨3 단계의 부분 자율주행차를 상용화**할 예정이다. 레벨4 단계가 되면 비상시에도 사람의 개입 없이 주행할 수 있고, 레벨5 단계가 되면 자동차가 모든 운전 활동을 담당한다. 사람이 운전할 필요가 없어지면 이동 수단의 디자인도 달라질 수밖에 없을 것이다. 자동차 안에서 회의하고 영화 보고 휴식을 취할 수 있다. 다양한 센서로 사람의 감정을 읽고 그에 맞춰 실내 환경을 바꿔주는 자동차도 있다. 미래의 자동차는 단순한 이동 수단이 아닌 삶을 즐기는 공간이다.

또 자율주행자동차는 사회적 교통약자를 위한 편리한 이동 수단이 된다. 대중교통이 끊기는 시간대에 출퇴근하거나 과도한 강도의 노동이 요구되는 운전 노동자들, 운전하기 어려운 장애를 지닌 이들에게 자율주행자동차는 이동의 자유를 줄 수 있다. 우리나라는 **2027년 세계 최초로 주요 도로에서의 완전 자율주행자동차 상용화**를 목표로 하고 있다. 자율주행 차량이 도로를 누비는 시대가 되면 도로와 건물, 차량과 사람은 하나의 네트워크로 연결된다. 자율주행자동차는 부착된 각종 센서로 데이터를 수집하고 자동차를 호출하는 사람에게 이동 서비스를 제공할 수 있다. 목적지 근처의 주차장을 실시간으로 안내받아 주차하고 새로운 호출을 기다릴 것이다. 이처럼 머지않은 미래에는 차량을 소유하지 않고 공유하는 이동 서비스 산업이 활성화될 것이다.

5년 뒤에는 세계 곳곳에서 내연기관 자동차가 사라진다. 친환경이 중요시되면서 배출가스가 없는 전기차와 수소전기차 등의 친환경 자동차가 대세로 떠오르고 있다. 특히 공기 중의 산소와 연료탱크에 있는 수소를 반응시켜 얻은 전기로 모터를 구동시키는 수소 자동차는 가장 궁극적인 미래자동차로 손꼽힌다. 순수 물만 배출하는 청정 자동차이며 전기자동차에 비해 충전 시간이 짧고 한 번 충전으로 6백km 이상의 장거리 운전이 가능하기 때문이다. 세계 최고 기술 수준을 보유한 우리나라는 많은 사람들이 친환경 자동차를 타고 다닐 수 있도록 전기차와 수소차 보급을 늘리고 전기차 충전소와 수소차 충전소 설치를 확대할 계획이다.

배기가스를 배출하지 않는 수소 자동차, 스스로 움직이는 자율주행자동차, 하늘을 나는 자동차까지 과학과 기술은 우리가 상상했던 미래를 현실로 만들어 줄 것이다.

2.1 자율주행에 앞서 바라볼 사회의 통점

본격적으로 스마트 모빌리티의 이용자는 누구이며, 그들의 관점에서 어떤 편익이 기대되는지에 초점을 맞춰볼 필요가 있다. 편익도 여러 관점에서 바라볼 수 있는데 운전자가 없어도 운행이 가능한 기능적 편익이 공익적, 도덕적 성격을 가진 사회적 편익으로도 연결된다는 점은 자율주행 시대의 도래를 촉진하는 강력한 동기로 작용한다. 운전석이 불필요해진 자동차 내부가 즐길 수 있는 공간이 되어 그 모습을 마음껏 상상해볼 수 있는 것도 경험적 편익 차원에서는 크나큰 가능성을 열어준다. 하지만 이보다 선결되어야 할 현재 모빌리티의 고질적인 문제들이 있다. 자율주행 시대에는 이런 고질적인 통점(pain point)에 대한 진통제(pain killer)를 먼저 도입할 필요가 있다. 우리 사회의 이동 수단, 대중교통의 고질적인 통점 세 가지를 들여다본다.

학습 목표

- 운전의 과업에 있어 인간이 가지는 한계를 다각도로 설명할 수 있다.
- 교통 약자의 불편이 기술의 발전에 힘입어 어떻게 개선될 수 있는지 가능성을 말할 수 있다.
- 현 시대의 고질적인 교통 시스템의 문제를 인식하고, 미래 모빌리티에서 이를 해결할 수 있는지 해결안을 제시할 수 있다.

2.1.1 인간 운전자의 한계

교통사고 원인의 90% 이상은 인간이 범하는 과속, 신호위반, 음주, 졸음, 누적된 피로, 운전 중 휴대폰 사용 등의 위반과 오류라고 한다. 장시간 이어지는 운전, 일상에서 반복되는 운전으로 인한 피로, 부주의, 귀찮음을 유발하는 상황에서는 운전이 어려워질 수도 있다. 또 나이 듦과 노화가 오면 시력 저하와 느려진 인지 반응 속도 등으로 운전이 하고 싶어도 할 수 없는 상황이 오기도 한다. 이럴 때 무인 자율주행이 진통제같이 명쾌한 솔루션이 된다.

■ 대형트럭 군집주행 사례

장거리 물류 운송의 경우 고질적으로 누적된 피로로 졸음 운전의 위험에 노출되어 있다. 또 졸음을 쫓기 위해 혹은 지루한 야간 고속도로 주행 상황에서 휴대폰으로 음악을 조작하다가 순간 큰 사고로 이어질 수도 있다. 현대자동차가 2019년 국내 최초로 고속도로 내 대형트럭 **군집주행**(platooning) 시연에 성공했다. 군집주행이란, 두 대 이상의 차량을 하나의 체계로 묶어 동일한 간격을 두고 주행하는 기술이다. [그림 2-1(a)]와 같은 대형트럭의 군집주행은 화물차 여러 대가 줄지어 함께 이동하는 일종의 자율주행 운송 기술로, 미래 물류산업 혁신은 물론, 대형 교통사고

(a) 군집주행 중인 트럭

(b) 군집주행 중 휴식을 위하는 기사

[그림 2-1] 현대자동차 군집주행[60]

발생을 획기적으로 저감시켜줄 것으로 기대를 모은다. 고속도로에서 자율주행 중에 기사는 [그림 2-1(b)]와 같이 기지개를 켜거나 간단한 간식을 먹는 것도 가능하다. 자율주행 기술이 주는 좋은 혜택이다.

■ 은퇴 노인 커뮤니티 내 호출 공유 서비스 도입 사례

미국 산호세의 **은퇴 노인 커뮤니티 마을**에 제한적으로 자율주행차를 도입한 Voyage가 그러한 성공 사례에 해당한다([그림 2-2]). Voyage를 창업한 Oliver Cameron은 은퇴한 노인들의 마을은 자율주행차의 속도가 아직 느린 데에 불만이 적으며, 마을 내부에 차량이 적어 혼잡도가 낮다. 반면 그 마을에 거주하는 노인들은 짧은 거리 이동의 필요성(병원이나 행정적인 볼 일, 교류, 마을 내 스케줄 소화 등)은 매우 높았다고 한다. 고령으로 인해 인지 반응이 느려져 운전을 그만두어야 한다고 스스로 느끼면서도 차 없이 생활이 어려워 어쩔 수 없이 운전을 하던 노인들이 자율주행차의 도입을 환영했다고 한다.

[그림 2-2] 산호세의 은퇴 노인 마을에 도입된 자율주행차 Voyage[61]

■ 자율주행 스쿨버스 콘셉트 디자인 사례

미국 시애틀의 한 디자인 회사가 미래 자율주행의 기술로 탄생한 **스쿨버스 콘셉트**를 제안했다([그림 2-3]). Hannah는 Teague에서 디자인한 미래 자율주행 스쿨버스로, 도로 상황을 실시간 반영하여 픽업 순서와 시간을 결정하며 이러한 운행 상황은 실시간 이용자인 학생과 학부모에게 공유된다. 이 스케줄링은 학생들의 시간표와도 연동되어 방과후 수업을 깜빡 잊고 귀가 차량에 탑승하려 한다면 차량 문에 장착된 디스플레이를 통해 안내받을 수도 있다. 학생이 제대로 탑승하고 하차하는지 얼굴 인식 기반의 비전 분석으로 정확한 식별과 통제가 가능할 것이다. 무엇보다 미국에서는 학부모가 자녀의 등·하교를 위해 직접 운전해야 하는 부담이 일상에서 매우 큰 스트레스로 작용하기 때문에 실제 상용화가 기대를 모으고 있다. 물론, 자율주행차에 일반인의 불신이 아직은 높아 과연 학부모가 아이를 태울지는 의문이다. 운전을 기계가 대신하는 동안 아이들과 동승하는 안전 관리자가 더욱 온전히 아이들에게 집중할 수 있기를 기대해 본다.

[그림 2-3] 미래 자율주행 스쿨버스 콘셉트 Hannah[62]

2.1.2 수요 공급의 불일치

왜 택시는 진짜 필요할 때 안 잡힐까? 카카오모빌리티 리포트(2018)에 따르면 택시 서비스는 시간과 장소, 기상 여건에 따라 **수요와 공급 패턴**이 크게 다르다. 수도권 지역 시간대별 택시 수요와 공급을 보면 평상시 대비 공급 부족이 일어나는 경우는 출근 시간인 7시~10시, 퇴근 시간인 18시~20시, 심야 시간인 22시~2시에 택시 공급부족 현상이 나타남을 [그림 2-4]에서 확인할 수 있다.

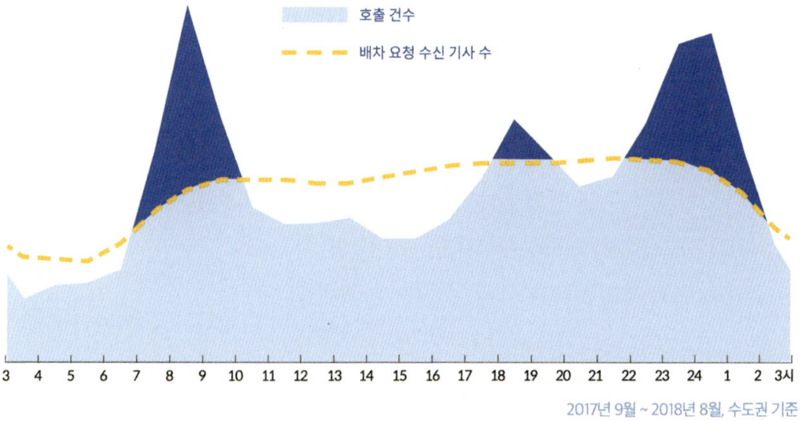

[그림 2-4] 수도권 지역 시간대별 택시 수요와 공급[63]

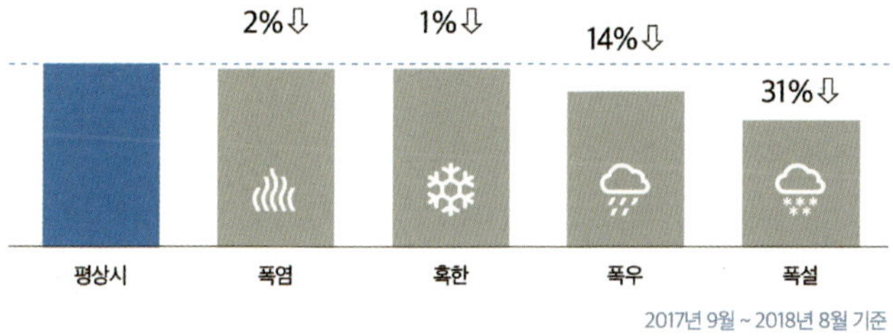

(a) 기상 악화 시 일평균 출근 기사 수 감소량

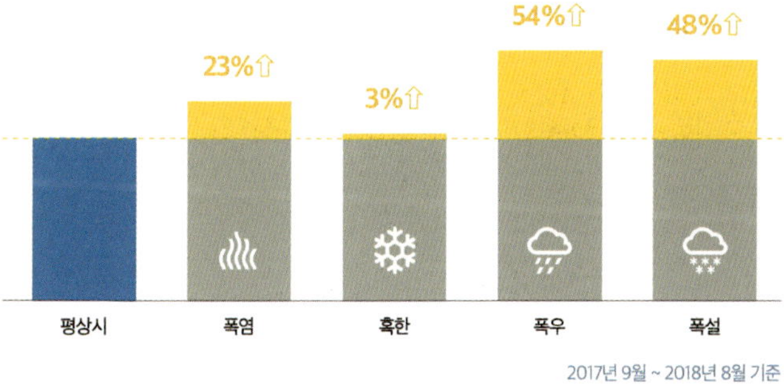

(b) 기상 악화 시 일평균 승객의 호출 건수 증가량

[그림 2-5] 기상 악화 시 택시 수요의 증가[63]

또 폭염이나 혹한, 폭우나 폭설로 인해 기상 상황이 악화되었을 때 택시를 이용하려는 승객 수가 크게 증가한다. 기상 상황이 악화되었을 때 승객의 일평균 호출 건수는 [그림 2-5]와 같이 폭염, 혹한, 폭우, 폭설일 경우 각각 23%, 3%, 54%, 48% 증가함을 확인할 수 있다. 반면, 출근하는 기사의 수는 동일 기상 상황에서 상당 부분 감소하는데, 폭우, 폭설, 폭염, 혹한일 경우 각각 2%, 1%, 14%, 31% 감소한다. 이러한 수요 공급의 불일치 때문에 진짜 필요할 때 택시가 안 잡히는 상황이 생기는 것이다. 그 외에도 대형 이벤트가 있는 날, 공항에 항공기 도착 시간에 따라 몰리는 승객 수 등 다양한 요인으로 인해 택시기사 수는 정해져 있는데 수요는 일정하지 않다. 기상 상황으로 승객이 택시를 이용하고 싶은 욕구가 올라갈 때 기사의 일하고 싶은 욕구는 낮아진다는 점이 수급 불일치의 주요 원인이다. 택시기사가 가장 많이 분포하는 연령 구간은 55~60세로 기사의 고령화도 심각해지고 있으며, 심야시간 낮은 출근율도 발생할 수밖에 없는 요인이다.

폭우나 폭설은 자율주행차의 운행 여건에 영향이 있겠지만, 기계가 인간보다 일하는 시간대에 구애받지 않으며, 피로나 고령화에 의한 인지 저하 문제가 없다는 점에서 무인 자율주행차가 모빌리티 서비스에서 **수요 공급의 불일치**를 보완해 줄 것으로 기대된다.

2.1.3 교통 약자의 불편

교통 약자란 장애인, 고령자, 임산부, 영유아를 동반한 사람, 어린이 등 일상생활에서 이동에 불편을 느끼는 사람을 말한다. 교통 약자 대 일반인의 비율을 3:7 정도로 볼 수 있는데, 교통 약자의 구성은 고령자가 가장 많고, 어린이, 영유아 동반자, 장애인, 임산부 순이다. 이들이 승 · 하차에 어려움이 있기 때문에 교통 약자를 위한 특별 이동 수단인 장애인 콜택시를 이용해야 하지만, 지자체별로 한정된 수가 제공되다 보니 원하는 때 원활히 이용하는 데 어려움이 있다. 이용자 대비 차량 부족은 이용자의 대기시간을 증가시키는 문제점으로 나타났으며, 서울시 장애인 콜택시 현황 2019년 기준 평균 대기시간이 57분으로 늘어났다.[64]

이들이 휠체어를 타고 탑승하거나 휠체어를 접어 실을 수 있어야 하기 때문에 특수한 차량이 필요한 상황인데, 무인 자율주행 시대가 되면 운전석이 필요 없어 넓어진 공간을 탑승객이 온전히 이용할 수 있게 되는 점이 해결책이 될 수 있다. 2020 도쿄 올림픽 · 패럴림픽에서 도요타는 e-palette라는 다목적 EV 자율주행셔틀을 선보였다. [그림 2-6]의 e-palette 크기는 5,255(전장) × 2,065(전폭) × 2,760(전고)mm, 휠베이스는 4,000mm로 탑승 정원은 운영자 1명을 포함한 20명(휠체어 탑승 시 4대와 7명)이다. 이와 같이 미래 모빌리티는 넓어진 실내 공간을 좁은 공간으로 불편을 겪고 있는 교통 약자가 최대한 혜택을 볼 수 있도록 설계해야 한다.

(a) 승하차 정류장

(b) 실내 공간

[그림 2-6] 2020 도쿄 올림픽 · 패럴림픽에서 선보인 도요타의 다목적 EV 자율주행셔틀 e–palette[65]

2.2 국내 법령과 전망

2021년 6월에 발표된 대한민국 제1차 자율주행 교통물류 기본계획에 의하면 2022년부터 자동으로 차로를 유지하는 레벨3 자율주행을 상용화할 예정이며, 2027년에 주요 도로에서 완전 자율주행 상용화를 목표로 한다. 이러한 로드맵을 이해하기 위해서는 먼저 기본 개념을 알 필요가 있는데 「자율주행자동차 상용화 촉진 및 지원에 관한 법률」(약칭 "자율주행자동차법")에서 이를 정의하고 있다. 2019년 4월 제정되었고, 2020년 5월 1일부터 시행되고 있는 자율주행자동차법이 정의하는 자율주행차란 무엇인지, 레벨3 자율주행과 완전 자율주행자동차의 상용화는 어떻게 다른지 알아 보자. 국토교통부 첨단자동차기술과에서 제정하는 자율주행자동차법은 자율주행자동차의 도입, 확산과 안전한 운행을 위한 운행 기반 조성, 지원 등에 필요한 사항을 규정하며, 자율주행자동차의 상용화를 촉진하고 지원함으로써 국민의 생활 환경 개선과 국가 경제의 발전에 이바지하는 목적을 가지고 있다.

학습 목표

- 우리나라의 자율주행차법에 정의된 용어를 구별할 수 있다.
- 부분 자율주행차와 완전 자율주행차의 차이를 설명할 수 있다.
- 출시되고 있는 레벨3 자율주행차의 안전 기준을 최신 법령 개정을 들어 설명할 수 있다.
- 자율주행차의 상용화를 촉진하고 지원하기 위한 우리나라의 "자율주행 교통물류 기본계획"을 이해하고 로드맵을 설명할 수 있다.

2.2.1 자율주행자동차, 자율주행시스템, 자율주행협력시스템

자율주행자동차란, 운전자 또는 승객의 조작 없이 자동차 스스로 운행이 가능한 자동차를 말한다. 단순히 자동차만 스스로 운행한다고 가능한 것이 아니므로, 자율주행시스템을 추가로 제시하고 있다. **자율주행시스템**이란, 운전자 또는 승객의 조작 없이 주변 상황과 도로 정보 등을 스스로 인지하고 판단하여 자동차를 운행할 수 있게 하는 자동화 장비, 소프트웨어 그리고 이와 관련된 일체의 장치를 말한다. 또 더 폭넓은 관점에서 **자율주행협력시스템**이란, 어떤 신호기나 안전 표지나 교통시설 등까지 자율주행차가 운행할 수 있는 우리 환경에 협업하는 것을 가정한다.

아직 모든 지역의 일반 도로에서 자율주행차가 운행하는 모습을 상상하기 어려우므로 자율주행자동차 시범운행지구가 존재한다. 자율주행자동차 시범운행지구란 자율주행자동차의 연구 시범 운행을 촉진하기 위하여 규제 특례가 적용되는 구역을 말한다. 여기서 규제 특례란 규제를 완화하거나 또는 배제하거나 규제 권한을 이양하는 것을 말한다.

2.2.2 부분 vs. 완전 자율주행자동차

자율주행시스템만으로는 운행할 수 없거나 지속적인 운전자의 주시를 필요로 하는 등 운전자 또는 승객의 개입이 필요한 자율주행자동차를 **부분 자율주행**이라고 한다. **완전 자율주행자동차**는 자율주행시스템만으로 운행할 수 있고, 운전자가 없거나 운전자 또는 승객의 개입이 필요하지 않은 상태를 말한다. 이보다 세분화된 [표 2-1]의 '운전 자동화의 단계적 구분'이 분류에 보편적으로 사용된다. 국내 안전기준상 레벨1~2는 운전자 지원 기능이 탑재된 차량, 레벨3부터 자율주행차로 분류된다. 부분 자율주행인 **레벨3**에 해당하는 대표 기능이 자동 차로 유지기능이다. 자동 차로 유지기능은 운전자가 운전대를 잡지 않더라도 자율주행시스템이 스스로 안전하게 차선을 유지하면서 주행하고 긴급 상황 등에 대응하는 기능이다.

[표 2-1] 운전 자동화의 단계적 구분

수준	기능	설명
레벨0	없음	자율주행 기능 없음
레벨1	운전자 지원 기능	조향 혹은 가 · 감속 중 한 기능 지원
레벨2	운전자 지원 기능	조향, 가 · 감속 모두 지원
레벨3	부분 자율주행	지정된 조건에서 자율주행이 가능하나 시스템에서 요구 시(예상치 못한 공사 상황 등) 운전자의 운전 필요
레벨4	조건부 완전 자율주행	지정된 조건에서는 운전자 없이도 운전 가능
레벨5	완전 자율주행	모든 조건에서 운전자 없이 운전 가능

2.2.3 부분 자율주행시스템 안전기준

우리나라에서는 2020년 7월부터 자동 차로 유지기능이 탑재된 **레벨3** 자율차의 출시 · 판매가 가능해졌다. 기존 안전기준상의 첨단조향장치(레벨2)는 운전자를 '지원'하는 기능으로, 차로 유지기능을 작동시켜도 운전자의 책임 아래 운전을 수행하므로 운전대를 잡은 채로 운행해야 하며, 손을 떼면 잠시 후 경고 알람이 울렸다. 그러나 부분 자율주행(레벨3) 안전기준이 도입[66] 되며 지정된 작동 영역 안에서는 자율차의 책임 아래 손을 떼고도 지속적인 차로 유지 자율주행이 가능하다는 데 의미가 있다.

레벨3 자율주행차 안전기준

레벨3 자율차가 차로 유지 시 다양한 상황에 적절히 대응할 수 있도록 부분 자율주행시스템 안전기준이 다음과 같이 마련되어 있다. 레벨3 자율차는 안전기준을 준수하기 위해 사용자 인터페이스가 특별히 고안될 필요가 있어 디자인 관점에서도 안전기준을 명확히 이해하는 것은 매우 중요하다.

- **운전 가능 여부 확인 후 작동** : 부분 자율주행시스템으로 운행 중 운전자가 운전 전환을 받아야 하는 상황(고속도로 출구, 예기치 못한 전방의 도로 공사 등 시스템 작동 영역을 벗어난 경우)에 대비하여 운전자 착석 여부 등을 감지하여 운전 가능 여부가 확인되었을 경우에만 작동
- **자율주행 시 안전 확보** : 부분 자율주행시스템이 안전하게 자동 차로 유지기능을 구현할 수 있도록 감지 성능에 따른 최대 속도 그리고 속도에 따른 앞 차량과의 최소안전거리 제시
- **상황별 운전 전환 요구** : 자율주행 중 고속도로 출구와 같이 작동 영역을 벗어날 것이 예정된 경우 운전자가 운전하도록 15초 전 경고(운전 전환 요구)를 발생시키고, 예상되지 않은 상황(갑작스러운 도로 공사 등)이 발생한 경우에는 즉시 경고(운전 전환 요구) 발생
- **긴급한 상황의 경우** : 충돌이 임박한 상황 등 운전자가 운전 전환 요구에 대응할 수 있는 시간이 충분하지 않은 경우에는 시스템이 비상 운행 기준에 따라 최대한 감속과 비상조향 등으로 대응
- **운전자 대응이 필요한 상황에서 반응이 없는 경우** : 운전 전환 요구에도 불구하고 10초 이내에 운전자의 대응이 없으면 안전을 위해 감속, 비상경고신호 작동 등 위험최소화운행 시행
- **시스템 고장 대비** : 자율주행시스템에 고장이 발생하더라도 안전에 중대한 위험을 끼치지 않도록 시스템 이중화 등을 고려하여 설계

2022년 안전기준 개정 내용

2019년 12월 제정된 안전기준에 대해 2022년 5월 26일 일부 개정이 추진되었다. 국토교통부는 자율주행차가 안전하게 제작되고 조기 상용화될 수 있도록 지원하기 위하여 관계기관 협의를 거쳐 **레벨3 자율주행차 안전기준**에 대해 다음의 개정을 추진한다고 밝혔다.

■ 자율주행 해제 방식 명확 · 구체화

기존에는 자율주행 상황에서 가속 · 제동장치 조작 시 자율주행 기능이 바로 해제되도록 규정하고 있으나, 국제기준과의 정합성을 고려하여 해제를 위한 조작 방식을 세분화하였다.

- 페달만 조작 시에는 자율주행 기능이 지속되는 상태에서 운전전환요구 실시
- 핸들을 잡은 상태에서 가 · 감속 페달 조작 시 자율주행 해제

■ 운전전환요구 기준 개선

기존에는 자율주행 상황에서 고속도로 출구 등 운전자 개입이 필요한 시점의 15초 전에 운전전환이 요구되도록 하였으나, 복잡한 운행상황 등을 감안하여 자동차를 안전하게 정지시킬 수 있는 충분한 시간을 제작사가 자율적으로 설정하도록 변경하였다. 다만, 자율주행차의 최고 속도를 국제기준은 시속 60km/h로 제한하고 있으나, 업계에 대한 규제 최소화 측면을 고려하여 국내는 도로의 제한속도까지 허용(사실상 제한하지 않음)하도록 하였다.

■ 비상운행 조건 명확화

기존에는 자율주행 상황에서 운전자가 운전전환요구에 대응할 수 있는 시간이 충분하지 않으면 비상운행이 시작되도록 하여 비상운행 조건이 불분명하였으나, 비상운행 시작 조건을 최소 제동성능인 $5m/s^2$(현행 안전기준상 최소 제동성능)을 초과하여 감속해야 하는 상황으로 명확화하였다.

■ 자율주행시스템의 작동상태 알림 방식 개선

자율주행시스템의 작동상태를 운전자에게 보다 확실히 알릴 수 있도록 계기판 외 핸들 테두리 등에 별도 시각장치를 추가하고, 해제 시에도 운전자에게 별도 알림을 실시하게 하였다.

기존 : 계기판

개정 : 계기판(좌) 및 조향장치 테두리 등(우, 추가)

[그림 2-7] 자율주행시스템 알림 방식 개선(2022년 5월 26일 개정안)[67]

■ 자율주행 해제 시 영상장치(영화, 게임 등)의 자동종료 규정

「도로교통법」 개정(2021.10)으로 자율주행시스템 사용 시 휴대폰 · 영상장치 조작 등이 허용됨에 따라 자율주행 해제 시 영상장치 등이 종료되도록 규정하였다.

※ 그 외 시스템 감지거리, 최소 안전거리, 운전전환요구 시각신호 등에 대해 그림, 도표 등을 추가 제시하여 운전자의 이해도를 제고시킨다.

! 생각해 봅시다 **배송 서비스에 자율차를 도입하면 어떤 변화가 생길까?**

다음의 QR코드를 통해 영상[68]을 보면서 우편, 택배와 같은 배송 서비스에 자율차가 도입되면 관련된 사람에게는 어떤 행동의 변화가 생기는가? **일자리** 차원에서는 어떤 변화가 생길 것인가? 차만 보지 말고, 그것이 다니는 환경, 사용하는 사람(예: 집배원, 택배 수령인), 직접 사용하지 않더라도 연관되어 영향을 받는 사람(예: 건물 관리인, 보행자)까지 생각하는 게 포인트!

영상 보기

[그림 2-8] 언맨드솔루션 집배원 추종로봇[69]

2.3 미국 자동차 공학회 표준

우리나라 국토교통부의 자율주행차 정의는 미국 자동차 공학회의 보고서를 상당 부분 따르고 있다. 미국 자동차 공학회 표준에서 정의하는 단계적 구분 기준과 구분에 따라 달라지는 개념을 알아보자.

학습 목표

- SAE 기준 자동화 수준의 각 레벨을 설명하고, 각 단계의 대표적인 기능을 예로 들 수 있다.
- ADS, DDT, ODD 등 새로운 용어를 정의하고, 이들 개념이 실제 운행 사례에 어떻게 반영되었는지 이해할 수 있다.
- 운전 자동화의 단계별 인간의 역할을 구분하여 설명할 수 있다.
- 점진적인 자동화에 따라 인간은 어떤 반응을 보였는지 행동 패턴과 그에 따른 디자인의 문제를 말할 수 있다.
- 높은 수준의 자동화로 가는 단계에 있어 어떤 전략이 필요한지 토의해 본다.

2.3.1 운전 자동화의 단계적 구분

먼저 우리나라 법령에서 "자율주행차"라고 언급한 것과 달리 미국 자동차 공학회의 보고서는 "**운전 자동화(automated driving)**"라 하여 자동화된 운전의 기능 분류인 점을 나타낸 데에 차이가 있다. 즉, 차가 스스로 생각하느냐 아니냐(strategic or tactic driving)의 자율(autonomy)에 방점을 둔 것이 아니라 기술적으로 운전(dynamic driving)이 얼마나 자동화(automation)되었는가가 핵심이다.

2014년 1월 발간되어 지속적으로 업데이트되고 있는 미국 자동차 공학회의 보고서[70]에 주요 개념들이 정의되어 있다. 이러한 개념에는 약어가 빈번하게 사용되는데, 보고서에 정의된 개념들을 이해해야 자율주행시스템 디자인에 있어 기술과 디자인이 인간 중심으로 융합될 수 있다.

2.3.2 운전자 보조기능

운전자 보조기능(Advanced Driver Assistance System : ADAS) 혹은 운전자 지원기능은 경고와 순간적인 주행 보조, 조향과 감 · 가속 보조기능을 말한다. 운전자 보조기능은 감 · 가속 페달이나 운전대를 직접 조작하고 있지 않더라도 운전자가 운전을 하고 있는 것으로 보기 때문에 이 수준의 기능까지는 자율주행차라고 보지 않는다. 자율주행자동차란 운전자 또는 승객의 조작 없이 자동차 스스로 운행이 가능한 자동차라고 정의한 자율주행자동차법의 정의를 다시 떠올려 보면 된다.

레벨0(자율주행 기능 없음)에서도 비상 자동 제동, 사각지대 경고, 차선 이탈 경고 등의 기능이 운전자 보조기능으로 보편화되어 있어 이용자들이 그 기능적 편익을 체감하고 있다. 레벨1과 레벨2는 조향 혹은 가·감속 중 한 기능만 지원되는지 모두 제공되는지에 따라 나뉜다. 자동 차로 유지기능이나 속도 적응형 크루즈컨트롤 기능이 단독으로만 지원되면 **레벨1**, 모두 지원되면 **레벨2**이다.

2.3.3 자율주행시스템

자율주행시스템(Automated Driving System : ADS)이란 하드웨어와 소프트웨어의 합체로 동적 운전의 모든 측면을 제어할 수 있음을 의미한다. 다만, **레벨3**는 지정된 조건에서 자율주행이 가능하나 시스템에서 요구 시(예상치 못한 공사 상황 등) 운전자가 운전(부분 자율주행)해야 한다. 레벨4는 지정된 조건에서는 운전자 없이도 운전 가능(조건부 완전 자율주행)하다. 레벨5는 지정된 조건 없이 모든 조건에서 운전자 없이 운전 가능(완전 자율주행)한 수준을 말한다. 운전의 주체는 오로지 자율주행시스템이고, 차량에 탑승한 사람은 일종의 '승객'으로 구분할 수 있다.

하드웨어만 혹은 소프트웨어만이 아닌 합체를 일컫는다는 점에 의미를 두어야 한다. 또 동적 운전(Dynamic Driving) 과업을 제어한다는 것은 전략적 운전(Strategic Driving) 과업(예: 목적지 정하기, 안 막히는 경로 정하기, 선호 경유지 추천하기, 언제 출발할지 등)과 구분된다.

2.3.4 동적 운전 과업

자율주행시스템 내에서 차량의 종적·횡적인 제어를 위해 주변 환경을 모니터링하는 역량, 어떤 이벤트에 대응하는 능력, 자체적으로 유지 보수하는 능력, 상호작용과 관련된 내용들인 라이팅 시스템, 사운드, 시그널링, 제스처링 등 다양한 하드웨어와 소프트웨어가 **동적 운전 과업**(Dynamic Driving Task : DDT)을 제어하는 역량에 따라 자동화 수준이 결정된다.

[그림 2-9] SAE J3016™ 운전 자동화의 단계적 구분과 국내 법령의 자율주행자동차 분류와의 관계[71]

2.3.5 운영 설계 영역

운영 설계 영역(Operational Design Domain : ODD)이란 자율주행시스템이 동적 운전 과업(DDT)을 안전하게 수행할 수 있는 조건을 말한다. 레벨5 완전 자율주행차는 이상적이지만, 현실적인 장벽이 다양하게 존재하기 때문에 당장 가능하지 않다. 따라서 레벨4 조건부 완전 자율주행차가 현재로서는 구체적으로 도달 가능한 목표다. 운행 조건(operating condition)이 특정 구간(예: 고속도로에서만 가능)이라거나, 특정 지역(예: 세종 중앙공원 규제 자유 특구), 특정 시간대, 특정 날씨 조건(예: 눈 · 비 오는 날 운행 금지)과 같은 제한이 따라올 수 있다.

[그림 2-10]의 지도에 진하게 표시된 영역만 현재 미국에서 운행하는 웨이모(Waymo) 차량 공유 서비스의 운영 설계 영역(ODD)이다. 이를 예로 들어 보자. 웨이모의 안전 보고서에 따르면 웨이모 원의 경우 적어도 다음의 다섯 가지 조건을 충족해야 운행이 가능하다. 만일 운행 중에 이런 조건(예: 승객이 ODD를 벗어나는 지역을 목적지로 설정, 목적지로 주행 중 갑자기 눈보라 몰아침, 주행 중 도로선이 불분명한 길에 맞닥뜨림 등)을 만나면 "안전한 정지(safe stop)" 모드가 구동된다.

- 지역(geographies) : 미국 Metro Phoenix(AZ)에서 런칭, San Francisco(CA)에서 Trusted Tester 프로그램으로 운행 중([그림 2-10]의 지도상에서 확인 가능)
- 도로(roadway) : 단일 고정 경로에서만 가능
- 속도 제한(speed limit) : 시속 30마일, 25마일 이하 구간 등과 같이 특정 속도 이하에서만 가능
- 날씨(weather) : 비가 적게~보통 수준으로 내리는 날씨는 가능하지만 눈보라 치는 날씨는 불가
- 시간대(time) : 낮과 밤을 구분하여 운행이 불가할 수 있음

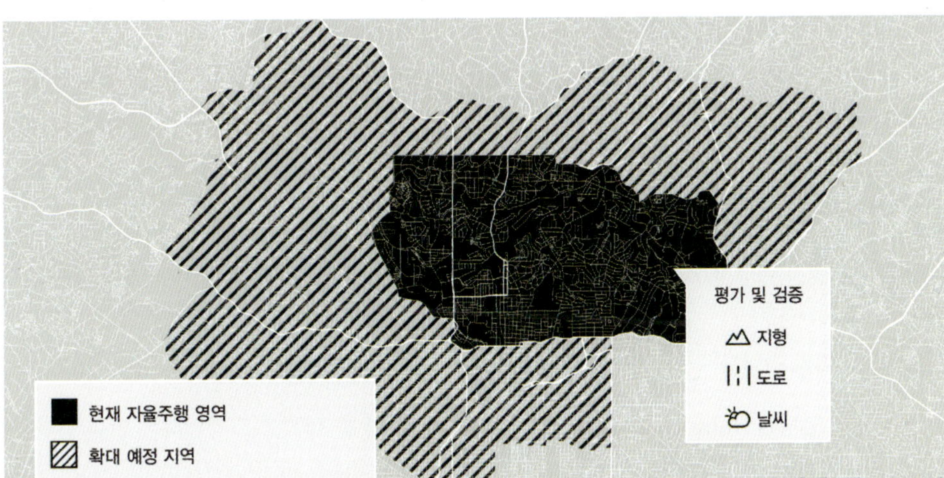

[그림 2-10] 웨이모(Waymo)의 운영 설계 영역 정의[72]

2.3.6 인간 사용자

자율주행차에서 운전자가 불필요하니 단순히 승객만 존재한다 볼 것인가? 그러기에는 자동화 수준에 따라 상황이 다르다. 레벨3는 여전히 운전을 담당할 사람이 필요하고, 레벨4는 운행 설계 영역이 제한적이므로 우리 일상을 대체한다고 보기 어렵다. 시범운행지구에서 자율주행차 안에 타는 직원처럼 운전자도 승객도 아닌 새로운 존재가 등장하기도 한다. 미국 자동차 공학회에서는 **인간 사용자**(human user)를 정의하고, [표 2-2]와 같이 자동화 수준에 따라 인간의 역할을 세분화하였다.

■ 운전자

운전자(driver)는 동적 운전 과업을 담당한다. 차량 내 운전자는 통상적으로 운전석에 앉아 스티어링 휠, 브레이크 페달, 가속 페달, 기어 등을 제어하는 역할을 맡는다. 원격 운전자도 존재할 수 있는데 차량 내 운전석이 아닌 다른 위치에서 제어 가능한 사람도 포함한다. 레벨2 발렛파킹 기능을 예로 든다면, 리모컨을 이용해 외부에서 주차하는 경우 원격 운전자가 되는 것이다.

■ 탑승객

탑승객(passenger)은 DDT 관련 역할을 담당하지 않는다. 레벨4~5에서 차량으로 이동하는 사람은 탑승객뿐이다. 다만, 레벨4는 ODD를 만족하지 않는 구간에서 탑승객이 운전자가 될 수도 있다.

■ 비상 대비 담당자

비상 대비 담당자(DDT fallback-ready user)는 비상시 운전 제어권을 이양받아야 하는 사람을 말한다. 비상 대비책(fallback)이란 DDT 관련 기능의 실패(failure)나 ODD를 벗어남에 따라 사람이 DDT를 지속하거나 위험을 최소화해 운행하는 것, 또는 자율주행시스템이 이에 준하여 위험을 최소화해 운행하는 것을 말한다. 레벨3의 경우 운전자가 비상시 제어를 담당한다. 운전석에 앉아 있지 않은 사람이 비상시 문제를 해결해야 한다면 원격 지원 담당자가 존재해야 한다.

■ 무인차량 배치 담당자

무인차량 배치 담당자(driverless operation dispatcher)는 무인차량 내보내는 일을 담당한다.

■ 원격 지원 담당자

원격 지원 담당자(remote assistant)는 무인차량 운영 중 원격으로 지원하는 일을 담당한다.

[표 2-2] 운전 자동화 수준별 인간 사용자의 역할 정의[70]

	비자동화	자동화				
	레벨0	레벨1	레벨2	레벨3	레벨4	레벨5
차량 내 사용자	운전자			비상 대비 담당자	탑승객	
원격 사용자	원격 운전자			비상 대비 담당자	무인차량 배치 담당자 원격 지원 담당자	

2.4 자동화 수준별 상호작용 이슈

앞서 운전 자동화 단계적 구분과 수준별 인간의 역할에 대해 알아보았다. 이제 수준별 인간–자율주행차 상호작용에 대해 구체적으로 살펴보려 한다.

학습 목표

- 자동화 단계를 점진적으로 올려 간다면 부분 자동화에서 발생할 수 있는 인간의 오류가 무엇인지 설명할 수 있다.
- 레벨3의 자동차 기능들이 출시되고 있다. 레벨3 자동화 단계에서 가장 우려되는 인간–자율주행차 간의 상호작용 이슈는 무엇이며 지금까지 어떤 방식으로 이를 해결하려고 했는지 알 수 있다.
- 제어권 이양의 사용자 인터페이스 디자인을 정밀하게 새로 제안할 수 있다.
- 신기술에 대한 일반인의 불신을 탑승객 관점에서 보고, 사용자 여정의 단계별 구체적인 접점에서의 사용자 인터페이스 디자인을 새로 제안할 수 있다.
- 자율주행만을 하는 것이 아닌, 인간–자율주행차 간의 상호작용에서 발생하는 문제 해결에 적용되면 효과적인 기술이 있는지 조사하여 아이디어를 제시할 수 있다.

운전 자동화 수준 혹은 자율주행의 기능에 대해 정리한 표와 그림이 많지만, [그림 2–11]이 눈길을 끈다. 운전 자동화 수준에 따라 인간이 자율주행차와 어떤 상호작용을 하는지 픽토그램으로 잘 묘사하였다. 더불어, "○○○의 자유(○○○ OFF)"라는 간결한 단어로 자동화 수준에 따라 인간이 얻는 자유를 명확하게 표현하였다.

레벨1~2 운전자 보조 기능은 **발과 손의 자유("FEET OFF" and "HANDS OFF")**를, 레벨3 부분 자율주행은 전방주시 의무로부터 **시선의 자유("EYES OFF")**를, 레벨4 조건부 완전 자율주행은 운전이라는 과업으로부터 해방되어 **신경 쓰지 않아도 되는 자유("MIND OFF")**를 얻었다. 레벨1~2 운전자 보조 기능이 탑재된 일반 자동차를 운전해 본 사람은 매일 출퇴근하는 지루한 고속도로에서 발을 브레이크에서 뗄 수 있는 것만으로도 상당히 자유로워졌음을 체감한다.

이러한 기능적 편익을 한 번이라도 느껴본 사람은 다시 이전(예: 지루한 직선 구간을 운전하면서 발을 브레이크 페달에서 뗄 수 없어 다리 근육에 지속적인 피로가 누적되는 것)으로 돌아갈 수 없을 정도로 자동화에 익숙해진다. 레벨3, 4를 경험하는 일이 보편적이게 된다면 손을 떼도 되고, 시선을 고정하지 않아도 되고, 신경 쓰지 않아도 됨이 단순히 말로써 하는 표현 그 이상의 큰 혜택으로 다가올 것이다.

[그림 2-11] 운전 자동화 수준에 따른 인간 사용자의 편익과 책임 주체[73]

2.4.1 고의적 위반

이러한 유익한 기술을 이용하면서 사람들은 상식적으로 이해할 수 없는 일들을 벌이기도 한다. 테슬라의 오토파일럿이 제공하는 오토스티어 조향 보조 기능의 경우 오토스티어가 활성화되면 스티어링 휠을 양손으로 붙잡고 있어야 한다. 일정 시간 동안 양손이 스티어링 휠에 없다는 것이 감지되면, 터치스크린의 차량 상태 영역 상단에 파란색 라이트가 점멸하고, 스티어링 휠의 저항이 살짝 느껴질 정도로 잡으라는 메시지가 뜬다. 기술적으로는 운전자가 스티어링 휠을 아주 살짝(직접 조향하기에 충분한 힘을 가하지 않고) 손으로 돌릴 때의 가벼운 저항을 감지하여 그의 손도 알아채는 것이다. 이렇게 양손이 감지되면 라이트 점멸, 경고음과 메시지가 사라지고 다시 오토스티어가 정상 작동을 시작한다. 성가시지 않으려면 부득이한 경우 허용된 일정 시간 손을 뗄 수는 있지만, 곧 양손으로 스티어링 휠을 잡아야 한다.

(a) 생수병 사례[74]

(b) 오렌지 사례[75]

[그림 2-12] 테슬라의 오토파일럿 모드를 농락하는 인간의 트릭

[그림 2-12]는 일부 테슬라 운전자가 오토파일럿의 기능에 익숙해진 후 성가신 알림을 피하면서도 손을 뗄 수 있는 자구책을 발견해 이를 자랑하듯 사회관계망에 버젓이 공유한 것이다. 이는 인간의 **고의적 위반**에 해당하는 행동으로 때때로 사람들은 알면서도 위험을 택하는데, 결과가 긍정적일 때 그들은 종종 보상을 받는 경험에서 그러한 위반 행동이 비롯된다.

예를 들어, 테슬라 운전자들이 오토파일럿을 이용하면서 기능에 적응하고 점점 긴 시간 누적되면 실제 위험이 생길 가능성을 잊고 시스템을 **과신**하는 현상이 나타난다. 오래 익숙해져 베테랑이라고 생각할 때 특히 더 과신하고 고의적 일탈을 시도할 확률이 높아진다. 시스템 경고음, 라이트 점멸, 스티어링 휠을 잡으라는 경고 메시지를 무시한다. 이런 불이행이 꽤 흔하고 사회적으로 그 위반의 위험성이 무시되어 더 확산된다. 이러한 조직적이고 사회적인 오류를 완전히 차단하기는 어렵다.

구글이 자율주행차 프로젝트를 처음 시작했을 때 베타 테스트에 참여한 구글의 임직원들도 이러한 고의적 위반에서 예외는 아니었다.

[그림 2-13]처럼 자율주행으로 주행할 때도 손을 떼지 않고 전방을 주시하며 비상시 바로 제어할 수 있어야 함에도, 참여자들은 어느 정도 자동화가 익숙해질 무렵 휴대폰 문자를 치거나, 고개를 숙이거나, 화장을 하거나, 조수석으로 몸을 돌려서 물건을 놓거나 꺼내거나, 깊이 수면을 취하는 행태까지 관찰되었다. 이런 초기 관찰을 바탕으로 구글은 운전자가 운전에 모든 책임을 지면서 시스템이 운전자를 일부 보조해 주는 기능으로는 안전에 한계가 있다고 보았다. 그래서 운전 자동화 수준을 단계적으로 밟아 올라가기보다는 아예 처음부터 자율주행시스템이 운전에 모든 책임을 질 수 있는 완전 자율주행으로 도약하는 게 더 옳은 방향이라고 판단하고 전략을 수정했다고 한다.

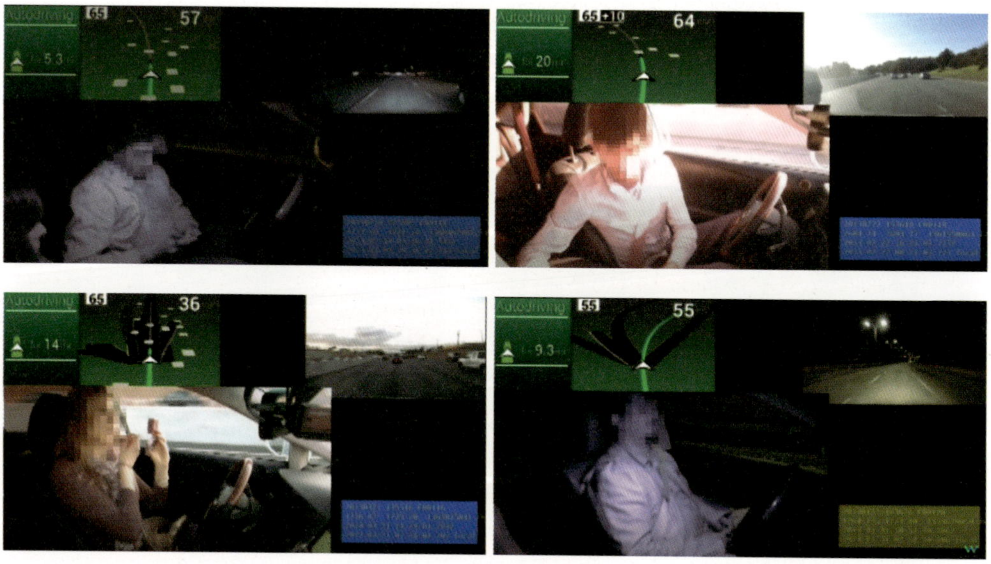

[그림 2-13] 구글의 X프로젝트 자율주행 베타 테스트 중 참여자 행동 예시[76]

생각해 봅시다 구글은 왜 부분 자율주행에서 완전 자율주행으로 전략을 수정했을까?

다음의 QR코드를 통해 본 영상[76]에서 2009년 시작된 **구글의 자율주행차 프로젝트**(웨이모의 전신)에서 부분 자율주행이 아닌 완전 자율주행으로 바로 가야 한다며 2013년 대대적으로 전략을 수정한 계기는 무엇이었는가?

영상 보기

2.4.2 제어권 이양

레벨3 부분 자율주행은 레벨1~2 운전자 보조 기능 대비 시선의 자유를 제공한다. 즉, 시스템이 제어에 책임을 지고 있는 동안은 전방 주시를 하면서 운전 상황을 지속적으로 모니터링하지 않아도 된다. 레벨3으로 출시된 혼다의 **고속도로 혼잡 구간 자율주행** 기능의 Traffic Jam Pilot을 예로 들어 본다. [그림 2-14]와 같이 푸른색 조명이 켜져 있으면 이 기능이 활성화된 상태다.

Traffic Jam Pilot 기능이 활성화되었을 때라는 것을 알 수 있는 실마리로 푸른색 조명이 켜진 것 외에 눈에 띄는 것이 있는가? 운전자의 클러스터 화면에 영상이 재생 중인 것도 시선의 자유가 허용되었음을 의미한다. 또 손을 스티어링 휠에서 떼고 창 밖을 응시하는 [그림 2-15]와 같은 모습이 가능한 것이다. 혼다의 Traffic Jam Pilot 기능이 동작하는 조건과 방식은 다음과 같다.

[그림 2-14] Traffic Jam Pilot 활성화 모드[77]

[그림 2-15] 레벨3 전방 주시 의무로부터 해방된 시선의 자유[78]

- 고속도로에서 자동 차로 유지, 변경
- 고속도로에서 시속 30km/h 이하로 정체 시 Traffic Jam Pilot 자동 활성화
- 이 모드에서 영상 시청 가능
- 시속 50km/h 이상에 도달하면 자동으로 제어권 이양 요청([그림 2-16(b)])
- 제어권 이양 시 인간 운전자가 응하지 않으면 비상 갓길 정차, 원격 운영 지원자와 연결

이 기능이 동작한다면 구글 임직원들의 금지된 행동들(예: 휴대폰 사용, 화장, 몸 돌려서 후면 보기 등)이 이제 한시적으로 나마 허용된다. 단, 이제 Traffic Jam Pilot 모드가 해제된다는 요청이 자율주행시스템으로부터 발생하면 신속하게 다시 운전대를 잡고 운전해야 한다. 바로 여기서 운전자도 사람이기에 여러 가지 이슈가 발생한다. 영상에 몰입한 나머지 운전자가 차의 경고음도, 라이팅 컬러의 빠른 점멸도, 텍스트로 표시된 문구도 알아채지 못한다면 어떻게 해야 할까? 혹은 영상을 보다가 너무 깊이 잠들어 일어나지 못한다면 어떻게 하나? 이런 극단적인 상황이 아니더라도 다른 과업을 수행 중이던 사람이 운전의 과업을 이양받아 수행하려면 적응 시간이 필요하다. 이 적응 시간이 너무 오래 걸린다면 어떻게 할까?

이런 우려 때문에 사용자 인터페이스 디자인이 치명적으로 중요해졌다. 청각과 시각 자극을 총동원하는 알림과 경고를 보낸다. 또 적절한 자극의 수준으로 1단계를 알려 **제어권 이양**을 받으라는 요청에 응하지 않는다면, 2단계 요청은 더 강한 자극(더 큰 경고음 소리, 더 크고 눈에 띄는 메시지 등)으로 올라간다. 심지어 그래도 반응하지 않는다면 몸에 닿는 안전벨트를 통해 촉각 반응을 보내는 **햅틱 피드백**까지 가동된다. 일정 시간 내에 제어권 이양을 받지 않으면 3단계로 비상 갓길

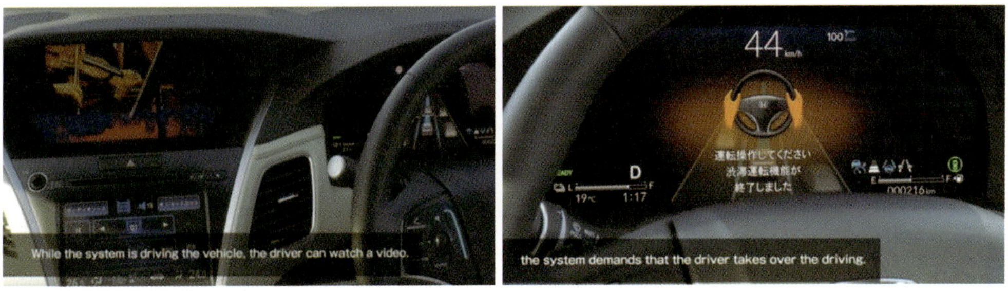

(a) 자율주행 중 영상 시청 가능 (b) 시스템이 운전하라고 요청하는 화면

[그림 2-16] 혼다 고속도로 Traffic Jam Pilot 사용 중 화면[78]

정차를 하며 원격 운영 지원자를 연결하는 것으로 마무리된다. 이렇게 이중, 삼중으로 제어권 이양을 위한 다양한 시나리오에 대비해야 함이 제조사들의 큰 고민이다.

2.4.3 불신

그렇다면 제어권 이양조차 필요하지 않은 완전 자율주행은 어떨까? [그림 2-17]은 손발의 자유나, 시선의 자유보다 한층 더 궁극의 자유라고 할 수 있는 아무도 운전하지 않아도 되는 자유, 비상시 제어도 시스템이 책임지는 자유, 레벨4에서만 가능한 자유를 만끽하기만 하면 되는 모습이다. 아무도 운전하지 않아도 되고, 서로 마주 보며 소통할 수 있는 자유! 이렇듯 우리에게 운전에 신경 쓰지 않아도 되는 자유를 준 고마운 자율주행차임에도 인간이기에 또 새로운 문제가 생긴다.

[그림 2-17] 레벨4에서 "신경 쓰지 않아도 되는 자유(MIND OFF)"를 만끽 중[79]

미국 애리조나 주 피닉스 시에서는 초기 웨이모를 보고 그 서툰 운전을 향한 비아냥거림이 사회관계망에 회자되기도 하고, 자율주행에 적개심을 가진 이가 타이어에 구멍을 내거나, 돌을 던지는 일도 있었다고 한다. 특히, 2018년 Uber의 자율주행차가 시험 운행 중 자전거 이용자를 보지 못하고 부딪혀 생긴 사망 사건이 있은 후 [그림 2-18]의 기사 속 사진처럼 어떤 이가 웨이모에 총을 겨누는 사건이 발생하기도 했다. 자율주행차에 대한 불신이 부정적인 행동으로 계속 이어진다면 자율주행차를 이용하는 탑승객 혹은 안전요원은 불안할 수 있다. 이렇게 극단적인 행동까지는 아니더라도 일반인의 인식이 자율주행차를 신뢰하지 않는 쪽이 대다수라면 정작 필요한 때 필요한 사람들이 이용하는 데에도 장애가 될 수 있다.

적개심을 가진 이가 타이어에 구멍을 내거나, 돌을 던지는 일도 있었다고 한다. 특히, 2018년 Uber의 자율주행차가 시험 운행 중 자전거 이용자를 보지 못하고 부딪혀 생긴 사망 사건이 있은 후 [그림 2-18]의 기사 속 사진처럼 어떤 이가 웨이모에 총을 겨누는 사건이 발생하기도 했다. 자율주행차에 대한 불신이 부정적인 행동으로 계속 이어진다면 자율주행차를 이용하는 탑승객 혹은 안전요원은 불안할 수 있다. 이렇게 극단적인 행동까지는 아니더라도 일반인의 인식이 자율주행차를 신뢰하지 않는 쪽이 대다수라면 정작 필요한 때 필요한 사람들이 이용하는 데에도 장애가 될 수 있다.

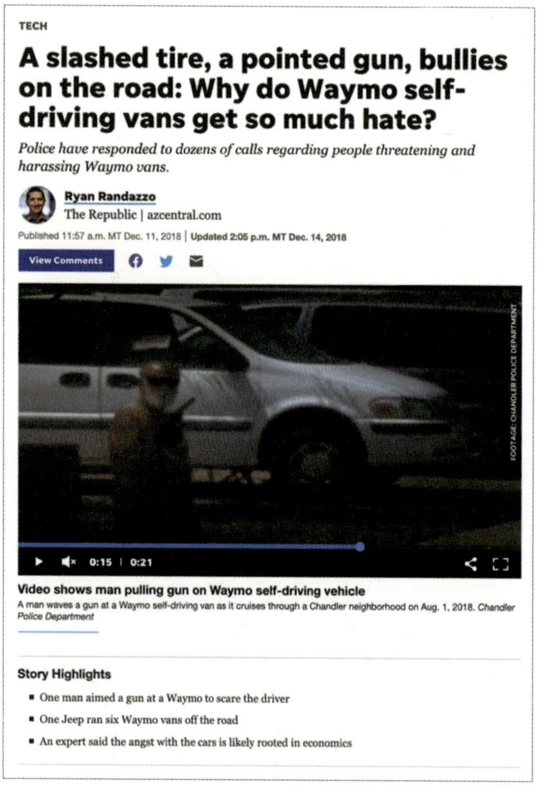
TECH

A slashed tire, a pointed gun, bullies on the road: Why do Waymo self-driving vans get so much hate?

Police have responded to dozens of calls regarding people threatening and harassing Waymo vans.

Ryan Randazzo
The Republic | azcentral.com

Published 11:57 a.m. MT Dec. 11, 2018 | Updated 2:05 p.m. MT Dec. 14, 2018

View Comments

Video shows man pulling gun on Waymo self-driving vehicle

A man waves a gun at a Waymo self-driving van as it cruises through a Chandler neighborhood on Aug. 1, 2018. *Chandler Police Department*

Story Highlights

- One man aimed a gun at a Waymo to scare the driver
- One Jeep ran six Waymo vans off the road
- An expert said the angst with the cars is likely rooted in economics

[그림 2-18] 자율주행차에 대한 부정적인 인식이 낳은 극단적인 행동[80]

연습문제

01 사람이 조작하지 않고 자동차 스스로 움직이는 자율주행자동차 시대가 오고 있다. 과학기술정보통신부의 자료에 따르면 다음의 기능은 각각 운전의 자동화 수준 몇 단계에 해당하는가?

(a) 자동으로 차로를 유지

(b) 자동으로 차로를 변경

(c) 운전자 하차 후 시스템이 스스로 지정된 주차구획에 주차시키는 발렛 파킹

(d) 조건 없이 자동차가 일반 도로에서 모든 운전 활동을 담당

02 자동화 수준에 따른 사용자 편익을 한 단어로 표현해 보았다. 각각 어떤 산업의 적용 사례에 해당하는지 조사하여 예를 드시오.

(a) FEET OFF

(b) HANDS OFF

(c) EYES OFF

(d) MIND OFF

03 미국 자동차 공학회에서 정의한 개념 중 동적 운전 과업(Dynamic Driving Task)은 전략적 운전 과업(Strategic Driving Task)과 구분된다. 다음 중 동적 운전 과업에 포함되지 않는 영역을 고르시오.

❶ 종적 · 횡적인 제어를 위해 주변 환경을 모니터링하는 역량
❷ 주행 관련 이벤트에 대응하는 능력
❸ 탑승객에게 익숙한 경로를 추천하는 능력
❹ 자체적으로 유지 보수하는 능력

04 레벨3 자율주행 중 고속도로 출구와 같이 작동 영역을 벗어남이 예정된 경우 운전자가 운전하도록 경고(운전 전환 요구)해야 한다. 안전 기준에 의하면 얼마 전에 경고해야 하는가?

❶ 1초
❷ 5초
❸ 15초
❹ 제조사 자율 결정

05 국토교통부에서 제정한 「자율주행자동차 상용화 촉진 및 지원을 관한 법률」 약칭 "자율주행자동차법"은 2019년 4월 제정되었고, 2020년 5월 1일부터 시행되고 있다. 이 법률에서 다음의 용어를 어떻게 정의하고 있는지 그 범위를 구분하여 설명하시오.

(a) 자율주행자동차

(b) 자율주행시스템

(c) 자율주행협력시스템

06 자율주행 기반 심리스한 미래의 모빌리티 환경은 교통 약자들에게 이동의 자유를 제공한다. 이를 바탕으로 미래를 가정한 다양한 시나리오를 제안하시오.

07 미래 모빌리티가 우리 일상에 제공할 수 있는 편익에 무엇이 있을까? 다양하게 나열해 보시오.

08 미국 자동차 공학회에서 정의한 개념 중 운영 설계 영역(ODD)은 무엇인가? 우리나라의 자율주행차 도입 사례를 조사하여 소개하시오.

09 우편 배달 서비스를 도와주는 자율주행차를 예로 들어, 이러한 자율주행차가 도입되었을 때 어떤 새로운 일자리가 생겨날지 미국 자동차 공학회가 설명한 인간 사용자의 다양한 역할을 참고하여 설명하시오.

10 구글의 자율주행차 프로젝트가 초반에 부분 자율주행 기술을 중심으로 개발되었다가 완전 자율주행 기술로 전환하게 된 계기를 앞서 본문에서 설명하였다. 부분 자율주행에서 발생하는 신뢰의 문제(과신 vs. 불신)에 대해 설명하시오.

3장

신뢰할 수 있는 자율주행차 디자인

Designing Autonomous Vehicle with Trust

2장에서 자율주행차의 현재와 미래 로드맵을 살펴보았다. 이미 도입된 기술에 대한 인간의 적응, 예기치 못한 행동 양상, 미래 모빌리티 혁명을 앞당기는 데 넘어야 할 심리적인 장벽도 논의하였다. 자율주행차에 대한 불신은 모빌리티 혁명을 앞당기는 데 큰 장벽 중 하나이다. 근본적으로 먼저 기술이 완벽하게 준비되어야 하겠지만, 이와 더불어 디자인 측면에서도 사용자가 직접 경험하는 모든 접점에서 신뢰를 줄 수 있어야 한다. 3장에서는 어떻게 하면 자율주행차가 신뢰감을 주는 제품으로 디자인될 수 있는지 이를 위한 사용자 경험의 디자인 원칙을 배워 본다.

먼저 들여다보기

한 번쯤은 영화나 드라마에서 자율주행차를 본 적이 있지 않은가? 드라마 〈전격 Z작전〉의 키트가 아마도 그 원조라 할 것이다. 똑똑한 조력자로서 인간 못지 않은 인생의 동반자인 키트. 반면, 영화 〈토탈 리콜〉의 죠니 캡은 어떠한가?

(a) 드라마 〈전격 Z작전〉의 키트[81]

(b) 영화 〈토탈 리콜〉의 죠니 캡[82]

[그림 3-1] 대중매체 속 묘사된 자율주행차

이 영상을 포함하여 다양한 무인 자율주행차의 미래를 그린 영상을 찾아 보면서 무인 자율주행차를 이용하는 인간이 겪는 사용자 여정의 단계와 상호작용이 발생하는 다양한 상황을 나열해 본다.

3.1 자율주행차를 보는 사람들의 인식

자율주행차를 설계하고 디자인하려면 먼저 자율주행차에 대한 일반인의 인식과 그 저변에 불신이 생긴 근본적인 이유를 먼저 살펴볼 필요가 있다. 이러한 조사 결과를 소개한다.

학습 목표

- 자율주행차에 대한 일반인의 인식이 어떠한 경향을 보이는지 공통점을 들 수 있다.
- 인간이 자율주행차를 불신하는 이유는 무엇인지 다양한 원인을 말할 수 있다.
- 소비자의 관점에서 자율주행차의 가치를 비용과 혜택으로 설명할 수 있다.

3.1.1 일반인 인식 조사

딜로이트 그룹의 보고서에 따르면 한국 소비자의 46%는 자율주행차의 안전성에 대한 신뢰도 항목에서 '우려'를 표했다. 응답 비율도 2018년 54%, 2019년 49%로 점차 하락 중이다. **자율주행차가 제공하는 편익**에 공감하지만 아직 남아 있는 안전에 대한 근본적인 우려는 업계의 해결 과제다.

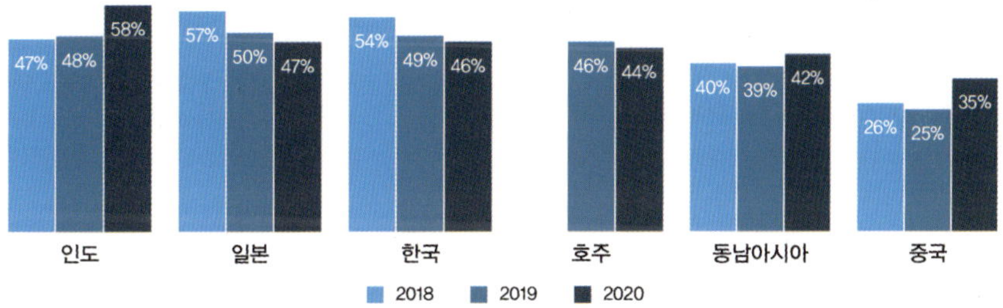

(a) 자율주행차가 '안전하지 않다'고 답변한 나라별 소비자 비율

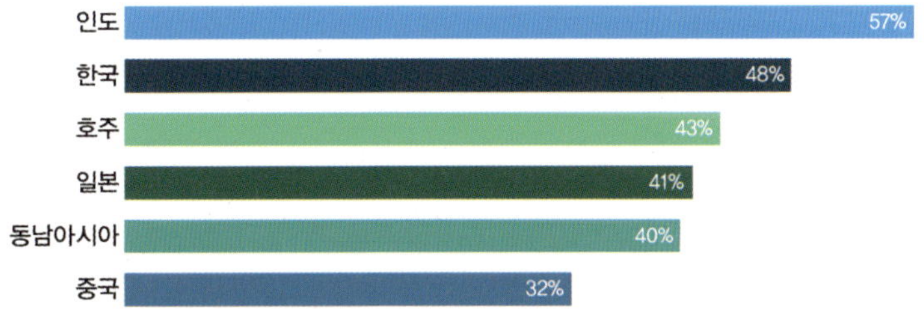

(b) 본인이 살고 있는 지역 도로에서의 완전 자율주행차 시범 운행에 대해 '다소/매우 우려'하는 소비자 비율

[그림 3-2] 완전 자율주행차 시범 운행에 대한 부정적 인식 비율[83]

3.1.2 여러 우려와 시선

자율주행차에 대해 사람들이 이렇게 우려하는 이유는 무엇일까? 국토연구원이 대한민국 수도권에 거주하는 20세 이상의 시민들을 대상으로 자율주행자동차에 대한 소비자 관점의 의식, **자율주행자동차 기능에 대한 선호도**를 조사하였다. [그림 3-3]과 같이 **자율주행차의 편익**은 '운전 피로도 감소', '자동차 안에서 다른 일들이 가능' 등 종합적으로 지금보다 편익이 증가한다는 의견이 있는 반면, 자율주행차 시스템의 오류와 보안(시스템 오류, 해커 등 시스템 보안, 갑작스러운 상황에 대한 대응), 유지관리 비용 증가에 대한 우려 등이 높게 나타났다. **우려**의 이유들 간에 전반적인 차이는 크지 않았다. 타 국가에서 수행한 글로벌 조사도 정도의 차이는 있을 수 있겠으나 유사하다.

가치(value) = 편익(benefit) - 비용(cost)

즉, 소비자 입장에서 볼 때 비용보다 편익이 클 때 가치가 있는데, [그림 3-3]은 인지적 · 정서적 · 경제적 비용에 대한 우려가 편익에 대한 기대보다 더 높은 현재의 상태를 여실히 보여 주는 그래프다. 어떻게 하면 이 차이를 줄일 수 있을까?

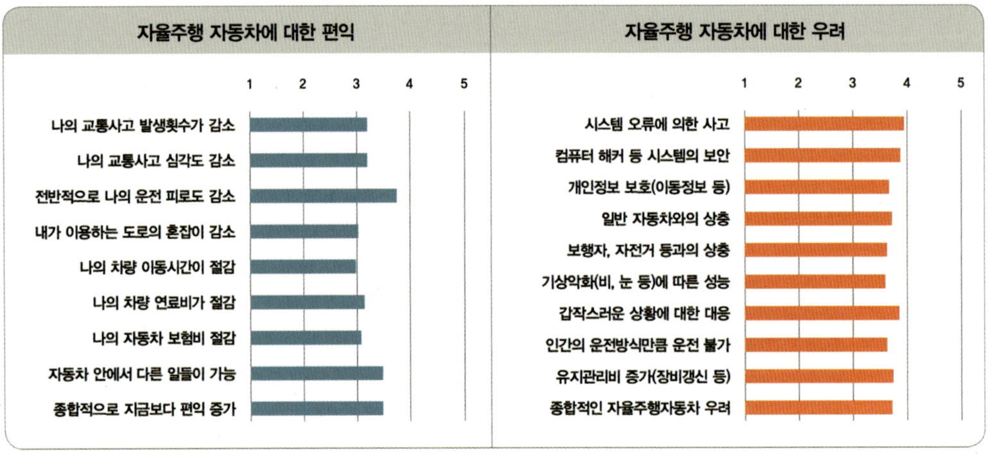

주: 점수가 높을수록 해당 항목에 긍정, 1~5점

[그림 3-3] 자율주행차의 편익과 우려에 대한 우리나라 소비자들의 인식[84]

충분한 실증을 통해 시스템 오류나 보안 사고의 빈도가 우려하지 않아도 될 정도로 낮다고 느끼고, 일반 자동차나 보행자, 자전거 등과 상충하지 않고 잘 운행되는 모습이 보이고, 기상악화나 갑작스러운 상황에 대비되어 있다는 믿음이 생기고, 인간의 운전방식만큼 주행이 가능하다는 기대까지 생겨야만 이런 우려가 불식될 수 있을 것이다. 아직 신뢰할 수 없다고 여겨지는 자율주행차가 이러한 인식의 변화를 일으키는 데 디자인의 역할을 주목해볼 필요가 있다. 자율주행차를 다가가기 쉬운 친숙한 존재로, 내부 시스템이 이용자에게 투명하게 공개되어 어떤 상황에서든 원활하게 상호작용이 가능한 기계로, 탑승객뿐만 아니라 보행자, 타 운전자와도 잘 융화하여 더 나은 사회를 만드는 존재로 인식되도록 하는 데 디자인은 다방면으로 기여할 수 있을 것이라 기대된다.

3.2 웨이모의 사례 연구

2009년 구글의 자율주행차 프로젝트(Self-Driving Car Project)로 시작된 현재의 웨이모 로보택시는 2020년 본격적으로 일반 대중에게 서비스를 공개하였다. 10년 이상의 테스트 과정에서 기술적 완성도만 올라간 것이 아니라, 자율주행차와 인간의 상호작용에 많은 깨달음을 얻고 사용자 경험 디자인의 완성도도 높아졌을 것이다. 웨이모의 디자인 사례를 배우고 분석해 보자.

학습 목표

- 웨이모는 자율주행차에 대한 일반인의 인식을 어떻게 의도하고 있는지 설명 가능하다.
- 신기술이 우리의 삶에 들어왔을 때 사람들의 수용성을 높이기 위해 어떤 프로세스로 어떤 디자인을 할 수 있는지 웨이모의 사례를 들어 말할 수 있다.
- 무인 로보택시를 이용하는 사용자의 여정을 넓은 시각으로 바라보고, 각 단계별 디자인 아이디어를 발산할 수 있다.

3.2.1 구글의 프로젝트에서 Waymo Driver™까지

구글이 2009년 자율주행차 프로젝트를 처음 시작할 때 도요타 프리우스(Prius) 차량에 센서를 탑재하여 테스트하다가 2013년 완전 자율주행으로 방향을 정하고 나자 이에 걸맞는 프로토타입을 직접 제작하게 된다. 이것이 2015년 공개된 구글의 파이어플라이(Firefly) 프로토타입이다. 2017년에 웨이모가 독립적인 자회사로 설립되면서 크라이슬러와 제휴하여 자율주행 미니밴을 제작하였고, 이때부터 자동차 제조사와 OEM으로 제작한 프로토타입으로 일반 도로 테스트를 시작하였다. 현재는 Jaguar I-Pace를 도입하여 다섯 번째 하드웨어로 웨이모 원 서비스에 사용되고 있다.[85]

여기서 잠깐

웨이모 디자인 최고 책임자 안유정(Yoojung Ahn)의 SXSW 2020 기조연설[86]

사우스 바이 사우스웨스트(South by Southwest : SXSW) 학회에서 웨이모의 디자인 최고 책임자 안유정 디자이너가 웨이모의 디자인 원칙을 발표한 30분가량의 영상(다음의 QR코드 활용)을 처음부터 끝까지 경청해 본다면, 자율주행차 디자인이 얼마나 다양한 접점에서 사용자를 배려하고 총체적인 사용자 경험을 만들어내기 위해 애쓰는지 그 광범위한 UX 디자인의 영역에 놀랄 것이다.

영상 보기

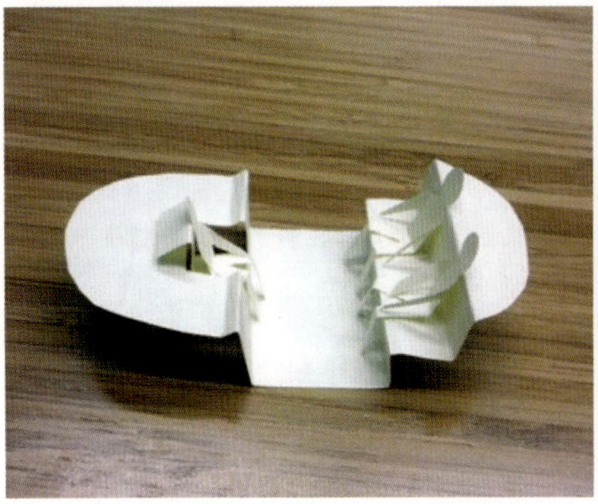

(a) Firefly Paper Prototype 단계

(b) Firefly Low-fi & High-fi Prototype 단계

[그림 3-4] 포스트잇 노트에서 프로토타입까지: 웨이모 파이어플라이(Firefly)의 여정[87]

지난 10여 년의 여정에서 구글이 자체 제작한 파이어플라이의 디자인에 대해 언급하지 않을 수 없다. 2013년 완전 자율주행으로 방향을 정한 것을 계기로 기존 일반 차량에 센서를 덧댄 개념이 아닌 진정한 완전 자율주행차를 완전히 새롭게 디자인("designing and building a truly self-driving vehicle from scratch")하기로 하고, 스티어링 휠과 페달이 없는 내부 설계를 선보였다. 2013년 파이어플라이는 포스트잇 종이 프로토타입이었다([그림 3-4(a)]). 당시에 이미 운전석을 없앤 완전 자율주행차 콘셉트는 많았지만, 스티어링 휠과 페달 없이 도로 테스트에 나선 것은 실로 획기적인 사건이었다. 사라진 운전석 자리에 세 명의 승객이 앉아 서로 마주 보고 대화하는 탑승객 경험을 상상하는 단계가 초기에 있었다. 그런데 종이 프로토타입으로 사용자 조사를 해 보니 아직 자율주행차를 신뢰할 수 없는 상태의 자율주행차 안에서 전방주시를 할 수 없는 역방향 좌석에 앉고 싶지 않아 한다는 것을 알게 되었고, 이 자리는 간단한 소지품을 이동 중 보관할 수 있는 스토리지 공간으로 설계하였다고 한다. 이렇게 레이아웃이 결정된 후 [그림 3-4(b)]와 같이 실 사이즈의 프로토타입을 거쳤고, 최종 디자인은 [그림 3-5]와 같다.

파이어플라이는 이렇게 여러 단계 사용자의 검증을 거치며 발전을 거듭한 결과, 2015년 10월 20일 시각장애인이 홀로 탑승하고 텍사스 오스틴까지 무사히 여행한 역사적인 시운전도 성공적으로 마쳤다.

[그림 3-5] 파이어플라이 최종 디자인 전면과 측면의 모습[88]

이후 더 많은 승객이 경험할 수 있도록 대량 생산이 가능한 Chrysler Pacifica Minivan이 사용되었고, 파이어플라이는 우리에게 완전 자율주행차는 어떤 모습인지 긴 여운을 남긴 채 프로토타입으로 임무를 마치고 박물관에 소장되었다.

파이어플라이는 구글이 지금까지 보인 것 중 가장 귀여운 디자인("The cutest thing Google has ever made."[88])이라는 평가가 전해진다. 전면에서 보면 귀여운 코알라 혹은 말랑말랑한 젤리(gumdrops)를 떠올리게 하는 친근한 디자인으로 남녀노소 누구에게나 무인 자율주행차가 "도로를 누비는 무서운 흉기"가 아닌 사랑스러운 존재로 인식하게 만들어 주었다. 이 디자인을 두고 일반인의 자율주행차에 대한 수용도를 높이기 위해서는 미래 지향적인 운송 디자인 언어보다 차라리 자동차 디자인 언어를 벗어나는 게 더 유리하다는 의견이 힘을 얻었다. 그뿐만 아니라, 2017년부터 본격적으로 웨이모는 자율주행차가 아니라, 완전한 기사("At Waymo, we're building a driver and not an autonomous car per se.")를 만드는 게 목표임을 강조하고 있다. 이러한 일종의 의인화(anthropomorphizing)는 잘만 사용한다면 인간의 기술 수용도를 높이는 데 효과적인 방법이다.

! 생각해 봅시다 **자율주행차가 가져올 혜택은 누구에게 어떤 순간을 선사할까?**

다음의 영상[89]에서 2015년 10월 20일 세계 최초로 시각장애인 Steve Mahan이 혼자서 드라이브하는 경험의 순간을 보여 준다. 자율주행차가 가져올 혜택이 누구에게 어떤 순간을 선사하는 게 중요할지 생각하게 한다.

영상 보기

3.2.2 웨이모의 디자인 언어

2020년 공개된 웨이모의 다섯 번째 하드웨어인 Jaguar I-PACE 사례를 들여다보자.

[그림 3-6] The fifth-generation Waymo Driver™, Jaguar I-PACE[88]

웨이모 디자인에서 순수(pure), 흐름(flow), 균형(balance), 대비(contrast) 네 가지 핵심 디자인 언어를 중시한다고 한다. 이런 핵심 디자인 언어는 단순히 외적인 표현에 그치지 않고 사람들이 사용하는 과정에서 이를 일관되게 느낄 수 있도록 신경 쓴 점도 배울 만하다.

- **순수(pure)** : 웨이모와 같은 기술 플랫폼 회사는 다양한 OEM 파트너와 협력한다. OEM 파트너별로 각자 디자인 언어가 존재하는데, 웨이모와 만나 하나의 서비스로 고객에게 다가갈 때 혼란스러울 수 있다. 따라서 웨이모는 디자인 언어를 순수(pure)하고 단순(simple)하게 가져감으로써 어떤 OEM과 협력하든 잘 어울리고 심미적으로 상충되지 않도록 제어하고 관리하는 데 중점을 둔다고 한다.
- **흐름(flow)** : 기능적, 시각적으로 유체 역학적인 곡선을 끊김 없이 연결해 잘 살리고자 하며, 또 시각적으로 무게가 쏠리지 않도록 한다.
- **균형(balance)** : 물리적인 설계의 개념에서 균형감도 중요한데, 다른 한편으로 안전(safety)과 편안함(comfort)에 대한 이미지를 심어 주는 데 중요한 언어다. 사람들은 본능적으로 균형 잡힌 시각 정보에서 안정과 안전감을 느낀다.
- **대비(contrast)** : 단순화한 디자인 언어로 배치된 다양한 구성 요소들을 모두 유사하게 디자인하면 수많은 요소들을 이해하고 습득하기가 쉽지 않다. 유사성을 띤 개체 간에 그루핑하여 서로 다른 그룹 간에는 구분되도록 디자인하면서 특별히 강조하고 싶은 부분은 대비를 활용하면 용이하다. 웨이모의 기술 집약적인 센서부(Sensor Suite)는 흰색과 검은색을 조합하되 대비를 활용한다.

3.2.3 웨이모의 탑승객 중심 디자인 원칙

기계가 사람만큼 운전할 수 없을 것이라는 불신이 여전한 가운데, 운전기사가 웨이모의 목표라는 건 무슨 뜻일까? 사람보다 더 운전을 잘하는 자율주행차를 만들겠다는 것인가? 실상 사람이 운전이라는 과업 측면에서 완벽하지는 않다. 사람은 음주, 졸음, 부주의로 사고를 일으키기도 한다. Waymo Driver™는 최첨단 기술의 집약체인 자율주행차로서 음주 운전, 졸음 운전, 주의력 저하와 같은 위험이 없다. 또 동시에 입수하는 정보량도, 처리하는 정보량도 제한이 없으므로 인간이 가진 한계를 뛰어넘을 수 있다. 웨이모는 일반 도로에서 10년 이상 미국 내 15개 주에서 시험 주행을 한 기록으로 현존하는 최고 경력 보유를 자랑한다. 그런 의미에서 자율주행계의 베테랑 운전기사라 해도 과언이 아니다.

그런데 우리가 호출한 택시에서 만나고 싶은 기사는 운전만 잘하는 분인가? 이쯤 해서 먼저 사용자 경험이란 무엇인지 정의하고 넘어갈 필요가 있겠다. 최근 **사용자 경험(User eXperience : UX)**

의 역할은 총체적인 사용자 경험(Holistic User Experience)이라고 칭할 만큼 그 역할이 광범위해졌다. UX라는 용어를 탄생시킨 도널드 노먼(Donald Norman)이 정의한 UX란 사용자가 기업의 제품, 서비스를 사용하고 상호작용하면서 겪는 모든 경험을 말한다. 총체적인 사용자 경험은 **사용자 인터페이스(User Interface : UI)** 디자인에 디자이너의 역할을 한정하지 않고, 사용자가 거치는 전체 여정을 파악하고, 이 여정에서 발생하는 다양한 경험을 모두 다루는 것을 의미한다. 최초 사용자가 이 제품과 서비스를 어떻게 발견하는지, 또 발견하고 사용하려고 할 때 접근은 용이한지, 구매해야 한다면 구매 단계가 너무 많고 번거롭지는 않은지, 배송은 빠른지, 받았을 때 개봉 경험은 좋은지, 따로 학습하지 않고도 쉽게 사용할 수 있는지, 개인화 설정은 가능한지, 심지어 폐기는 환경 친화적인지 등의 사용자 경험이 좌지우지되는 모든 순간 사용자를 배려하는 추세다. 좋은 제품 혹은 서비스를 만들어내는 기업이라면 총체적인 사용자 경험 디자인이 얼마나 중요한지 알고 있다. 공개된 자료들을 토대로 볼 때 웨이모도 총체적인 사용자 경험을 매우 중시하는 기업임을 알 수 있다.

스티어링 휠과 페달을 없앤 후 본격적으로 "운전자 중심"의 자동차 디자인의 세계를 "탑승객 중심"의 세계로 전환하면서, 탑승객 중심의 사용자 경험을 네 가지 디자인 원칙을 따라 디자인했다고 한다. 이 네 가지 탑승객 중심의 디자인 원칙은 웨이모가 매년 발간하여 공개하는 안전 보고서 Waymo Safety Report: Rider Experience(2021)[90]에 잘 설명되어 있다.

■ 여정이 끊기지 않도록 탑승객이 원하는 정보를 지속 제공하라

웨이모를 이용하는 과정에서 탑승객은 주로 시각, 청각적 정보를 입수하게 된다. 차가 제공하는 시각, 청각적 정보는 이동하는 사람에게 다음 단계로 나아가기 위한 행동을 가이드한다. 예를 들어, 차에 탑승객의 이름이 쓰여져 있어 호출한 차를 제대로 탔다고 확인시켜 주거나, 안전 벨트를 매라고 상기시켜 주거나, 목적지가 맞는지 확인할 수 있게 스크린에 보여 주는 것 등 탑승객이 찾을 만한 혹은 도움이 될 만한 정보를 챙겨주는 세심함으로 행여 끊길 수 있는 탑승객의 여정의 흐름을 챙겨 준다.

■ 탑승객이 다음 단계를 예측할 수 있게 하라

불안은 다음에 어떤 일이 닥칠지 모를 때 생긴다. 정지 신호 때문에 멈췄다면 대기 중인 신호 상태를 보여 주며 곧 신호가 바뀌면 출발할 것을 예고하고, 도착할 때가 되면 미리 알려 준비할 수 있게 해 주고, 하차하면 그 지점에서 최종 목적지까지 어떻게 가면 되는지 알 수 있게 정보를 제공한다. 자칫 초조해질 수 있는 탑승객이 매 순간 다음 단계를 예측할 수 있게 시의 적절한 정보를 제공함으로써 자율주행이 원활히 운행되고 있음을 믿고 안심하게 한다.

■ 도로에서 발생하는 일에 차가 어떻게 대응하는지 적극적으로 소통하라

그러나 예측하지 못한 일들이 생기게 마련이다. 이렇게 갑작스럽게 생긴 상황에 탑승객이 불안해할 수 있다. 그렇기에 차가 도로상에서 발생하는 일에 대응하는 방식을 탑승객이 알고 이해할 수 있다면 더 믿음이 갈 것이다. 기본적으로 현재 속도, 목적지, 목적지까지 남은 시간 등과 같은 기본 운행 정보는 탑승객이 항시 궁금해할 정보이므로 고정된 위치에 표시해 주는 게 좋다. 평상시에 확인하는 정보 외에 저쪽에서 다가오는 전동킥보드나 자전거를 이 차가 보고 서행할 것인지, 갑자기 도로에 나타난 야생동물을 차가 제대로 인식하고 멈추는지, 공사 중 서행 구간의 표지판은 제대로 인식하고 대처하는지 처음엔 모든 것이 의심되고 불안할 것이다. 차가 주변을 어떻게 인식하고 대처하는지 탑승객이 투명하게 알 수 있게 정보를 제공하면 시간이 지날수록 믿음이 쌓일 것이다. 아주 사소한 것도 잘 대처하는 경험을 여러 차례 겪게 된다면 처음에 불안했던 마음이 많이 안심할 수 있다.

베테랑 기사의 모범 택시를 탔을 때 "앞에 과속 방지 턱이 있어서 속도를 줄이겠습니다"라고 안정감 있는 말투로 미리 알려주었을 때, 친절한 기사가 승객이 좌석에 안전하게 착석할 때까지 거울로 보고 있다가 "출발하겠습니다~!"라고 하는 기사님의 일하는 모습에 신뢰가 샘솟고 기분이 좋아진 경험이 있지 않은가? 택시를 타면 기사마다 운전 스타일이 달라 매번 적응해야 했는가? 기계가 운전하는 자율주행차는 동일 알고리즘을 적용해 같은 브랜드의 차라면 일관된 주행 경험을 제공할 것임은 탑승객 입장에서 예측 가능성을 높이므로 긍정적인 측면이라 할 수 있다.

■ 탑승객이 안전하게 차에 관여할 수 있도록 허용하라

안전과 직결되는 상황이 생겼을 때 화면상에 혹은 사운드로 무슨 일이 생겼는지 알 수 있는 실마리를 제공한다. 이러한 상황에서 탑승객이 속수무책으로 일이 해결되기만을 기다려야 한다면 굉장히 불안한 일이다. 탑승객이 원격으로 지원하는 인력과 직접 통화할 수 있도록 하며, 통화할 수 있는 방법은 잘 보이는 물리 버튼을 누르거나, 앞의 화면을 터치하여 메뉴를 호출하거나, 자신의 휴대폰 앱에서 할 수 있도록 중복 경로를 모두 열어 두어 본인이 익숙한 방법으로 이용이 가능하도록 한다. 일단, 물리 버튼 중 하나가 "차 세우기(pull over)" 버튼이므로 스스로 차를 세울 방법도 다중으로 존재한다.

3.2.4 웨이모의 사용자 여정 단계별 UX 디자인

다음에 소개하는 웨이모 원 차량 내 디스플레이(In-Car Display) 및 모바일 애플리케이션 상세 디자인은 Ryan Powell(Head of UX Research & Design at Waymo)의 세미나 발표[91]와 팟캐스트 인터뷰[92] 내용, 그 외 다수의 뉴스 기사, 전문가와 사용자 블로그를 조사하여 정리하였다. 지속적인 서비스 업그레이드를 통해 사용자 인터페이스는 항시 최신 버전과 다를 수 있음을 감안하고 보기 바란다. [그림 3-7]의 자율주행차 사용자 여정의 단계를 순서대로 살펴보자.

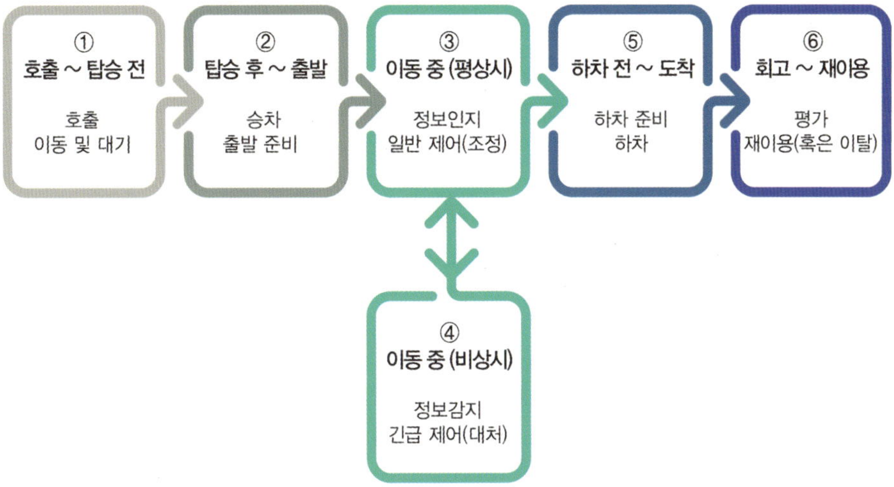

[그림 3-7] 자율주행차 사용자 여정의 단계[93, 94]

호출~탑승 전

탑승객이 서비스를 이용하기 위해 호출하는 순간부터 시작해보자. 무인 로보택시라고 해서 우리가 현재 사용하는 택시 호출 서비스와 다르지 않을 것이다. 목적지 입력, 이동 경로와 예상 결제 금액 확인, 도착 예정 시간 확인 등을 거쳐 호출하는 것은 동일하다. 처음 로보택시를 이용할 때 아마도 자율주행차가 내 위치로 잘 찾아올지, 서로 잘 알아보고 탈 수 있을지, 차 안에 아무도 없으면 나 혼자 막막하지 않을지 불안하고 초조할 수 있다. 사실 탑승객-호출 차량 간 서로 알아보기는 인간이 운전하는 택시를 이용하는 경우에도 꽤 스트레스가 생기는 상황이다. 특히 홍익대학교 정문 앞 오거리처럼 복잡한 도심에서 택시를 호출했다면 택시 기사도 꽤나 노심초사하며 미리 통화로 본인이 어디에서 대기하고 있다고 상기시켜주는 경험이 한 번쯤 있었을 것이다.

[그림 3-8] 복잡한 도심 한복판에서 운행 중인 웨이모 로보택시[79]

[그림 3-8]의 복잡한 도심 한복판에서 운행 중인 웨이모 로보택시 사진과 같이 도로에 사람도 차도 많고 거리 풍경도 복잡해 서로 발견하고 확신을 갖기 어려운 상황이 흔하게 일어난다. 차량의 외관 컬러와 브랜딩을 차별화하겠지만 복잡한 도심에서 같은 택시가 여러 대 있다면 내 택시를 알아보기란 쉽지 않다. 이런 환경에서 차량은 마냥 정차하고 탑승객을 기다릴 수 없으며, 탑승객이 신속하게 호출된 차를 발견하고 자신의 호출 차임을 확인해 탑승하지 않으면 주변 교통에 방해가 된다.

탑승객이 호출 차량을 놓친다거나, 차량이 정차하고 기다릴 수 없어 한 바퀴 돌고 오느라 시간이 소요되면 사용자 여정이 끊긴다. 디자인 원칙 "여정이 끊기지 않도록 탑승객이 원하는 정보를 지속 제공하라"가 이럴 때 적용된다. 탑승객이 호출 차량을 멀리서부터 빨리 발견하고, 내 차임을 확신할 수 있도록 정보를 제공하는 노력을 한 것으로 보인다. [그림 3-9(a)]와 같이 Jaguar I-PACE는 멀리서도 잘 보이도록 돔(dome) 위치에 웨이모 브랜드를 디스플레이하고, 2021년 업데이트의 신규 기능 "Car ID"을 추가하였다. 또 [그림 3-9(b)]와 같이 대시보드(dashboard)에 놓인 디스플레이를 설치하여 이용자가 애플리케이션에서 설정한 컬러와 2개의 글자로 Car ID를 띄워 주었다. 기존의 택시 서비스는 차량을 번호판으로 식별하였으나, 웨이모의 방법은 그보다 사용자 친화적이다.

(a) Dome[79]

(b) Dashboard[95]

[그림 3-9] Waymo 외부 인터페이스

(a) "Passenger Pickup" 표지판[96]

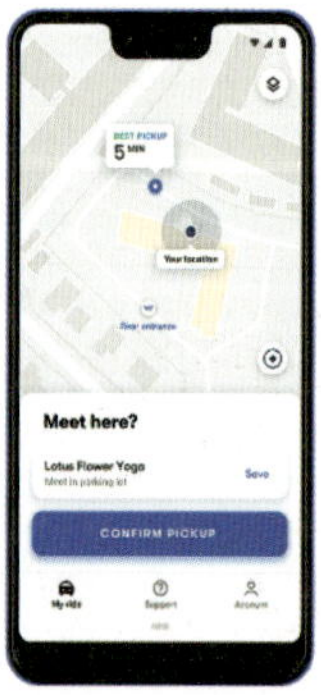

(b) "Best Pickup" spot 표시[97]

[그림 3-10] Waymo Pickup

다른 식으로 접근해 볼 수도 있다. 자율주행차가 인간처럼 임기응변이 가능하지 않기 때문에 어떤 호출 위치는 잘 못 찾아갈 수 있고, 복잡한 환경에서 대처가 서툴 수도 있다. 자율주행차가 정차하기 용이한 곳으로 탑승객이 탑승 위치를 조정할 수도 있다. 이렇게 탑승이 용이하고 접근성이 보장된 위치를 권하는 것도 방법이다. [그림 3-10]처럼 찾기 쉬운 위치에 표지판을 세우면 홍보 효과도 기대할 수 있을 것이다.

탑승 후~출발

자율주행차에 타면 탑승객의 눈 앞에 개별 디스플레이가 제공된다. [그림 3-11]을 보면 인사말과 함께 탑승자 이름을 띄워 자신의 차인지 확실히 확인할 수 있다. 그 아래 목적지 주소와 더 작은 글씨로 도착 예상 시간도 보인다. UX 디자이너는 사용자가 필요로 할 정보를 미리 예견하여 우선순위와 정보의 흐름에 맞게 레이아웃을 설계하고 정보를 배치하는 중요한 일을 담당한다. 화면에 두 가지 컬러가 눈에 띌 것이다. 안전벨트의 결착 부위와 "Click."이라는 문장에 하이라이트가 되어 있다. 사용자가 안전벨트를 잘 착용해야 출발하기 때문에 현재 최우선 정보로 강조된 장면이다. 그 외 "START RIDE"는 터치 가능한 명령어이기 때문에 모두 대문자로 표시되고 파란색으로 채워진 버튼의 레이블로 쓰였다. 이렇게 세심하게 정의된 사용자 인터페이스를 앞에 둔 탑승객이 안전벨트를 잊거나 출발 버튼을 누르지 않고, 멍하니 차가 가길 기다리다 "아차!" 하는 일은 적어질 것이다. 다시금 "여정이 끊기지 않도록 탑승객이 원하는 정보를 지속 제공하라"가 적용되었다.

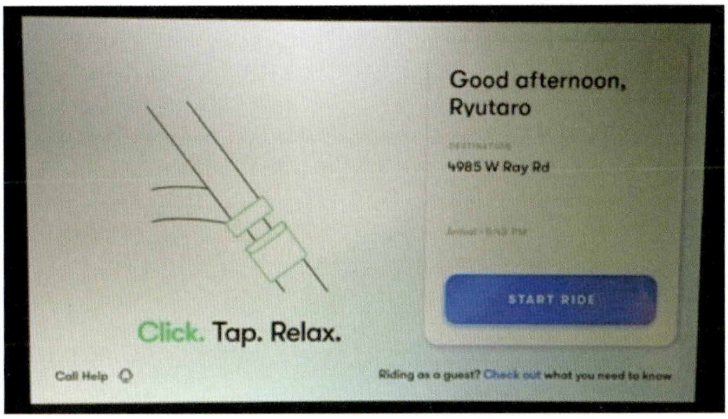

[그림 3-11] Waymo In-Car Screen[98]

웨이모는 출발을 사람이 명령하도록 하였다. 이는 탑승의 순간 발생할 수 있는 예측 불가한 다양한 상황을 고려해 안전을 꾀하기 위한 것으로 보인다. 출발 지시는 [그림 3-12(a)]의 화면 내 터치 버튼(모바일 애플리케이션 화면상의 터치 버튼으로도 가능)과 [그림 3-12(b)]와 같이 차량 천장에 달린 물리 버튼으로도 가능하다. 화면 내의 출발 버튼과 같은 컬러를 물리 버튼에도 일관되게 적용하였다. 물리 버튼에 다음 단계로 진행되기 위해 반드시 거쳐야 하는 "START RIDE" 버튼만 도드라져 보이게 컬러를 적용한 것은 사용성을 위한 디자이너의 의도일 것이라 추측된다.

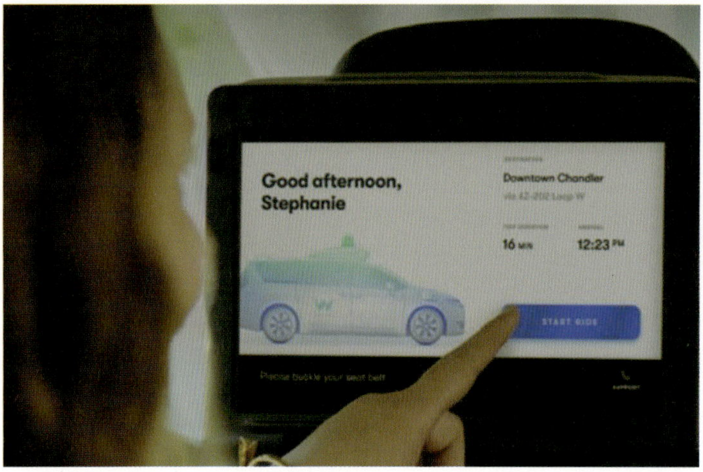

(a) 화면 터치 버튼[99]

(b) 물리 버튼[100]

[그림 3-12] Waymo "Start Ride" Buttons

이동 중(평상시)

차가 출발해 이동 중이라면 [그림 3-13(a)]와 같은 화면을 보게 된다. 기본적으로 어느 때라도 탑승객이 확인하고 싶을 만한 정보(현재 시스템 시각, 목적지, 도착 예정 시간, 남은 이동 시간)는 고정된 영역에 지속 업데이트된다. 화면의 중심에는 승객의 차가 보이고, 이 차를 중심으로 자율주행차가 어떻게 주변을 파악하고 의도하는지 탑승객이 필요로 하는 정보를 정제하여 보여 준다. 여기서도 마찬가지로 두 가지 컬러로 정보를 강조하고 있음을 알 수 있다. 차의 경로를 하이라이트 컬러로 강조하고, 주변에서 주행 의사 결정에 관련된 객체를 블루 계열의 컬러로 나타냈다. 탑승객이 알고 싶은 것은 내 차와 주변 객체와의 관계이므로 단순화된 네모 박스로 표현하였다. 그러면서도 차량이 아닌 다른 객체를 인식하면 타원(자전거 이용자)이나 원(보행자)으로 구별할 수 있도록 다르게 표현했다.

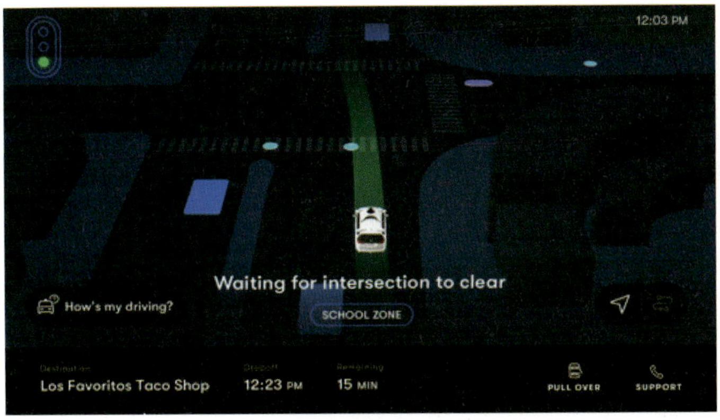

(a) 주행 중[95]

(b) 음악 재생 중[95]

[그림 3-13] Waymo Passenger Information (1)

디자인 원칙 "탑승객이 다음 단계를 예측할 수 있게 하라"를 떠올려 보고 [그림 3-13(a)] 화면의 "횡단보도에 사람이 모두 지나가기를 기다리는 중(Waiting for intersection to clear)"이라는 문구에 주목해 보자. 차가 서행한다는 사실, 잠시 멈춘 이유가 궁금할 때 눈을 들어 화면을 보면 신호등 이미지, 원으로 표현된 보행자들의 위치, 이들이 다 지나가도록 기다리는 중이라는 문구, 스쿨 존 표시 등의 정보를 조합하여 탑승객이 기대하는 운전과 자율주행차가 보여 주는 행동을 지속 대조하며 이것이 일치할 때 비로소 믿고 안심할 것이다. 온전히 믿고 이동 시간을 즐길 마음이 생긴다면 [그림 3-13(b)]와 같이 차량 내 엔터테인먼트 기능을 이용해 볼 의향이 생길 것이다. 본인의 스마트폰으로 유튜브 콘텐츠를 재생하여 헤드셋으로 들을 수도 있겠지만, 공간의 음향을 만끽할 수도 있거니와 콘텐츠 재생 중에도 최소한의 주행 정보가 제공(화면상에 도착 시간까지 얼마 남았다고 표시됨)되어 안심하고 즐길 수 있을 것이다.

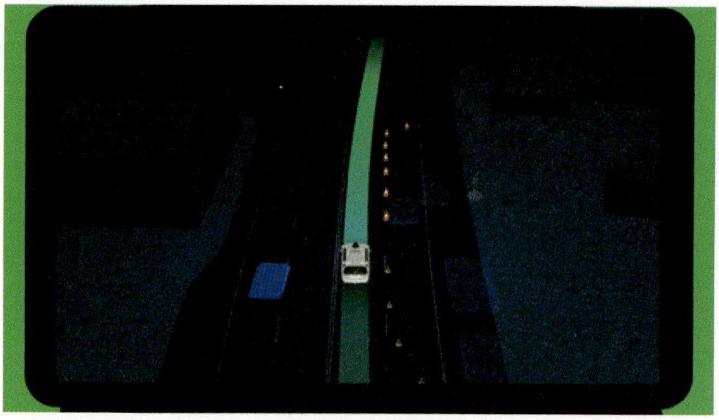

(a) 공사 중

(b) 경찰차

[그림 3-14] Waymo Passenger Information (2)[101]

웨이모의 Ryan Powell(Head of UX Research & Design)[91]에 따르면 사용자 조사에서 탑승객이 이동 중 불안해 고개를 들고 주변을 살피는 특정 상황들의 패턴을 발견할 수 있었다고 한다. 차가 공사 중인 구간을 지나느라 서행할 때, 주변에 경찰차/보험차 등 특수 차량이 갓길 정차해 서행할 때 등이었는데, 자율주행차가 다 파악하고 잘 대처하고 있다는 것을 보여 주기 위해 [그림 3-14(a)]와 같이 공사 구간에 놓인 고깔도 실제와 동일하게 표시하고, [그림 3-14(b)]와 같은 특수 차량은 파란색 네모에서 조금 다른 표식을 추가하였다고 한다. 사람인 본인이 파악한 상황을 기계인 자율주행차도 잘 인지하고 있음을 시각적으로 알려줌으로써 더욱 믿고 안심하는 효과를 내기 위한 것이라고 한다.

이동 중(비상시)

이동 중에 발생할 수 있는 비상 상황은 어떤 것이 있을까? 자율주행차가 감지한 내부적 이상 혹은 외부 환경의 요인이 있을 수 있고, 탑승객의 심리적 혹은 육체적인 요인이 있을 수 있다. 먼저 자율주행차가 어떤 이상을 감지했다면 이를 즉각적이고 적극적인 방식으로 탑승객에게 소통해야 한다. 다음의 두 가지 예시를 보면, [그림 3-15(a)] "문제를 발견했습니다(We detected an issue)", [그림 3-15(b)] "차를 잠시 정차하겠습니다(Your car needs to stop for a moment)"와 같은 긴급 메시지가 전체 주행 중 화면 위에 겹쳐 얹어지는(overlay) 정보 형태로 높은 우선순위로 제공된다. 갑자기 서행하게 된 이유를 설명하고, 곧 멈출 것임을 예고하고, 바로 원격 지원 인력과 음성 연결될 것을 알려 안심시킨다. 상세한 상황 설명은 연결된 전문 인력이 말로 해 주는 것이 더 안심될 수 있다. 디자인 원칙 "도로에서 발생하는 일에 차가 어떻게 대응하는지 적극적으로 소통하라"가 잘 적용되어야 하는 시나리오다.

(a) 이슈 감지[102]

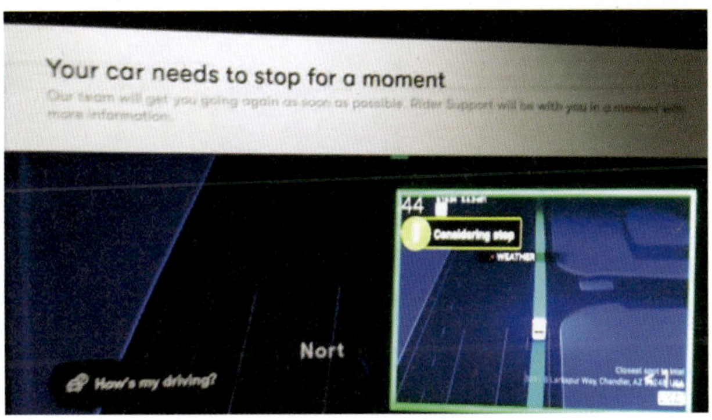

(b) 폭우로 인해 정지[103]

[그림 3-15] Waymo Passenger Information (3)

더 나아가 탑승객이 스스로 감지한 이상 상황에서 행동을 취하고 싶다면 방법이 준비되어야 한다. [그림 3-15(a)]에서 기본 주행 중 화면 하단의 검은색 한 줄 영역에 주행 기본 정보와 함께 사용자 제어 기능인 '차 세우기(PULL OVER)', '지원 인력과 통화하기(SUPPORT)' 버튼이 그룹화되어 나열되었다. 디자인 원칙 "탑승객이 안전하게 차에 관여할 수 있도록 허용하라"에 따라 사용자 제어 가능 영역이 항시 존재하는 것이다. 다시 한번 이 두 개의 기능은 화면 터치 버튼뿐만 아니라 물리 버튼으로도 존재한다는 사실을 강조한다. 사용자에 따라 본인이 기대하는 방식이 이 화면이든, 자신의 스마트폰이든, 물리 버튼이든 어떤 경우에도 동작할 수 있도록 다수의 옵션을 병행하여 제공하였다. 평상시 자주 쓰는 기능은 아니지만, 비상시 바로 접근 가능해야 하기 때문에 이 위치에 자리 잡고 있다.

하차 전~도착

탑승객은 이동 중 빈번하게 언제 도착할지 신경 쓴다. 이에 대해 도착 예정 시간(예: 00시 00분), 도착까지 남은 시간(예: 00분), 전체 여정의 진행률(예: 00%) 막대 등 다양한 형태로 정보가 제공된다. 이제 비로소 목적지에 거의 도착했다면 도착 예정임을 미리 알려주어 하차 준비를 할 여유를 주어야 한다. 갑자기 주의를 끌어야 할 때 청각이 용이하다. 곧 도착함을 음성으로 안내하고 [그림 3-16(a)]처럼 차를 세우고 있음을 화면에 표현한다. 이동 여정의 막바지에도 탑승자 배려는 계속된다. [그림 3-16(b)]와 같이 하차 후 최종 목적지까지 여정을 계속할 탑승객에게 하차 후 경로까지 안내하는 점도 고객 감동 포인트가 된다.

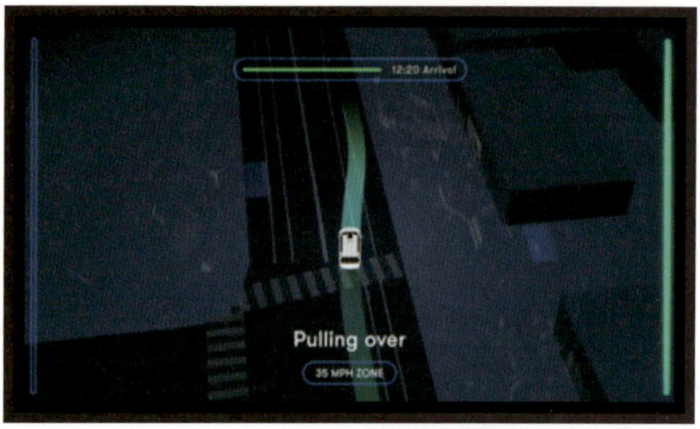

(a) 차 세우는 중

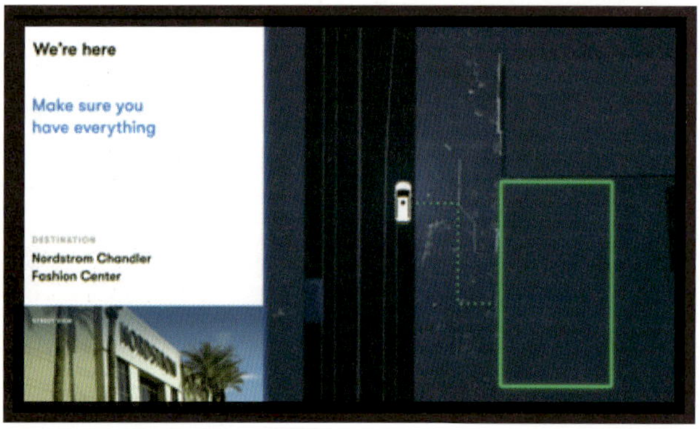

(b) 목적지에 도착

[그림 3-16] Waymo Passenger Information (4)[101]

회고~재이용

대부분 사용자 여정 지도는 사용자가 목표를 달성하는 순간까지 그려진다. 무인 로보택시의 경우 탑승객을 목적지에 내려 주면 여정이 일단락된다고 본다. 다만, 서비스 관점에서 이는 일 회 사용의 끝일 뿐 더 궁극적인 사용자 경험은 사용을 마친 후 발생하는 **회고**(reflection)와 **재이용**으로의 연결(혹은 이탈)까지로도 넓혀 볼 수 있다. 총체적인 사용자 경험을 생각하는 UX 디자이너라면 이런 사후 사용자 경험을 극대화하기 위한 방안도 생각해 볼 것이다.

웨이모의 경우 사용자와 지속적으로 상호작용하기 위한 방법으로 사용 후기를 적극적으로 수렴하고 있다. 앞의 차량 내 디스플레이 화면에도 자세히 보면 "How's my driving?" 문구를 버튼으로 제공하여 탑승객이 언제든 피드백할 수 있는 경로를 [그림 3-17(a)]와 같이 제공한다. 탑승객이 도착하는 시점에 [그림 3-17(b)]의 애플리케이션 화면에서도 간단히 별점과 이유를 옵션에서 선택하거나 추가로 작성할 수 있다.

최근 서비스를 이용하는 소비자들 사이에서 실 사용 경험을 리뷰로 작성하는 것은 자연스러운 행위이며, 이렇게 자신이 참여하여 콘텐츠를 만드는 데 기여하는 것에 가치를 두는 경향이 있다. 서비스 제공자 입장에서 무인으로 운행되는 자율주행차 안에서 탑승자가 발견하고 느끼고 바라는 것들을 알 수 있다면, 이후 서비스 개선과 신규 서비스 창출에 큰 자산이 될 것이다. 사용자가 적은 노력으로(예: 별점, 선택 옵션 제공 등) 양질의 의견을 낼 수 있도록(예: 옵션의 고도화, 개인화, 입력 필드 제공 등) 인터페이스가 고안된다면 더욱 많은 데이터를 확보할 수도 있을 것이다. 시간이 흘러 어느 날 자신이 보낸 피드백이 반영되어 있는 것을 탑승객이 발견한다면 신뢰감이 상승할 것이다. 이러한 의견 수렴 체계도 넓게 보면 디자인 원칙 "탑승객이 안전하게 차에 관여할 수 있도록 허용하라"의 맥락에 해당한다.

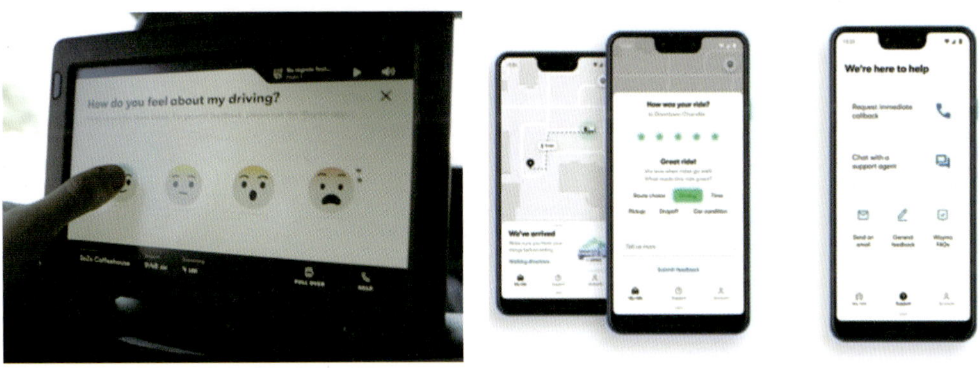

(a) 차량 내 디스플레이 (b) 모바일 애플리케이션

[그림 3-17] Waymo Rating[104]

생각해 봅시다 **자율주행차에 비정상적인 예외 상황이 발생한다면 어떨까?**

[그림 3-18] 피닉스에서 대기 중인 로보택시 Waymo One[105]

피닉스에서 웨이모 원(Waymo One)을 호출한 CNBC 기자가 낯선 도시에서 어렵사리 도착한 로보택시를 발견했는데, [그림 3-18]의 빨간 선으로 표시된 주정차 금지 구역에서 로보택시가 기다리고 있었다.

[그림 3-19] 샌프란시스코 경찰이 검문 중인 GM Cruise[106]

샌프란시스코 시내에서 시험주행 중이던 지엠 크루즈 한 대가 전조등을 켜지 않고 주행하다 경찰에 의해 제재를 당했다. 그런데 안에 대응할 사람이 없다. 전조등이 꺼진 채 달린 것은 운영 오류였고, 연락이 가능한 운영사무실 전화번호가 있었다지만 이 경찰로서는 처음 겪는 당황스러운 상황이었을 것이다. 누리꾼들을 더욱 의아하게 만든 것은 [그림 3-19]와 같이 이 차가 일시 정차한 후 경찰이 다가오고 있는데 조금 더 앞으로 가는 모습을 보였다고 한다. 후일 이러한 행동은 정차가 더 바람직한 지점으로 잠시 이동한 것이었다고 하는데 많은 추측을 불러일으켰다.

이렇게 생각지도 못한 시나리오들이 현실에서 발생할 수 있다. 정상적인 상황은 아니고 빈번하지 않은 경우겠지만, 행여 한 번이라도 발생했을 때 일반인의 인식에 미치는 영향은 적지 않을 것이다. 이런 **예외 상황(edge 혹은 corner case)**을 잘 고려하여 미리 대비되어 있어야 신뢰를 잃지 않을 수 있다.

3.3 신뢰를 위한 디자인

마지막으로 사람들이 자율주행차를 신뢰할 수 있도록 3.2절의 '웨이모의 사례 연구'에서 설명한 네 개의 디자인 원칙을 세 가지 핵심어로 정리해 본다.

학습 목표

- 웨이모 원 로보택시를 이용하는 탑승객에게 전체 여정에서 신뢰를 주기 위하여 웨이모는 어떤 디자인 원칙을 적용했는지 세 가지를 들 수 있다.
- 신뢰를 주기 위한 디자인 원칙이 기존의 모빌리티를 이용하는 사용자의 관점에서 어떤 연계성이 있는지 스스로 연결시킬 수 있다.
- 본인의 모빌리티 경험을 바탕으로 다양한 여정의 접점에서 신뢰를 위한 디자인의 아이디어를 도출할 수 있다.

웨이모 원 로보택시는 탑승객이 자율주행차를 신뢰할 수 있도록 **투명성**(transparency), **일관성**(consistency), **자유**(freedom)를 중심으로 디자인한다.

■ 투명성

사용성의 대가인 Jacob Nielsen이 일찍이 시스템의 상황을 사용자가 알 수 있게 해 주라고 하였기에[107], **투명성**(transparency)은 UX 디자이너에게 낯설지 않은 원칙이다. 자율주행차는 최첨단 기술의 복잡한 집약체로 낯설고 두려운 존재이므로 시스템의 투명성을 제공하는 일은 도입 초기에 굉장히 중요하다.

여기서 잠깐

웨이모 UX 팀장 라이언 파웰(Ryan Powell)의 Google Design 세미나(2018.04.18)

웨이모의 사용자 여정을 단계별로 따라가 보니 마치 베테랑 운전 기사가 모셔다 주는 느낌이 드는가? 아직 갈 길이 멀게 느껴질 수도 있지만, 어쨌거나 웨이모가 "우리는 자율주행차가 아닌, 기사"를 만드는 것이라는 이야기는 단순히 운전을 잘한다는 것 이상으로, 그를 믿고 모든 걸 맡긴 채 안심하고 편안한 이동 시간을 경험하도록 모든 가능한 배려를 하겠다는 뜻이라 이해해야 할 것이다.

영상 보기

웨이모 Head of UX Research & Design, Ryan Powell은 웨이모 원 서비스의 사용자 여정의 단계 단계마다 어떻게 탑승객의 **신뢰**를 얻고자 했는지 세 가지 디자인 원칙을 언급하였다. UX 디자이너를 꿈꾼다면 QR코드의 영상[91]을 끝까지 볼 필요가 있다. 동일 내용의 블로그 글도 잘 정리되어 있다.[101]

(a) 기계가 보는 세상[101] (b) 탑승객용 화면에 제공된 기계의 눈[108]

[그림 3-20] Waymo Engineer Information vs. Passenger Information

[그림 3-20(a)]처럼 기계가 보는 세상 그대로 다 보여줄 필요는 없겠지만, [그림 3-20(b)]처럼 단순화시켜 자율주행차가 어떻게 작동되는지 알게 하는 것은 필요하다. 웨이모는 기계의 시야뿐만 아니라 생각까지 알 수 있게 보여 준다. [그림 3-20(b)]를 보면 "보행자가 지나가도록 양보하는 중(Yielding to pedestrians)"이라는 문구를 띄워 자율주행차가 생각하는 과정을 알려 주고 있다. 인간 관계에서도 상대방이 무언가를 숨기거나 도대체 무슨 생각을 하는지 알 수 없다면 좀처럼 신뢰하기 어렵다. 선입견과 불신으로 시작한 관계라면 더더욱 자신을 투명하게 보여 주고, 어떤 생각을 하는지 전해야 신뢰가 회복될 수 있다. 같은 이치로 자율주행차-탑승객 관계를 디자인하면 된다.

■ 일관성

카카오택시나 우버(Uber) 공유차를 부르면 매번 다른 기사가 오기 때문에 그의 운전 스타일, 소통 방식, 그가 설정한 차의 상태에 적응해야 한다. 즉, **일관성(consistency)**이 없다면 기대치가 매번 초기화되고 예측이 불가능해 불신이 쌓인다. 기계는 특성상 일관성을 유지하는 데 사람보다 우월하다. 매번 다른 사람이 다르게 대응하거나 변덕스럽다면 좀처럼 신뢰가 생기기 어렵다.

같은 이치로 자율주행차도 운전 스타일, 소통 방법, 차의 실내 환경 등에서 일관성을 유지할 때 신뢰를 얻을 수 있다. 한 회사에서 자율주행차, 원격 서비스, 모바일 앱 등 전체 시스템에 일관성을 갖추는 것은 기본이고, 더 나아가 기존 고객이 재방문했을 때 이전 사용을 기억해두고 좋은 경험을 이어가도록 한 고객의 일관된 경험성을 지속 관리해 준다면 감동을 줄 수 있다. 주요 정보가 나타났던 위치, 비상시 대처 가능한 방법, 원격으로 연결되는 지원 전문가의 응대 등이 이유 없이 바뀌면 안 된다. 선호하는 이동 경로를 사용자가 저장했거나, 탑승객용 디스플레이를 본인 기호에 맞춰 설정 변경했거나, 내부 엔터테인먼트 콘텐츠를 이용했다면 다음번 이용 시 사용자가 일관된 환경에서 재사용할 수 있도록 한다. 그러한 제품과 서비스는 시간이 지날수록 신뢰도 쌓일 것이다.

■ 자유

충분히 시스템을 신뢰한다면 운전을 맡긴 이용자는 다른 과업을 할 수 있어야 한다. 어느 정도 신뢰할 수 있는 자율주행차가 되었다면 탑승객이 완전히 **"신경 끄기(MIND OFF)"** 상태를 즐길 수 있도록 한다. 웨이모는 구글 플랫폼으로 탑승객에게 다양한 콘텐츠를 차량 내 디스플레이에서 제공한다. 주어진 **자유(freedom)**를 어떤 경험이 되게 할지는 회사마다 차별화가 가능한 영역이다.

지금까지 "자율주행차가 아닌, 기사"를 만드는 것이 목표라는 웨이모의 사례를 들어 보았다. 우리에게 운전기사라 하면 "김 기사, 운전해~!"라며 콧소리로 명령하는 사모님이 떠오른다. 자율주행차가 하루 빨리 보편화되어 성공한 박 사장이 아니어도 누구나 김 기사를 호출하면 자가용처럼 편하고 익숙하게 태워서 데려다 주고 차 안에서 어떤 신경도 쓰지 않고 다른 일을 할 그날을 기대해 본다.

! 생각해 봅시다 **자율주행차가 이 정도로 똑똑해진다면 이제 당신은 신뢰할 것인가?**

우리가 자율주행차를 충분히 신뢰하고 이용하게 되는 그날, 이런 시나리오도 가능하지 않을까? 자율주행차 회사의 농담 아닌 농담 같은 만우절 영상을 보며 정말 이런 날이 오기를 기대해 본다.

영상 보기

[그림 3-21] Tesla의 주차 위반 딱지를 알아서 피하는 "Ticket Avoiding Mode"[109]

내가 잠시 차를 세우고 빠르게 볼일을 보는 동안 자율주행차는 잠시 대기 중이다. 그런데 주차 위반 스티커를 붙이러 경찰이 다가오는 것이다. **Tesla Ticket Avoidance Mode**(2015)와 같이 똑똑한 자율주행차라면 이용할 의향이 있는가?

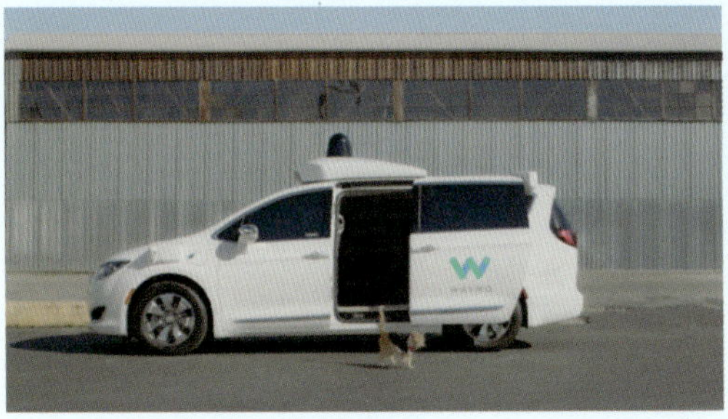

영상 보기

[그림 3-22] Waymo의 반려동물 모시고 가는 "Waymo Pet"[110]

Waymo에서 동물 사용자 경험 디자이너(Animal UX Designer)가 미래 자율주행차 잠재 고객인 반려 동물들의 이동 경험에 대해 연구 중이다. **Waymo Pet**(2019) 서비스는 집사가 동반하지 않고도 반려 동물이 독립적으로 이동할 수 있도록 반려 동물의 니즈에 맞출 수 있다. 자율주행차가 모든 상황을 다 알아서 대처한다면 당신은 반려 동물을 혼자 태워 보낼 수 있을 것인가?

연습문제

01 디자인의 외적인 스타일 언어로 신뢰의 이미지를 심어줄 수 있다고 생각하는가? 웨이모가 상용화한 제품, 서비스 단계에서 정의한 디자인 언어는 무엇이며, 이것이 사람들에게 신뢰의 이미지로 인식되는 것과 어떤 연관성이 있는지 설명하시오.

02 자율주행차의 탑승객이 안전하게 차에 관여할 수 있도록 허용한 사례를 조사하여 소개하시오. 어떤 상황에서 탑승객이 관여할 필요가 있는지, 어떤 방법으로 탑승객이 제어하는지, 그런 방법으로 탑승객은 어떤 목표 상태에 도달하게 되는지 세 가지 모두 설명하시오.

03 웨이모 외의 자율주행차 디자인 사례에서 비상시 탑승객이 대처할 수 있는 방법으로 어떤 좋은 사례가 있는지 조사하여 소개하시오.

04 일반적인 전자 제품을 사용하여 제품, 서비스에 신뢰가 높아진 경험을 한 적이 있는가? 어떤 사용 시나리오를 통해 제품, 서비스에 신뢰가 형성되었는지 긍정적인 경험을 사례로 소개하시오.

05 당신은 로보택시의 사용자 여정 중 어떤 단계가 가장 불신을 자아낼 수 있다고 생각하는가? 또 그러한 상황을 신뢰로 바꾸기 위해 어떤 디자인이 미래 자율주행차에 도입이 되어야 한다고 생각하는지 아이디어가 있다면 제시하시오. ([그림 3-7] 자율주행차 사용자 여정의 단계 참조)

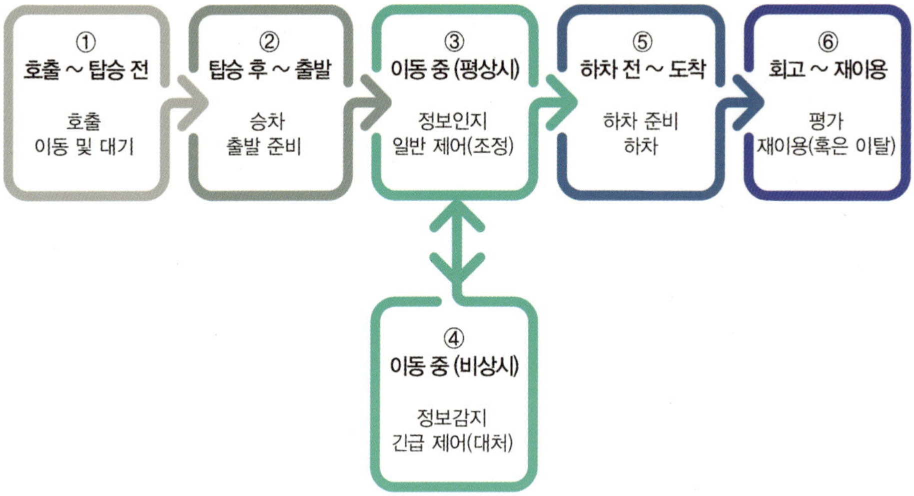

[그림 3-7] 자율주행차 사용자 여정의 단계[93, 94]

- 어떤 단계가 신뢰의 차원에서 중요한지 자신의 생각에 근거하여 명시
- 그 단계에 적용할 수 있는 자신의 UX 디자인 아이디어 제안

4장

사용자 중심 자율주행차 디자인

User-Cntered Design of Autonomous Vehicles

사용자 중심 디자인(User–Centered Design : UCD)의 방법론은 이미 널리 적용되고 있다. UX 디자인을 처음 접하는 독자들을 위해 일반적인 디자인 원칙, UX와 UI 디자인의 관점을 구분해 본다. 3장에서 10년 이상의 긴 과정을 통해 완성된 Waymo의 사례를 심층적으로 살펴보았다면, 4장에서는 출시된 다른 사례들을 자동화 수준에 따라 인간 중심 디자인 관점에서 분석해 본다.

먼저 들여다보기

자율주행차에 대한 일반인의 수용도를 높이기 위해서는 미래 지향적인 운송 디자인 언어보다 차라리 자동차 디자인 언어와는 확연히 다른 **디자인 언어**를 택하는 것도 방법이다.

영상 보기

다음 [그림 4-1]의 자율주행차를 보면 떠오르는 이미지가 있는가? 이 차를 타는 승객의 행동이나 사용하는 방법과도 상관이 있는가? 다음의 QR코드로 연결된 Zoox의 소개 영상을 보면서 생각해 본다.

[그림 4-1] Zoox 자율주행차 디자인에서 연상되는 이미지[111]

4.1 사용자 중심 디자인 원칙

이 장에서는 인간-기계 상호작용 디자인의 원칙들[112]을 자율주행차에 대입해 본다. 기존의 자동차 디자인 언어와는 확연히 다른 Zoox 디자인을 분석해 보자.

학습 목표

- 완전히 새로운 콘셉트를 제안할 때 고려할 수 있는 디자인 원칙을 이해하고 적용할 수 있다.
- 개념 모형, 행위지원성, 기표의 원칙이 Zoox 자율주행차에 어떻게 적용되었는지 설명할 수 있다.
- 새로운 기술이 우리 삶에 혜택을 제공하는 반면, 새로운 문제가 발생한다. 사람들이 기존에 경험하지 못한 새로운 방식에 적응할 수 있으려면 어떤 디자인 원칙을 활용하면 되는지 말할 수 있다.

Zoox도 Firefly처럼 처음부터 운전자를 배제하고 설계한 완전 자율주행차다. 샌프란시스코, 라스베이거스 등 미국 내 일부 지역에서 호출 공유차로 시험 운행 중이다. 샌프란시스코는 주택 부족 문제를 안고 있는 인구 밀도가 높은 대도시다. 그런데 부동산의 30%가 온전히 주차장으로 사용되는 상황이다. Zoox와 같은 자율주행차가 활성화된다면 주차장 건물을 회사 부지나 주택 또는 공원으로 만들 수 있을 것이다. 이런 사회적 편익을 분명한 목표로 한, 2013년 [그림 4-2]와 같은 형태에서 시작된 Zoox 디자인은 '차'보다 최첨단 '마차(carriage)'라는 설명이 더 어울린다. 영화에서 본 마차처럼 서로 마주 보고 앉도록 실내 설계가 된 점은 초기 디자인을 그대로 계승하고 있는 부분이다([그림 4-3]).

[그림 4-2] Zoox 디자인(2013)[113]

[그림 4-3] Zoox 디자인(2020)[111]

4.1.1 개념 모형

Zoox는 왜 마차를 닮은 차를 디자인했고, 이것이 마차에 대한 향수를 불러일으키는 것 이상의 어떤 효과를 기대하는 걸까? 먼저 Zoox는 특이하게도 양방향 주행을 할 수 있다는 기술적 특징을 이해해야 한다. Zoox와 같이 전장이 짧은 소형차가 양방향 주행 기술까지 갖춘 것은 샌프란시스코 도시의 상황을 고려할 때 가히 획기적이라 할 수 있다. 좁은 도로에서 3점 방향 전환(좁은 공간에서 차를 전진, 후진, 다시 전진하여 방향을 돌리는 방법), 유턴, 앞뒤로 다닥다닥 주차된 도로에서 소위 말하는 개구리 주차, 탑승객을 건물 입구에 싣고 내려 주고 다시 출발하는 등의 상황에서 그 진가를 발휘할 것이다.

양방향 주행을 하는 완전 자율주행차이니 자연스럽게 앞뒤가 똑같은 디자인을 취하게 됐고, 운전석이 없는 자동차가 앞뒤로 똑같으면서 공간 효율적인 설계를 하려다 보니 박스형의 마주 보는 좌석을 앞뒤로 배치한 결과가 되었을 것이다. 또 사용자가 역방향으로 앉기 싫어한다면 Zoox와 같은 양방향 주행차의 경우 정방향이 한쪽으로 정해져 있지 않아 좋다. 고정적인 앞뒤 방향이 없는 상황에서 원형 테이블에 둘러 앉듯 좌석을 배열하는 것도 용이해졌다. Zoox는 마차 같은("carriage-like") 디자인의 단체석("communal seating") 형태의 실내 디자인을 했다고 말한다. 마차 문화를 대입하지 않더라도 자율주행차에 대한 초기 청사진은 이렇게 마주 보며 담소하는 이동 시간으로 그려지곤 했던 점을 떠올려 보면 생소한 일도 아니다.

개념 모형(conceptual model)이란 어떤 것이 어떻게 작동하는가에 대한 하나의 설명이다. 디자이너가 의도적으로 개념 모형을 적용할 수도 있지만, 제품이나 서비스를 대하는 사용자가 자연스럽게 기존의 경험과 연결시키면서 형성되기도 한다. 개념 모형은 제품과 서비스에 대한 이해를 제공하고, 제품이 어떻게 사용될지를 예측하고, 제품이 계획된 대로 작동하지 않을 때 무엇을 해야 할지를 알아내는 데 중요한 역할을 한다. 새롭게 등장한 양방향 자율주행차의 흔들린 주행 방향에

[그림 4-4] 자동 운전되는 전기차를 타고 가며 게임을 즐기는 가족의 모습(1957)[48]

대한 개념 때문에 "이제 새로 나온 자율주행차는 다 양방향이 되나?", "어떤 모델은 되고, 어떤 모델은 아니던데?", "그럼, 되는 모델은 뭐고 아닌 모델은 뭔데?", "내가 탈 때 뭘 주의해야 할까?", "나는 타면 어디에 앉을까?" 등과 같이 이해가 필요할 텐데, 이런 초기 개념에 대한 빠른 이해를 위해 "이건 마차에서 영감받은 콘셉트예요. 마차라고 생각해 보세요. 단지, 앞에 말과 말을 끄는 마부가 없을 뿐, 마치 마차를 타고 가는 것처럼 운전은 잊고 동승자들과 마주 보며 도란도란 얘기하는 즐거운 경험을 하게 될 거예요."라는 메시지를 외관과 실내 디자인을 통해 자연스럽게 전달하는 데 개념 모형이 쓰인다.

Zoox의 외관 디자인이 마차를 떠올리게 할 만큼 직접적인 **은유**를 취하고 있지는 않다. 바퀴가 차체에 비해 크고 마차 바퀴처럼 보이도록 디자인된 정도가 유사하게 눈에 들어올 뿐. 더 중요한 은유는 사용을 통해 남는 경험이다. 이동에서 오는 스트레스를 잊고 마주 앉은 동승자와 교류하는 경험에서 마차의 개념이 더 강하다. 이러한 디자인 의도와 콘셉트를 적극적으로 소통하는 일이 비즈니스에서 상당히 자리 잡혀 있으며, 이런 스토리를 구상하고, 제품과 서비스에 구체화시키고, 실제 사용자의 경험으로 나타나기까지 책임지는 사람이 바로 UX 디자이너이다. UX 디자이너는 이해와 통제감으로 연결되는, 시스템에 대한 좋은 개념 모형을 생성하는 데 필요한 모든 정보를 보여 주는 디자인을 추구해야 한다.

4.1.2 행위지원성

행위지원성(affordance)이란 용어는 물리적인 대상과 사람 사이의 관계를 가리킨다. 예시로 흔한 자동차의 도어 핸들을 들 수 있다. 자동차의 도어 핸들을 보면 손을 넣고 당겨서 열 수 있는 홈을 만들어 사용 방법을 너무나 명백하게 드러냈다. 이렇게 물체의 속성(예: 핸들 아래쪽에 홈이 파임)과 행위자의 능력(예: 손가락을 넣을 수 있고, 손가락을 넣으면 잡고 당길 수 있음) 간 관계성을 제공하는 것을 행위지원성이라고 한다. 즉, 행위지원성은 행위자가 사물과 상호작용할 수 있는 방법을 제시하고, 적당한 행위지원성은 원하는 행위를 가능하게 하기 위해 존재한다.

최근 들어 테슬라 도어 핸들의 경우 차주의 키를 근거리 인식하여 필요할 때만 튀어 나와 행위지원성을 제공하고, 그 외의 경우에는 숨어 있는 **감춰진 행위지원성**(hidden affordance)의 모습을 띤다. 호출형 공유차는 호출한 사람만 탑승하는 게 안전하기 때문에 도어 핸들의 행위지원성이 항시 제공되지 않아도 된다. 외려 시스템이 자동으로 제어하고 사람이 개입할 수 있는 엘리베이터나 무인 전철의 도어 개폐 시스템과 유사하다고 볼 수 있다. Zoox의 경우, 슬라이딩 양문을 채용하였고, 탑승객은 누르는 물리 버튼으로 조작이 가능하다([그림 4-5]). 내부에서 제어할 때는 좌석 옆에 설치된 터치 스크린의 버튼으로 조작이 가능한데, 터치 스크린의 특성상 실수로 터치 버튼이 눌릴 가능성이 있기 때문에 도어 개폐를 길게 누름(press and hold)을 통해 명령하도록 제한을 두었다.

기존 자동차 디자인에서 행위지원성이 대부분 운전자의 제어 측면에서 필요했다면, 운전이 불필요해진 완전 자율주행차에서 사용성 문제도 한층 가볍게 다뤄질 수 있을 것 같다. 외려, 이제는 도로 사용자(보행자, 오토바이나 자전거 운전자 등) 입장에서 보면 새로운 문제가 생긴다. 박스 형태의 차(pod)들은 미니멀한 형태를 추구한다.

[그림 4-5] Zoox 탑승객 간의 인터페이스[111]

암묵적인 소통(implicit communication)으로 멀리서 차가 오는 것을 보고 길을 건너려던 보행자가 차의 방향, 속도, 거리 등을 시각과 청각으로 파악해 의사결정하는 것을 예로 들 수 있다. Zoox의 경우 전후면이 대칭이라 정지 장면에서 보면 차가 어느 방향으로 움직일지 미리 예측하기 어렵다. 상대적으로 경사지고 날렵한 면을 자동차의 전면으로 익숙히 알고 있는 사람이 Zoox와 같은 양방향 차를 대면했을 때 큐브로 잘린 전후면 디자인의 윈드실드 쪽에 운전자가 보이지 않아 보행자는 순간적으로 혼란스러울 수 있다. 이렇게 행위지원성이 결여되었을 때 기표가 사용성을 보완하는 기재로 활용될 수 있다.

4.1.3 기표

기표(signifier)는 어떤 표식이나 소리, 즉 적절한 행동을 사람에게 알려 주며 지각될 수 있는 어떤 표시기(indicator)를 가리키는 용어다. 사물을, 특히 어떤 행동이 가능하며 그것들이 어떻게 수행되어야 하는지 실마리를 제공하는 신호(sign)를 디자인하는 일은 UI 디자이너의 일상이다. 당신이 도로에서 [그림 4-6]과 같은 Zoox를 마주하고 있다고 가정해 보자. 지금 이 차가 어느 방향으로 움직일 것 같은가?

[그림 4-6] Zoox 도로 사용자 간의 인터페이스[111]

사진 속 장면은 Zoox의 후면이다. 라이트가 빨간색이기 때문에 후면임을 알 수 있다. 현행법상 빨간색 라이트는 전면에 사용할 수 없다. 잠시 후 이 차가 움직여 전진한다면 내 쪽에서 멀어지는 방향으로 갈 것이다. 이 차가 후진한다면 당신은 충돌에 주의해야 한다. 익숙한 테일 램프가 빨간색이고, 윈드실드 상단에 한 줄의 라이트 밴드가 더해져 있는 모습도 눈에 띈다. 자율주행차에서 운전자와 도로 사용자 간의 **명시적인 소통**(explicit communication)이었던 제스처 등이 없어짐에 따라 이를 대체할 **외부 인터페이스**(external Human-Machine Interface : eHMI)가 다양한 형태로 등장하고 있다.

Zoox의 윈드실드 상단에 라이트 밴드가 옆으로 길게 한 줄 추가된 것(앞과 뒤에 동일)은 보행자의 눈에 띄는 눈높이와 가시가능 범위를 넓히는 데 유리하다. 차량과 상대 위치가 다양한 상황을 가정해 보더라도 눈에 띌 수 있는 위치에 사이드로 갈수록 약간의 굴곡을 적용해 정보가 도로 사용자와 소통이 용이하도록 디자인하였다고 보여진다. 헤드라이트 사각형 테두리의 라이트도 기표의 역할을 한다. 사각형을 좌우로 나누어 반쪽만 불이 켜졌을 때 방향을 나타내기도 하기 때문이다.

이렇게 기표를 효과적으로 사용하면 발견 가능성과 이해 가능성을 높이기 위해 다각도의 노력을 기울이고 있다.

생각해 봅시다 **Zoox 디자인에는 어떤 의도가 담겨 있을까?**

다음의 영상[114]에서 Zoox 개발 스토리를 알아 보자. 여러 개발 참여자 중 디자이너 인터뷰에서 Zoox 디자인에 담긴 의도를 파악해 보라.

영상 보기

4.2 자동화 수준별 사용자 인터페이스

인간-자율주행차 상호작용을 하려면 인터페이스가 존재해야만 하고, 역으로 인터페이스의 디자인에 따라 상호작용이 달라지기도 한다. 이 장에서는 UX 디자이너의 가장 구체적인 산출물인 사용자 인터페이스 즉, UI 디자인과 이를 통한 인터랙션에 초점을 맞춰본다. 자동화 수준별 사용자 인터페이스 디자인을 양산된 모델과 기능의 사례로 비교 분석해 보자.

학습 목표

- 사용자 경험의 수준과 사용자 인터페이스 수준을 구분하여 설명할 수 있다.
- 자동화 수준별 양산된 사례를 중심으로 사용자 인터페이스를 분석하여, 물리적, 시각적, 청각적 요소가 어떻게 사용자와 상호작용하는 데 쓰이는지 나열할 수 있다.
- 자동화 수준별 발생하는 자동차-인간 상호작용의 문제를 해결하기 위해 물리적, 시각적, 청각적 인터페이스가 어떻게 디자인되고 있는지 모델별 비교 분석할 수 있다.

4.2.1 UX ≠ UI

UX와 UI는 알다시피 각각 User eXperience, User Interface의 약자다. 이 두 용어의 차이를 명확하게 이해하고 싶다면 골든 크리슈나(Golden Krishna)의 『인터페이스 없는 인터페이스(The Best Interface Is No Interface)』[115]를 읽어보길 권한다. 근래 직업의 세계에서 혼용되고 있는 두 개의 용어 UX와 UI의 차이가 잘 설명되어 있다.

[표 4-1] 골든 크리슈나의 UX ≠ UI[115]

UX의 예	UI의 예
사람, 행복, 문제 해결, 니즈 이해, 사랑, 효율, 엔터테인먼트, 즐거움, 기쁨, 미소, 영혼, 따뜻함, 개성, 유용함, 환희, 의기양양, 활기, 축복, 도취, 편리함, 황홀감, 마법 같은, 생산성, 유효성 등	내비게이션, 하위 내비게이션, 메뉴, 드롭다운 메뉴/리스트, 버튼, 링크, 윈도우, 모서리 둥근 처리, 그림자 처리, 에러 메시지, 경고, 업데이트, 체크박스, 비밀번호 입력란, 검색 영역, 텍스트 입력, 라디오 버튼, 텍스트 영역, 호버(hover) 상태, 선택 상태, 눌린 상태, 툴팁, 배너 광고, 비디오 삽입, 스와이프 애니메이션, 스크롤하기, 클릭하기, 아이콘, 컬러, 리스트, 슬라이드 쇼, 대체 텍스트, 알림 배지, 알림, 그레디언트, 팝업, 코멘트 영역, 카루셀(carousel) 형태, 확인/취소 등

UX의 수준에서 주목하는 것은 이 사용자의 감정과 이해이다. 영상 시청을 하면서 갈 기대에 부푼 마음(expectation), 잔소리에 불만 가득함, 성가심, 차에 대한 조급한 캐릭터 등이 UX에 해당한다. UI의 수준에서 주목하는 것은 문구("먹으면 안 돼요.", "기대면 안 돼요." 등), 음성, 폰트, 점멸 빈도, 경고음, 아이콘 등이다. [표 4-1]에 대입해 보라.

3.2.3절의 '웨이모의 탑승객 중심 디자인 원칙'에서 도널드 노먼의 정의를 따라 **UX**란 "사용자가 기업의 제품, 서비스를 사용하고 상호작용하면서 하게 되는 모든 경험"이라 하였다. **UI**는 "사용자와 시스템 사이에 존재하는 접면(interface)"이다. 시각적인 접면이든, 물리적인 접면이든, 기계음이나 시스템 사운드 혹은 음성 명령어와 같이 청각적으로 공기를 통해 전달되든 인간의 오감을 통해 시스템 혹은 기계와 상호작용이 발생하는 접면이 존재한다. 웨이모 사례를 든다면 그들의 **UX**는 투명한 시스템, 자유로운 이동, 일관된 플랫폼 경험 등이고, **UI**는 이런 경험을 실현하는 데 사용된 구체적인 탑승객용 디스플레이에 제공된 터치 버튼, 텍스트 상자, 아이콘, 아이콘의 레이블, 보행자를 표현한 원과 다른 차량을 표현한 네모 박스 등의 요소들(components)이다. 또 이것들이 한 화면에 어우러진 레이아웃(layout), 화면과 화면이 사용자 입력이나 시스템이 인지한 조건의 변동에 따라 제공되는 다음 화면의 정보, 이러한 흐름(flow)과 깊이(depth) 등도 UI 범주에 들어간다.

그러나 UX와 UI를 무 자르듯 이분법적으로 나누기도 애매하다. 어떤 이는 흐름(flow)이나 깊이(depth)를 상위 레벨로 보아 UX라 분류하기도 한다. 제시 제임스 개럿(Jesse James Garratt)은 어댑티브 패스(Adaptive Path) 디자인 에이전시에서 다양한 프로젝트 경험을 바탕으로 UX를 다섯 겹의 층으로 분류하였다. 그의 저서 **『사용자 경험의 요소(The Elements of User Experience)』**[116]에서 [그림 4-7]의 구조를 책 한 권에 걸쳐 자세히 설명하였다.

❶ **표면층** : 모든 요소가 시각적 · 청각적 · 촉각적 조화를 이루는 층이다. 마감한 제품이 어떻게 사용자에게 경험될 것인지 매우 구체적으로 결정되고 드러나는 결과를 말한다.

❷ **골격층(윤곽층)** : 구조에 대한 정의다. 해당 제품 · 서비스를 사용하는 데 필요한 정보가 펼쳐진 레이아웃이나 리스트의 개념으로 사용자에게 사용의 흐름이 개념화되도록 결정되어 있어야 한다.

❸ **구조층** : 사용자에게는 보여지거나 느껴지지 않을 수도 있으나 제품 · 서비스의 제공자가 설계한 모든 사용 가능한 조각들이 어떻게 연결되는지에 대한 정의다. 메뉴트리일 수도 있고, 흐름도일 수도 있다.

❹ **범위층** : 전략을 필요 요건으로 탈바꿈시키는 단계로 기능 리스트나 요구사항 리스트에서 포함시키거나 포함시키지 않는 데 의사결정이 따른다.

❺ **전략층** : 앞의 네 개 계층이 결정되기 이전에 선행되어야 할 출발점이다. 사용자가 어떤 목표를 달성하게 할 것인가, 이를 위해 이 제품 · 서비스는 무엇을 제공할 것인가를 결정한다. 구체적인

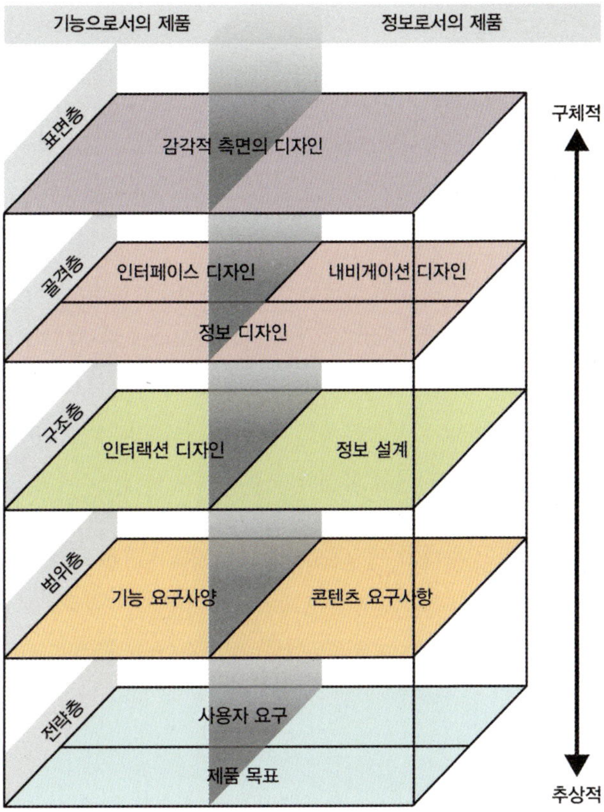

[그림 4-7] 제시 제임스 개럿의 '사용자 경험의 요소'[116]

> 표면층이 드러나다 보니 감각적 측면의 디자인이 UX 디자이너의 유일하고 궁극적인 산출물인 줄 알지만, 실은 좋은 디자인을 만들기 위해서는 전략층에서의 정의가 더욱 중요하다. 구축은 아래(전략층)에서 위로(표면층)으로 각 층이 조금씩 겹치면서(overlap) 발전시키는 것이 바람직하며 보편적으로 수행하는 순서이기도 하다.

사용자 관찰을 하고, 불충족된 니즈와 진짜 문제 정의를 하고, 여기에 답이 되는 해결책을 찾아 아이디어를 발산하고, 이것을 사용자 시나리오로 제안하는 등 왜(Why?)의 질문에서 무엇(What?)의 질문에 답해 가는 과정이 UX 디자인이라면, 무엇(What?)이 어느 정도 정해지고 어떻게(How?)를 정의하면서 구체화가 가속화되는 과정이 UI 디자인을 결정한다고 볼 수 있다. UX 디자인을 전담할 UX Researcher, Interaction designer 등을 따로, UI 디자인을 전담할 GUI designer(혹은 Visual designer), UI designer, Usability specialist, Terminology writer 등을 따로 뽑아 운영할 만큼 여유 있는 기업이 많지 않기 때문에 직업의 세계에서 UX/UI 디자인이라는 복합명사가 자리 잡은 것이다. 대부분은 이 두 가지 차원의 일을 넘나들며 하고 있는 게 현실이다. 자율주행차와 같이 새로운 패러다임이 생겨나는 시점에 이 두 가지 차원을 넘나들며 좋은 경험과 높은 사용성을 실현할 줄 아는 디자이너가 빛을 발할 것이다.

4.2.2 레벨2 사용자 인터페이스 : Tesla Autopilot의 사례 연구

레벨2는 가 · 감속과 조향 모두 지원되는 운전자 지원 기능이다. 다시 한번 [표 2-1] 운전 자동화의 단계적 구분을 살펴보기 바란다. 레벨2로 양산된 사례 중 하나인 테슬라 오토파일럿(Tesla Autopilot) 기능을 예로 들어 보겠다. 같은 오토파일럿 기능이라고 하여도 모델별로 사용자 인터페이스가 상이한 부분이 있다. 개요에 언급한 대로 사용자 인터페이스 형태가 달라지면, 사용자 인터랙션 방법이 달라지고, 이에 따라 사용성이 다르게 평가될 수 있다. 여기에서는 미래지향적인 요크 형태의 스티어링 휠을 탑재하고, 주행 레버를 과감하게 없애 버린 Model S Plaid 하드웨어를 예로 들어보겠다. 테슬라 홈페이지 기능 소개[117]와 사용자 설명서[118]에 소개된 오토파일럿의 기능도 자세히 살펴보면 다양한 세부 기능이 있지만 기본적인 가 · 감속과 조향의 운전자 지원에 해당하는 트래픽 어웨어 크루즈 컨트롤과 오토스티어에 한정해 보겠다.

"현재 오토파일럿 기능은 운전자의 적극적인 주의가 필요하며 차량이 자율적으로 주행하는 것은 아닙니다."라고 분명하게 명시되어 있듯이 운전자의 책임하에 사용되는 운전자 보조 기능이다. 이러한 레벨2에서 주로 발생하는 이슈는 2.4.1절의 '고의적 위반'에서 설명하였다. 평상시 사용 절차와 고의적 위반에 대한 사전 방지책, 위반이 발생했을 때 사후 대책은 어떻게 적용되어 있을까?

시스템 상태

❶ **가용 여부** : 일단 운전자가 사용 가능한 기능인지 아닌지 알 수 있어야 한다. 계기판 화면에서 사용 불가 상황에서는 아이콘이 사라진다. 아이콘이 존재할 때 사용자가 활성화시킬 수 있다.

❷ [Off] : 현재 사용 중이지 않지만 사용 가능하다는 것을 나타내기 위해 회색 아이콘이 표시된다.

❸ [On] : 운전자가 내린 명령에 시스템이 즉각적이고 확실하게 알 수 있도록 피드백(feedback)해 주어야 한다. 크루즈 컨트롤이 설정된 정속 주행 속도로 능동적으로 주행 중일 경우, 4번 아이콘이 파란색으로 바뀌고 정속 주행 속도를 실시간 반영하여 숫자로 표시한다. 오토스티어가 활성화되어 이제 Model S를 조향하고 있음을 나타내기 위해 5번 아이콘이 파란색으로 표시된다. 조향을 시스템이 넘겨 받았음을 나타내는 이 아이콘은 Model S의 요크 스티어링 휠의 형상을 단순화하여 표현했기 때문에 직관적으로 이해할 수 있다.

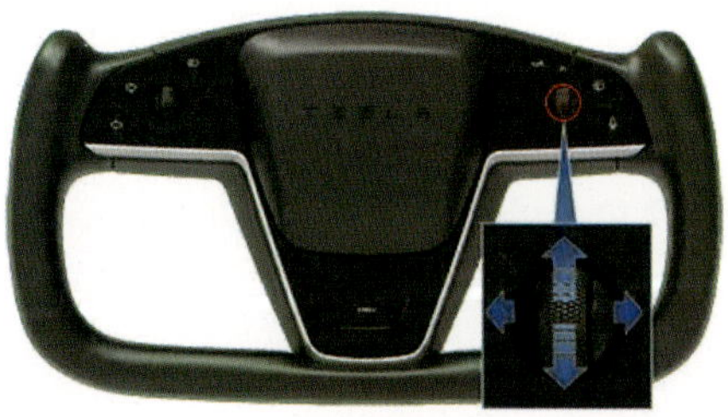

[그림 4-8] 테슬라 Model S의 요크 스티어링 휠 버튼(그림의 빨간색 표시 영역)[118]

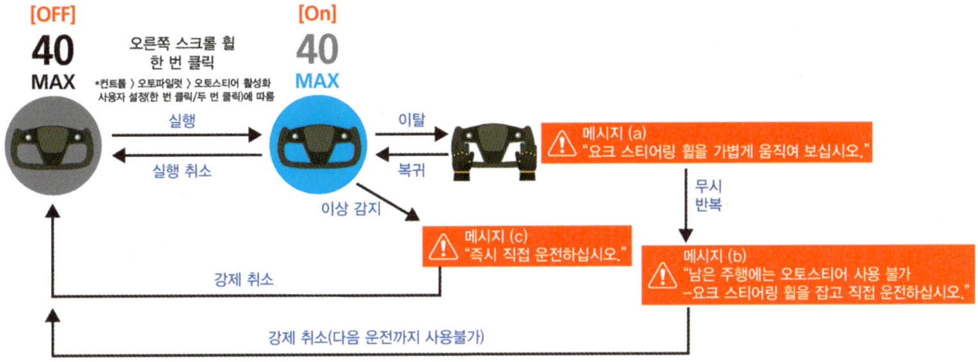

[그림 4-9] 테슬라 Model S 오토파일럿의 사용 흐름[118]

사용자 작동

❶ **실행** : [그림 4-8]에 보이는 스티어링 휠의 오른쪽 스크롤 휠 버튼을 누르면 오토스티어 기능이 활성화된다. 크루즈 컨트롤과 오른쪽 스크롤 휠을 사용할 수 있음을 나타내기 위해 항상 켜져 있는 식별자가 휠 버튼의 상단에 존재한다. 버튼을 눌러 실행하면 아이콘 색이 파란색으로 바뀌는 것 외에도 오토스티어에서 도로에 집중하고 스티어링 휠에 손을 올리도록 상기시키는 메시지가 짧게 표시된다.

❷ **실행 취소** : 실행 중인 상태에서 취소하려면, 오른쪽 스크롤 휠을 누르거나 브레이크 페달을 밟으면 된다.

❸ **세부 조정** : 크루즈 컨트롤을 사용하는 동안 속도를 변경하고 싶은 욕구가 생긴다. 트래픽 어웨어 크루즈 컨트롤을 사용하는 동안 속도 변경을 하기 위해 오른쪽 스크롤 휠을 위로 굴리면 설정 속도가 증가하고 아래로 굴리면 설정 속도가 감소한다. 스크롤 휠을 천천히 굴리면 설정 속도가 1km/h씩 변경되고, 스크롤 휠을 빠르게 굴리면 설정 속도가 5km/h 단위로 변경된다. 이렇게 변경된 값은 이후 수동으로 변경할 때까지 유지된다. 오토스티어 활성화 방법도 터치스크린의 설정 메뉴에서 한 번 클릭 혹은 두 번 클릭으로 사용자가 변경할 수 있다. 이런 식으로 사용자가 세부 설정과 조정을 할 수 있게 해 줌으로써 자신이 제어하고 있다고 느끼게 한다.

시스템 작동

❶ **강제 취소** : 오토스티어는 스티어링 휠이 회전할 때 가벼운 저항을 감지하여, 또는 운전자가 스티어링 휠을 아주 살짝(직접 조향하기에 충분한 힘을 가하지 않고) 손으로 돌릴 때의 가벼운 저항을 감지하여 운전자의 손을 감지한다. 안전의 이유로 오토스티어가 활성화되면 스티어링 휠을 붙잡아야 한다. 일정 시간 양손이 스티어링 휠에 없는 것을 감지하면, 터치스크린의 차량 상태 영역 상단에 파란색 라이트가 점멸하고, [그림 4-9] 도식의 메시지 (a) "요크 스티어링

휠을 가볍게 움직여 보십시오."라고 뜬다. 이를 반복적으로 무시할 경우 메시지 (b) "남은 주행에는 오토스티어 사용 불가 – 요크 스티어링 휠을 잡고 직접 운전하십시오."가 표시된다. 수동으로 조향을 다시 시작하지 않으면 오토스티어는 계속 경고음을 울리며 경고 점멸등을 켜고 완전히 정차할 때까지 차량을 감속한다. 이후 다음 주행 시까지 오토스티어를 사용할 수 없다.

❷ **돌발 상황** : 의도치 않게 브레이크 페달을 밟는 경우, 주행 속도가 최대 정속 주행 속도인 150km/h를 초과하는 경우, 변속하는 경우, 도어가 열린 경우, 흙탕물이 튀어 레이더 센서 또는 카메라의 시야가 방해된 경우, 시스템 장애가 있거나 서비스가 필요한 경우 등 예기치 못한 상황이 발생하면 트래픽 어웨어 크루즈 컨트롤이 언제든지 갑자기 취소될 수 있다. 역시나, 운전자가 의도치 않게 브레이크 페달을 밟는 경우, 스티어링 휠을 돌리는 힘(작은 양의 힘이라도)을 가할 경우, 오토스티어가 작동하는 최대 속도 150km/h를 초과할 경우, 주행 레버를 올렸을 경우, 도어가 열린 경우, 자동 긴급 제동이 작동한 경우 등 예기치 못한 상황이 발생하면 오토스티어가 취소된다. 이때, 경고음이 울리고 오토스티어 아이콘이 회색으로 바뀌면서 [그림 4-9]의 메시지 (c) 느낌표가 안에 있는 삼각형 아이콘 옆에 "즉시 직접 운전하십시오."가 표시된다. 이후 아이콘이 완전히 사라져서 현재 사용할 수 없음을 나타낸다.

비교적 한정적으로 살펴보았는데도 예측 못한 돌발 상황까지 더하고 나니 꽤 많은 시나리오로 확장되는 것을 알 수 있다. 또 사용자의 기대 수준은 한 번 경험하고 나면 금세 익숙해져 점점 더 나은 사용성을 기대하는 경향이 있다. 상세 시나리오까지 예상하고 개인 맞춤형으로 여겨질 정도로 시스템이 사용자에게 맞춰져야 비로소 만족스러운 사용자 경험으로 시장 경쟁력을 가진다.

[표 4-2]에 테슬라의 가 · 감속과 조향 운전자 지원 기능에 사용된 사용자 인터페이스를 언급된 사용 흐름과 관련된 부분만 정리해 보았다. 운전자가 의도를 갖고 고의적으로 조작하는 경우 어느 정도 사용자가 스스로 주의하지만, 예기치 못한 상황에 시스템이 작동되는 부분은 부주의로 놓치거나 메시지를 제대로 이해하지 못할 가능성이 상당하다. 따라서 물리적 · 시각적 · 청각적으로 가능한 감각 채널을 총동원하여 소통하려고 하는 사용자 인터페이스의 구성이 일반적이다.

일부 소비자 리뷰를 보면 테슬라 Model S Plaid에서 요크 형태의 스티어링 휠을 채택하고 주행 레버를 없앤 것은 향후 자율주행(베타 테스트 중인 Full Self Driving)의 비중을 늘리려는 전략이라고도 한다. 그도 그럴 것이 요크 형태의 스티어링 휠은 운전자가 다양한 도로에서 사용할 때 회전각의 정도와 손 거치 습관에 따라 불편함을 감수해야 하는데, 반면 막상 써 보니 오토스티어 활성화 구간에 손을 스티어링 휠에 올려놓기에는 사각의 림 모양이 편리하다는 반응도 있다.

[표 4-2] 테슬라 Model S 오토파일럿의 사용자 인터페이스 구성

감각 채널 구분	입력/출력 기기	입력/출력 정보
Physical User Interface (PUI)	 스티어링 휠 요크(Yoke)의 오른쪽 스크롤 휠[119] 브레이크 페달	• 휠 손 조작(한 번/두 번 클릭, 위/아래로 돌림, 빠르게/느리게 돌림) • 페달 발 조작(밟기, 떼기) • …
Graphical User Interface (GUI)	디스플레이 • 계기판 • 터치스크린	• 화면 레이아웃 • 아이콘 • 터치 버튼 • 텍스트 상자 • …
Auditory User Interface (AUI)	스피커	• 시스템 사운드 • …

4.2.3 레벨3 사용자 인터페이스 : Honda Traffic Jam Pilot의 사례 연구

레벨3는 지정된 조건에서 부분 자율주행이 가능하나 시스템에서 요구 시 운전자가 운전할 필요가 있다. 레벨3로 출시된 사례 중 하나인 혼다(Honda) **Traffic Jam Pilot** 기능을 사례로 들어 본다. 레벨3에서 주로 발생하는 이슈는 **제어권 이양**의 인지적 부하다. 평상시 제어권 이양의 사용 흐름과 그 흐름이 정상 진행되지 않을 때의 대책은 어떻게 적용되어 있을까?

혼다 **Traffic Jam Pilot** 기능은 'HANDS OFF' 기능을 활성화시킨 상태에서 운전하다가 고속도로 본선에서 정체가 생기면 자동으로 차가 스스로 운전하는 기능이다. 레벨2와 달리 실행 중에 운전자가 스티어링 휠에서 손을 떼고 시선을 자유롭게 두어도 된다. [그림 4-11]의 "실행" 혹은 "실행 취소"는 조건이 충족 혹은 불충족되면 자동으로 진행되니 단순해 보이지만, 실은 주행 환경 조건(ODD)은 다음에 제시되는 설명과 같이 복잡하다. 운전자가 자동 운전을 기대하는 데 실행이 안 될 때, 시스템이 취소를 하는데 운전자는 왜 취소됐는지 알 수 없을 때 등의 상황에 혼란이 생길 수 있기 때문에 이런 조건이 시스템상에서 어떻게 파악되고 있는지 운전자와 시의적절하게 소통(타이밍, 빈도, 정보량, 문구의 톤 & 매너 등의 UI 디자인)하는 것이 매우 중요하다. 따라서 디자이너가 다음과 같은 기술적 역량과 한계를 이해하고 UI 디자인을 해야 한다.

[그림 4-10] 혼다의 Legend Traffic Jam Pilot을 사용 중인 운전자 환경[120]

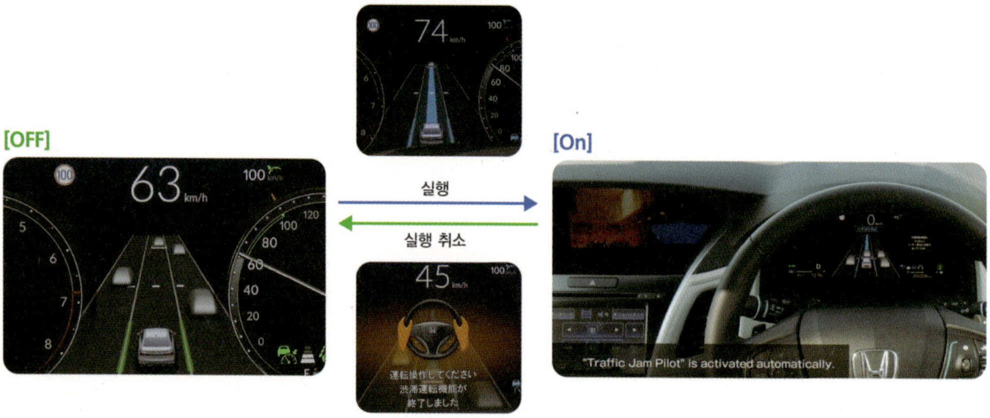

[그림 4-11] 혼다 Legend Traffic Jam Pilot의 사용 흐름[121]

운영 설계 영역

❶ 도로 및 지리적 상황

- 도로구간 : 고속자동차국도, 도시고속도로와 여기에 연결될 예정인 자동차 전용도로(일부 구간 제외)
- 제외구간/장소 : 상 · 하행선이 중앙 분리대 등에 의해 구조적으로 분리되어 있지 않은 구간, 급커브, 휴게소, 톨게이트 등

❷ 환경조건

- 기상상황 : 폭우, 폭설과 시야가 현저히 떨어지는 안개 또는 역광 때문에 자동운행 장치가 차선이나 차량을 인지하기 어려운 상황이 아닐 것
- 교통상황 : 자동운행 차량이 주행 중인 차로가 정체 또는 정체에 가까운 혼잡상황이며, 앞/뒤 차량이 가까이서 주행 중일 것

❸ 주행상황

- 자동운행 차량 속도 : 약 30km/h 이하에서 자동운행 시스템을 작동시킬 수 있고, 작동 후에는 최대 속도가 50km/h로 제한됨
- 자동운행 차량 주행 상황 : 고정밀지도와 GNSS에 의해 정보가 올바르게 입수될 것
- 운전자 상태 : 올바른 자세로 안전벨트를 하고 있을 것
- 운전자 조작 상황 : 가속 페달, 브레이크 페달, 스티어링 휠 등을 조작하지 않을 것

시스템 상태

❶ [Off] : 운전자가 'HANDS OFF' 기능을 활성화시킨 상태라면 해당 아이콘이 녹색이다. [그림 4-11]의 계기판에 표현된 차량 주변에 나타난 선과 해당 아이콘이 녹색으로 표시된다.

❷ [On] : Traffic Jam Pilot이 작동 중이면, [그림 4-11]의 계기판에 표현된 차량 주변에 나타난 선과 해당 아이콘이 파란색(Turquoise blue)으로 바뀐다. [그림 4-10]을 자세히 보면 그 외에도 자율주행 중임을 알 수 있는 변화가 있다.

- 클러스터 : 계기판 원형의 아날로그식 RPM, 속도계 이미지가 사라짐
- 스티어링 휠 : 혼 좌/우 라이트 밴드
- 센터페시아 : 디스플레이 상단의 라이트 밴드
- 대시보드 : 하단의 글로브 박스 위쪽 라이트 밴드
- 운전석 전방 : 윈도우 AR 정보
- 차량 외부 : 전/후면 하단에 라이트 밴드([그림 4-12])

[그림 4-12] 자율주행 중이 표시된 혼다 Legend의 라이트 밴드[120]

사용자 작동

'HANDS OFF' 기능을 활성화시켰다면 사용자가 작동을 위해 추가로 할 것은 없다.

시스템 작동

❶ **실행** : 고속도로 본선에서 정체 시(약 30km/h 이하) 자동으로 실행된다. 물론 그 외에도 모든 ODD가 충족되어야 실행된다. 작동 후에는 최대 속도가 50km/h로 제한된다.

❷ **실행 취소** : 정체가 풀리면(약 50km/h 이상) 자동으로 취소되며 운전자가 운전할 것을 요구한다. 시스템이 실행을 취소하는 과정에서 운전자가 운전을 제대로 이양(transfer)받지 않으면 온전한 상태에 도달할 수 없다. 또 운전자가 운전을 완전히 이어받기까지 아무리 빠르다고 해도 시간이 소요된다. 따라서 이양 과정에서 시스템이 매우 적극적으로 운전자에게 소통을 시도한다. [그림 4-13]에서 시각적인 변화를 발견할 수 있다.

- 클러스터 : 계기판 화면 중앙에 운전대를 잡으라는 이미지와 문구가 크게 덮임(overlay)
- 스티어링 휠 : 혼 좌/우 라이트 밴드가 빨간색으로 변함
- 센터페시아 : 디스플레이 상단의 라이트 밴드가 빨간색으로 변함
- 대시보드 : 하단의 글로브 박스 위쪽 라이트 밴드가 빨간색으로 변함
- 운전석 전방 : 윈도우 AR 정보의 아이콘이 빨간색으로 변함
- 안전벨트와 스티어링 휠(그림에는 생략됨) : 스티어링 휠에 진동이 동반됨, 지속 경고에도 운전을 하지 않으면 안전벨트가 조여져 압박을 가함

❸ **강제 정지** : 지속 경고에도 10초 안에 다시 운전을 하지 않으면 차량을 강제 정지시키고 원격 지원 담당자와 연결된다.

[그림 4-13] 혼다 Legend Traffic Jam Pilot을 사용하다가 운전자가 다시 운전해야 하는 상황[120]

[표 4-3]에 혼다의 자율주행 레벨3 기능 중 Traffic Jam Pilot에 사용된 사용자 인터페이스만 정리해 보았다. 운전자는 비교적 할 일이 없어 보이지만, 자율주행이 끝나고 다시 운전해야 하는 순간에 급작스러운 부산스러움과 만약의 사태에 대비한 사용자 인터페이스는 과도해짐을 느낄 수 있다. 세 가지 특징을 꼽자면 사운드 디자인 강화, 햅틱 디자인 적극 활용, **외부 인터페이스**(external human-machine interface : eHMI)의 등장이 있다.

[표 4-3] **혼다 Legend Traffic Jam Pilot의 사용자 인터페이스 구성**

감각 채널 구분	입력/출력 기기	입력/출력 정보
Physical User Interface (PUI)	스티어링 휠 브레이크 페달 안전벨트	• 버튼(누름) • 페달 발 조작(밟기, 떼기) • 햅틱 피드백(진동) • …
Graphical User Interface (GUI)	디스플레이 • 계기판 • 윈도우 AR 라이트 밴드 • 내부 • 외부	• 화면 레이아웃 • 아이콘 • 터치 버튼 • 텍스트 상자 • 라이트 밴드 • …
Auditory User Interface (AUI)	스피커 마이크	• 시스템 사운드 • 음성 • …

4.2.4 레벨3 사용자 인터페이스 : Mercedes-Benz Drive Pilot의 사례 연구

혼다가 세계 최초로 **레벨3** 자율주행차를 출시했다고 해도 일본 내수용에 한한다. 이런 상황에서 벤츠가 세계 최초로 2021년 12월 국제적으로 통용되는 레벨3 자율주행 **드라이브 파일럿**(Drive Pilot)을 인증받고 독일과 미국 등에서 순차적으로 출시 예정이라는 소식이 있었다. 이 책에서 출시된 모든 모델을 소개하려는 것은 아니다. 다만, 레벨3 자율주행차 러시를 맞아 초기 두 모델의 UI를 비교해 볼 필요가 있다.

역시나 레벨2와 달리 실행 중에 운전자가 스티어링 휠에서 손을 떼도 된다. [그림 4-14]와 같이 주행 중에 게임, 동영상 시청, 휴대폰 사용이 법적으로 가능함을 강조한다. 다만, 벤츠의 레벨3 드라이브 파일럿도 언제나 가능한 것은 아니다. 드라이브 파일럿 소개 문서[122]에 기반하여 운영 설계 영역과 평상시 제어권 이양의 사용 흐름 및 이것이 정상적으로 진행되지 않을 때 어떻게 대책이 제공되는지 알아보자.

[그림 4-14] Mercedes-Benz S-Class의 Drive Pilot을 사용 중인 운전자 환경[123]

운영 설계 영역

❶ 도로 및 지리적 상황

- 도로구간 : 고속도로 한정
- 제외구간/장소 : 교차로, 터널, 공사구간, 차선 없는 도로 등

❷ 환경조건

- 기상상황 : 우천시 가능하나, 눈 올 때는 안 됨
- 교통상황 : 자동운행 차량이 주행 중인 차로가 정체 또는 정체에 가까운 혼잡상황일 것

❸ 주행상황

- 자동운행 차량 속도 : 작동 후에는 최대 속도가 60km/h로 제한됨

이런 ODD 고속도로에 드라이브 파일럿 차량이 진입하면, 시스템은 기능 사용이 가능하다는 신호를 운전자에게 보내고, 운전자는 버튼으로 활성화시킬 수 있다. 운전자가 드라이브 파일럿을 활성화시키면, 예를 들어 앞차와의 간격을 유지하며 차선 내에서 주행하는 조건부 자동주행에 들어갈 때까지 차가 오퍼레이팅 파라미터들을 조정하는데, 작동 준비를 완료하는 데까지 걸리는 소요시간을 페이드인(fade in) 단계라고 한다. 드라이브 파일럿 시스템은 관련 데이터 보호법을 준수하면서 지속적으로 시스템의 잠재적 제어권 반환 요청에 응답해야 하는 비상대비 담당자(fallback ready user, 레벨3의 경우 운전석의 운전자)의 상태를 실내 센서를 통해 모니터한다. 이러한 시스템을 통해 시기적절한 주행 제어권 반환을 저해하는 졸음과 같은 위험한 행동은 금지되며, 이런 행태가 감지되면 시스템은 점차적으로 고조되는 일련의 경고를 발생시킨다. 만일 이 경고가 무시되면, 드라이브 파일럿은 자동으로 비상등을 켜고 비상정지(controlled stop) 단계에 들어간다. 운전자가 무응답 상태로 지속되면, 시스템은 긴급지원을 요청하고, 구조원 도착 시의 잠금해제를 준비한다.[124]

인간 기계 인터페이스(HMI)

[그림 4-15]의 계기판 화면을 보고 운전자가 스티어링 휠 버튼으로 **Drive Pilot** 기능을 활성화하면, [그림 4-16(a)]와 같이 불이 꺼진 LED 영역에 터쿠아즈블루(Turquoise Blue) 컬러가 순간 깜빡거리며 페이드인 단계를 거친다. Drive Pilot 기능이 완전히 활성화되면 [그림 4-16(b)]와 같이 터쿠아즈블루 컬러가 지속적으로 켜진 상태가 된다. 상태 변화를 화면의 컬러로만 알려주는 것이 아니라, 동일 색의 라이팅이 스티어링 휠 좌우의 버튼 바로 위와 스티어링 휠 뒤편 혼 패드 쪽까지 세 군데에 동기화되어 표시된다. 또 버튼에 각인된 그래픽을 보면 자동차 픽토그램에 'A'라는 글자가 조합되어 있는데, 이는 계기판 화면상에도 동일하게 보인다. 이 아이콘이 보이면서 앞차와의 거리와 속도를 자동으로 조절하고 있는 상태를 지속적으로 화면에 보여 준다.

[그림 4-15] Drive Pilot 기능을 사용 중인 계기판[123]

(a) 기능이 비활성화된 상태

(b) 기능이 활성화된 상태

[그림 4-16] 스티어링 휠 버튼으로 Drive Pilot 기능을 사용하기[125]

상황이 바뀌어 제어권을 다시 인간 운전자가 받아야 할 때 터쿠아즈블루 컬러가 오렌지 컬러([그림 4-17])로 바뀐다. 계기판 디스플레이에 도로 양쪽 선과 속도 표시줄, 스티어링 휠의 세 군데 라이트가 오렌지 컬러로 바뀌면, 이때 빠르게 운전대를 다시 잡아야 한다.

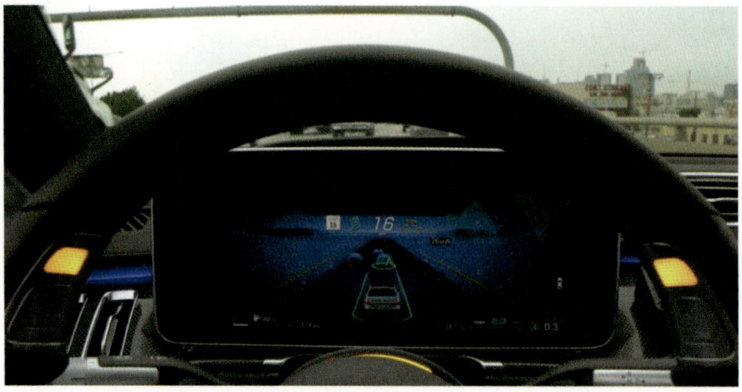

[그림 4-17] Drive Pilot 사용 중 상황 변화 감지 표시[126]

계기판 화면의 도로 양쪽 선, 앞차와의 관계 영역 테두리, 앞차 표시, 상단에 속도 표시줄에 해당 수치가 [그림 4-18(a)]에 보이듯 빨간색으로 바뀜은 물론, [그림 4-18(b)]의 화면에 제어권 이양을 받으라는 팝업도 떴다. 게임이나 영상을 즐기고 있던 센터페시아 디스플레이에도 운전대를 잡으라는 경고가 그래픽 이미지와 문구["Take Control of Vehicle Now!(즉시 운전대를 잡으세요!)"]로 덮어버린다.

(a) 계기판과 스티어링 휠의 빨간색 경고 표시

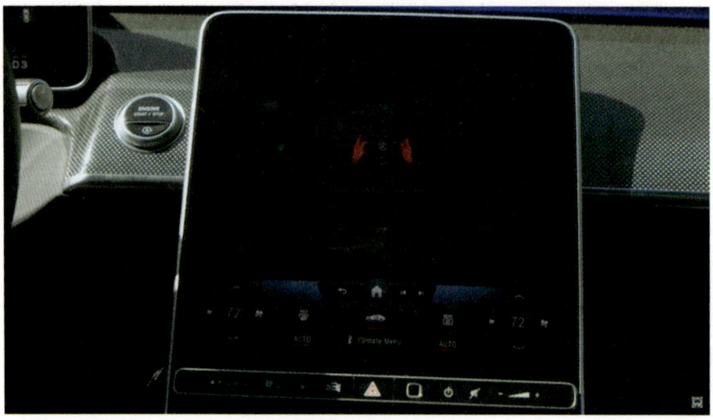

(b) 경고 팝업

[그림 4-18] Drive Pilot 사용 중 운전대를 잡으라는 경고 표시[126]

[그림 4-19] Drive Pilot 자동 해제 설명[126]

Drive Pilot 기능이 완전 비활성화되면 [그림 4-19]처럼 계기판 우측에 문구["DRIVE PILOT Off/Section of Road Unsuitable(드라이브 파일럿 끔/도로 구역 적절치 않음)"]로 종료 사유를 설명한다.

혼다 Traffic Jam Pilot과 비교해보면 덜 과한 측면(실내의 라이팅이 스티어링 휠에만 적용되며, 햅틱이나 스티어링 휠 진동 등은 보여지지 않음)이 있는데, 이는 보여진 차가 도로 테스트용이기 때문일 수 있다. 화면상의 그래픽 스타일은 혼다의 인터페이스가 좀 더 실사적으로 묘사되었고(스티어링 휠 아이콘을 보라), 벤츠는 좀 더 단순화되었다. 그 정도의 스타일 차이가 있을 뿐 큰 차이는 없다. 거의 공통된 정보를 터쿠아즈블루 컬러로 하이라이트하는 양상은 두 사례가 같다. 벤츠의 드라이브 파일럿도 실제 탑재해 판매했을 때 제어권 이양이 의도대로 되지 않을 수 있는 경우에 대비하여, 결국 혼다와 같이 다양한 방법으로 제어권 이양을 안전하게 보장하기 위해 애쓸 것이다. 인터페이스로 나타나는 방법적인 것은 양사가 다를 수 있으나 **실패 경감 전략(Failure Mitigation Strategy)**의 단계는 거의 같은 전략을 쓰고 있다. 이러한 공통적인 프로세스를 [표 4-4]에 정리하였다.

[표 4-4] Mercedes-Benz Drive Pilot의 인간-기계 상호작용 단계[122]

단계	역할-드라이브 파일럿(drive pilot)	역할-운전자(fallback ready user/driver seat)
가능 (available)	시스템 상태, 도로 조건, 주변 환경 등을 종합 판단하여, 가능하면 화면의 아이콘 표시	운전자가 운전 중 가능 상태를 확인하고, 스티어링 휠 버튼을 눌러 활성화
전환 (fade-in)	운영 파라미터(앞차와의 거리와 주행 속도 등) 조율하여 안정화	여전히 운전 중이며, 활성화되는 변화 모니터링
자율주행 (drive pilot)	자율주행 중 운전석 사람의 상태를 지속 모니터링	손을 떼고 다른 일하는 것 허용됨. 다만, 언제든 다시 운전할 수 있는 상태로 있어야 함
제어권 이양 요청 (takeover request)	자율주행에 맞지 않거나 운전자 요청으로 비활성화 필요 시 제어권 이양 요청 응답 없으면 실패 경감 전략 적용	다시 운전(정상 수동 운전으로 복귀) 혹은 무응답(실패 완화 전략 돌입)
실패 완화 (failure mitigation)	1) 속도 경감 및 비상 상황 대처 2) 적정 속도로 줄인 후 비상등 켜서 주변에 비상 상황임을 알림 3) 멈추고 안전 정차 후 비상 지원 요청	
긴급 정지 (standstill)	안전하게 정차 및 긴급 지원 요청	긴급 통화 및 구조(문 개방)

생각해 봅시다 **운행 중에 발생하는 다양한 상황에서 어떻게 자율주행차는 인간과 소통할까?**

다음의 QR코드를 통해 제시된 영상[126]에서 정지 화면이 아닌 상황에 따른 다양한 **PUI, GUI, AUI**를 느껴 보기 바란다. 하나 하나 뜯어 보면 제어권 이양이라는 초긴급 상황을 디자인으로 나타내는 일은 단순한 화면 하나 디자인하는 것으로 끝나는 일이 아님을 느낄 수 있다.

영상 보기

4.2.5 레벨4 사용자 인터페이스 : Waymo One의 사례 연구

레벨4는 지정된 조건에서는 운전자 없이도 운전 가능한 조건부 완전 자율주행이다. 일부 지역에서 서비스 중인 Waymo One을 그 사례로 들 수 있다. 레벨4에서 주로 발생하는 이슈는 불신이었다. 탑승객의 신뢰 형성을 위해 디자인이 어떻게 이뤄지는지 그 원칙과 상세 설명은 3장에서 다루었다. 여기서는 Waymo One에 사용된 사용자 인터페이스 개요를 [표 4-5]에 정리하는 것으로 마무리한다.

탑승객이 주행에 관련하여 개입할 일이 거의 없고, 있다 하더라도 차량 내 설치된 전용 디스플레이나 승객 개인의 스마트폰을 통해 익숙한 터치스크린 환경에서 거의 모든 기능이 실행 가능하도록 서비스 플랫폼을 구현하였다. 따라서 스마트폰에 익숙한 현대인이 새로 학습하거나 새로 필요로 하는 인터페이스는 없어 보인다. [표 4-4]의 PUI를 보면 비상시 급히 정지시키거나 도움을 청해야 할 때 통신에 필요한 물리 버튼들이 특이한 정도인데 이것도 대중교통 수단이나 엘리베이터에서 어느 정도 경험이 있는 것들이다. 비상시 대처 방법 등을 전기 · 전자적인 이상이 있을 때도 접근할 수 있도록 인쇄물을 비치하거나 유선전화 같은 수화기 기능이 있다면 용이할 것이다.

물리 버튼 외 특징으로 **외부 인터페이스**(external Human-Machine Interface : eHMI)에 정보 표현, 배경음악과 같이 브랜드화될 사운드 디자인, 원격 지원 전문가와의 통신 등이 눈에 띈다. 그 외 음성 명령은 이 사례에서 적극 사용되지 않았으나 차량 환경에 유리한 방법으로 고려할 만하다.

[표 4-5] Waymo One의 사용자 인터페이스 구성

감각 채널 구분	입력/출력 기기	입력/출력 정보
PUI (Physical User Interface)	 천장에 설치된 버튼[101] 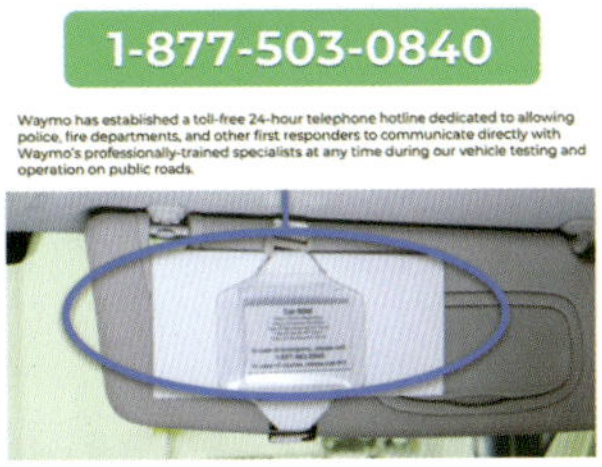 비치된 인쇄물 등[72]	• 버튼(누름)
GUI (Graphical User Interface)	 탑승객 스마트폰, 차량 내 디스플레이[101]  차량 내 대시보드, 외부 윈드실드[95]  차량 상단 돔[79]	• 화면 레이아웃 • 아이콘 • 터치 버튼 • 텍스트 상자 • …
AUI (Auditory User Interface)	스피커 마이크	• 시스템 사운드 • 배경 음악 • 음성 • …

생각해 봅시다 **자율주행차의 소리가 탑승객을 돕기 위해 할 수 있는 일이 있을까?**

다음의 QR코드를 통해 각각 사운드를 들어 보고 느낌을 공유해 보자. 자율주행차 안에서 차의 인공지능이 탑승객과 음성 명령으로 소통 가능하다면, 어떤 목소리가 기대되는가?

- Waymo One Ambient Sound[127]

  사운드 듣기

- Arriving at your destination with Waymo One[128]

  사운드 듣기

4.3 스마트한 기계와 인간의 공생

미래 모빌리티 디자인이 인간의 제한된 능력을 확장시켜 주는 반면 기계의 부족한 부분을 인간이 조력해야만, 자연스러운 공생시스템이 형성되고 스마트한 삶이 완성될 것이다. 스마트한 기계와 인간의 자연스러운 공생은 어떻게 설계할 수 있는지 알아보자.

학습 목표

- 기계와 인간이 어떻게 다르고, 각각 어떠한 장점과 단점이 있는지 정확하게 설명할 수 있다.
- 자동화의 한계를 이해하고, 스마트한 기계와 인간의 상호작용에 각자 바람직한 역할을 설계할 수 있다.

도널드 노먼(Donald Norman)의 『디자인과 인간심리(The Design of Everyday Things)』에 소개된 인간 중심의 디자인 원칙들을 자율주행차와 같은 스마트한 기계에 대입할 때 추가로 고민되는 부분이 있다. 오늘날 스마트한 기계의 수준이란 가히 인간인지 기계인지 경계가 불분명하기 때문이다. 도널드 노먼의 또 다른 저서 『**미래 세상의 디자인**(The Design of Future Things)』에서 그는 자동화된 기계와 인간이 상호작용할 때 어떤 관계로 설정되어야 하는지 설명한다. "10년도 더 된 책에서 미래?"라고 쉽게 간과하지 말자. 아직 우리에게 인간과 "찰떡 호흡"을 맞추는 '키트'(드라마 「전격 Z작전」 중) 같은 똘똘한 자율주행차는 없지 않은가?

인공지능의 발전에도 여전히 사람과 기계의 소통에 한계가 있는 이유는 **공통 기반**(common ground)의 결여다. 사람은 자신의 상태, 행동, 일어날 일을 지난 경험, 문화, 공유된 지식 등을 결합해 소통하지만, 기계는 사람의 환경과 맥락에 대한, 그 순간에 이르게 된 내력에 대한 그리고 당사자들이 가진 여러 가지 목표와 동기에 대한 올바른 평정을 알지 못한다. 마찬가지로 인간도 기계의 상태와 활동에 대한 자각과 이해가 부족하다. 자동화가 심해질수록 우리는 기계의 상태와 활동에 대해 알기 어렵다. 이 간극을 메우기 위해 기계와 사람 간의 소통이 자동화 시대에도 여전히 필요하다.

자동화 시대에 디자이너는 사람의 개입을 유지하고 정확한 양의 환경 정보를 자연스럽게 제공하여, 사람들을 자유롭게 하는 자동화의 이점을 활용하면서도 상황에 따라 사람이 통제할 수 있도록 해야 한다. 지능적인 시스템 단계에 이르면 이런 균형(다른 일을 하는 자유-상황에 따라 사람이 통제)을 유지하는 데 문제가 발생한다. [표 4-6]의 여섯 가지 가이드라인은 자유와 통제의 균형 감각을 갖고 디자인할 수 있도록 도울 것이다.

[표 4-6] 도널드 노먼의 스마트한 기계와 인간의 자연스러운 공생을 위한 여섯 가지 디자인 원칙[129]

인간의 관점	기계의 관점
풍부하고 복합적이며 자연스러운 신호를 제공하라.	인간의 일을 단순하게 만들라.
예측 가능하게 하라.	이유를 제공하라.
좋은 개념 모형을 제공하라.	사람에게 개념 모형을 제공하라.
출력이 이해 가능하도록 하라.	인간 행동을 결코 '오류'라고 명명하지 말라.
성가시게 하지 않으면서 연속적인 자각을 제공하라.	계속 재확신시켜라.
자연스러운 대응을 활용하라.	자신이 통제한다고 사람이 믿게 하라.

4.3.1 풍부하고 복합적이며 자연스러운 신호를 제공하라

어떤 기계나 장치는 굳이 설명하지 않아도 어떤 기능을 할지 먼저 알아챌 수 있다. 심지어 관찰하지 않더라도 종종 소리만으로도 상태를 추측할 수 있다. 휘파람 부는 주전자([그림 4-20])는 이렇게 자연스러운 신호를 활용해 인지를 돕고 즐거움을 주는 좋은 디자인을 만들어 냈다.

[그림 4-20] 휘파람 부는 주전자[130]

자동으로 프로그램되어 이제 꽤 좋은 성능으로 사랑받는 로봇청소기를 생각해 보자. 물론 집에 없는 동안 예약해 두고 스마트폰의 애플리케이션으로 청소가 잘되는지 원격으로 확인하고 잊어버리는 경우가 대부분이겠지만, 간혹 로봇청소기가 일을 잘하는 중인지 곁에서 관찰할 기회가 있었을 것이다. 로봇청소기가 "뚜– 뚜– 뚜– 띠이이~~~" 소리로 충전 도크에서 청명한 사운드를 내며 일을 시작하고, "위이잉~~~" 하는 모터 소리로 제법 일을 시작하는 티를 낸다. 주인은 종종 눈으로 확인했던 위치를 기준으로 청소기가 대략 어디쯤에서 흡입하며 돌아다니고 있는지 추측해본다. 침대 밑이나 소파 밑에 들어간 것도 모터 소리의 변화로 추측할 수 있다. 열심히 누비는 모터 소리를 듣자면 내 손이 닿지 않는 후미진 곳을 먼지 한 톨 없이 치우고 있을 로봇청소기를 잘 샀다고 생각하며 흡족함도 느낀다. 다른 일을 하다가도 행여나 모터음은 멈추고 "꺼억~꺼억~" 하는 기계 소리가 난다면 무언가 이상이 있음을 눈치챌 수 있다. 이때 몸을 일으켜 로봇청소기 쪽을 향해 보면 양말 한 짝을 물고 멈춘 것을 알 수 있다. "에휴~ 너의 한계는 여기까지구나!" 혼잣말을 하며 앞으로는 대충이라도 바닥에 떨어진 것은 치우고 돌려야겠다고 생각할 것이다. 다시 내려놓고 하던 일을 하다 보면 어느새 다시 도크 쪽에 올라타는 기계음과 "띠리링~" 사운드와 "충전을 시작합니다"라는 알림이 나온다. 스마트폰 알림에는 연결 애플리케이션이 "청소를 마쳤습니다"라는 메시지가 나타난다.

이렇게 흔한 자동화 기계와 사람 사이에 기계가 자연스럽게 내는 소리(부딪힘, 안에 들어감, 흡입 중, 걸림, 올라감 등)는 굉장히 중요한 단서가 된다. 또 일상생활 중 자연스럽게 경험으로 익힌 것이라 별도의 학습이 필요 없다. 사람은 복잡한 것에 불편함을 느끼며 기계의 말에 귀를 기울이지 않는다. 그러므로 메시지는 간단해야 한다. 말이 아니라면 더 좋다. 로봇청소기의 일화에서처럼 제품 자체와 액세서리에서 음성이 나오기도 하고 스마트폰 애플리케이션이 텍스트로 문자를 보내기도 하지만 그에 의존하고 과용하면 피곤한 UX가 된다. 사람의 이해를 돕기 위해 궁극적인 대안으로 넣은 것은 어쩔 수 없으나 자연스러운 신호를 더 적극적으로 활용하는 편이 바람직하겠다.

전기차 도입 초기에는 자연스러운 기계 신호가 없어 당황스러운 경험을 하기도 했다. 자동차와 보행자 간 **암묵적인 소통**의 중요한 단서였던 자동차 엔진 소리가 없다 보니 보행자 안전에 위험한 상황이 발생하였다. 현재 자동차 업계에서 전기차는 **가상 엔진 사운드**를 내고 심지어 다양한 상황에 여러 사운드(예: 전진과 후진을 구분)를 적용하기도 한다. 이는 자동차 업계에서 브랜딩으로 적극 활용하기도 하며 강화되는 추세다. 사람이 운전하는 전기차는 운전자가 책임 지고 주변 환경을 모니터링하며 위험한 상황에서 직접 소통하지만, 무인 자율주행차가 일반 도로에서 운행할 때 같은 상황을 떠올려 보면 막막할 수 있다. 예를 들어, 신호등이 없는 횡단보도에 보행자가 건너려는 상황이다. 보행자는 차가 다가오면 그쪽으로 고개를 돌려 운전석을 바라볼 것이다. 서구 문화에서 운전자는 이런 상황에서 보행자에게 양보한다면 흔히 제스처를 과장되게 하여 가라는 손짓을 하기 때문이다. 그런데 운전자 없는 차가 다가온다면 보행자와 차는 어떻게 소통할 것인가?

자동화된 인공지능물이 생활에 많아지면 할 일을 다 맡겼으니 잊어도 되는 게 아니라, 달라진 관계 속에서 각자의 역할을 해 주어야 공생할 수 있다. 주전자 물이 다 끓었을 때 나는 "쉭~ 쉭~" 수증기 소리, 청소기 흡입에 문제가 생겨 "꺼억~ 꺼억~" 대는 소리와 같이 자연스러운 신호를 잘 살린다면 인간이 자동화 기계와의 관계에서 적절히 반응하는 데 효과적인 디자인이 될 것이다.

! 생각해 봅시다 **자율주행차가 보행자에게 말을 걸 수 있을까?**

다음은 현대모비스에서 개발 중인 전기차의 **가상 엔진 사운드 시스템(VESS)** 소개 영상[131]이다. 자율주행 전기차에 사운드로 소통해야 하는 사용 시나리오를 다양하게 예측해 보자.

영상 보기

[그림 4-21]의 미래 자율주행차는 BMW Vision Next 100 콘셉트다. 완전 자율주행 시대에도 운전을 즐기는 사용자가 원할 때 운전할 수 있도록 운전석과 스티어링 휠, 브레이크 페달 등이 제공된다.

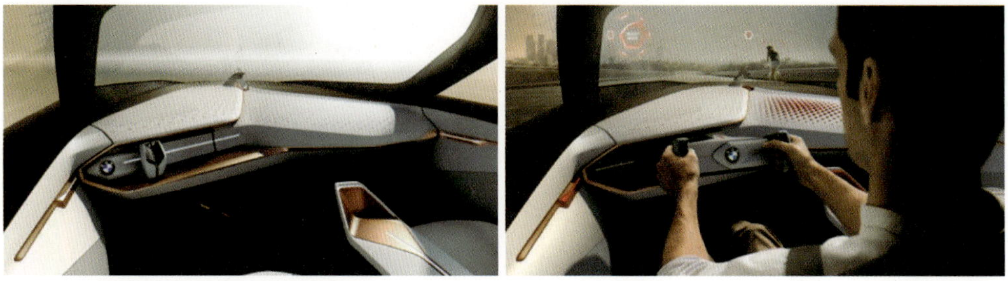

[그림 4-21] BMW Vision Next 100[132]

그림은 운전이 필수가 아닌 선택으로 남는 날을 상상해 본 것이다. 스티어링 휠은 운전할 때만 필요하고 자율주행 모드에서는 공간을 차지해 거추장스러울 테니 접어 넣을 수 있다. 버튼을 눌러 조작하는 접었다 펴는 스티어링 휠은 접히는 과정, 펴지는 과정에서 기계적인 메커니즘이 동반되어 자연스러운 소음이 생길 것인데 운전자가 버튼을 눌러 명령에 반응하는 피드백이 자연스럽다. 레벨3에서 무심코 다른 일에 몰두하던 사용자가 즉시 운전해야 할 때 스티어링 휠이 전자적인 시스템(steer-by-wire)으로 바뀐다면 조금 더 적극적이면서도 자연스러운 소통법으로 운전자에게 운전대를 잡으라고 하는 상상을 해볼 수 있다.

! 생각해 봅시다 **주행상태를 시각적인 디자인으로 나타낼 수 있을까?**

다음의 QR코드로 제시된 영상은 BMW Vision Next 100 인테리어([그림 4-22])와 함께 내 · 외장의 다양한 디자인 면모에 대한 디자인팀의 의도와 미래 비전을 소개한다. 디자인팀 내에도 다양한 전문가들이 모여 사용자 인터페이스가 결정되고 완성되는 것을 알 수 있다. "풍부하고 복합적이고 자연스러운 신호를 제공하라"는 디자인 원칙이 꼭 사운드만을 이야기하는 것은 아님을 보여 주기 위해 이 사례를 추가한다. 암묵적인 의사소통으로써 촉각적 단서도 동원할 수 있다. 이 사례에서는 전기자동차의 도로 주행상태를 사용자가 알 수 있게 실내외 디자인에 기하학적 패턴을 적용하여 풍부하고 복합적이고 자연스러운 소통을 시도한 점이 눈에 띈다. (물론 이 **"Live Geometry"**가 손끝으로 소통하지는 않지만, 질감을 시각적으로 표현해 만져보지 않아도 그 느낌을 전달할 수 있다.)

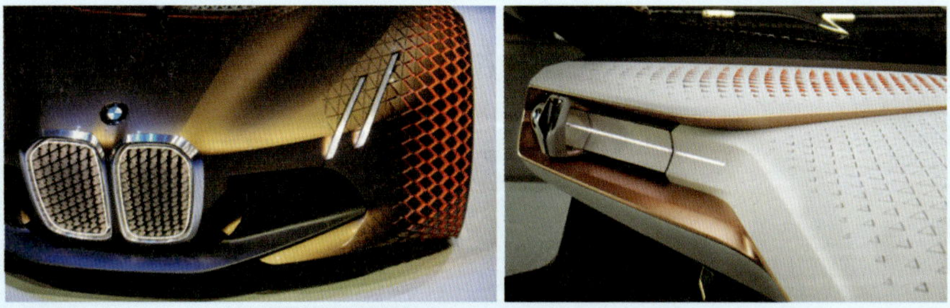

영상 보기

[그림 4-22] BMW Vision Next 100 "Live Geometry"[133]

4.3.2 예측 가능하게 하라

당신은 스마트폰과 컴퓨터의 자동 입력 시스템을 켜두는가? 인공지능 비서는 켜두는가? 초반 몇몇의 반응을 보고 아니다 싶어 꺼버리지는 않았는가? 소위 똘똘하다는 자동화 기능들을 꺼버릴지 두고 볼지 마음을 결정하는 순간은 언제인가? 생각해 보면 기계가 왜 이러는지 이유를 알 수 없을 때 벽을 느끼며 신뢰할 수 없다고 여기고, 이를 반복적으로 경험하고 나면 무기력에 빠진다.

1990년대 추억의 팜파일럿(Palm Pilot)이라는 PDA(Personal Digital Assistant) 사례를 들어 보자. 팜파일럿은 필기체 인식 기능을 지원하였다. 이때 사람들이 글자를 자연스럽게 사용하다 보면 소문자 h와 n을 시스템에서 혼동하였고(예: hand라고 썼는데 자꾸 nand로 인식), 사람들은 이를 금세 알아채고 본인 글씨체가 아님에도 의식적으로 h 윗부분을 길고 n은 짧게 적어 기계가 잘 인식하도록 행동하였다. 돈 주고 산 기계의 부족함에 화를 내거나 환불하기는커녕 자신의 필체를 바꾸면서까지 계속 사용하였다. 심지어는 팜파일럿 전용 필기체 Palm Pilot Graffiti 가이드([그림 4-23] 추억의 팜파일럿 전용 필기법 카드)까지 배포되기에 이르렀다.

사람이 기계에 어느 정도 맞춰가면서 적응할지, 포기하고 떠날지의 갈림길에서 중요한 것은 기계가 왜 그러는지, 한계가 무엇인지, 어떻게 나에게 맞추는지를 이해하고 못하고의 차이다. 물론 최근 발전된 인공지능의 기술은 사람이 기계에 맞출 필요가 없도록 기계가 사용자를 파악하고 진화하여 맞춰 주지만 이 과정을 사람이 이해해야 한다는 사실은 변치 않는다.

사람은 이해에 집착한다. 그것이 기계가 그때 그때 사람에게 이유를 설명해 주어야 할 이유다. 그런데다 기계가 무언가 말하면, 사람은 항상 자기 자신이 확인하려고 하는 경향이 있다. 보고 듣는 것보다 직접 경험한 것을 더 믿는다. 그러니 직접 경험하게 하는 것이 제일 좋은 방법이다. 팜파일럿에서 사용자가 몇 번 써 보고 "어, h랑 n이랑 자꾸 혼동되나?" 그럼 h를 더 분명하게 길게, n을 더 분명하게 짧게 쓰려고 노력한다. 노력의 결과 혼동이 적어짐을 경험하면 "그렇지, 그거였군."이라 확신하면서 이제 어느 정도로 해야 기계가 잘 구분하겠다는 감까지 생긴다. 즉, 예측 가능해진다.

[그림 4-23] Palm Pilot Graffiti Reference Card[134]

21세기의 기계들은 더 똑똑해졌다. 그럼에도 사람이 기계를 예측할 수 있으려면 서로 차근차근 알아가야 한다. Apple Watch의 넘어짐 감지 기능을 예로 들어 보자. 넘어짐 감지는 사용자가 심하게 넘어졌을 경우 이를 감지하여 필요하면 119 같은 긴급 서비스를 요청할 수 있도록 도와주는 기능이다. 대략 센서가 넘어졌다는 팔 움직임과 충격 정도를 감지해 119로 전화를 걸 것이라 예측할 수 있다. 그런데 좀 더 생각해 보면 "살짝 넘어져도 119로 전화가 가면 어쩌지?", 반대로 "진짜로 심하게 넘어졌는데 내가 정신을 잃으면 어쩌지?" 등의 의심이 든다. 이러한 제품의 사용 흐름 설계를 보면 [표 4-7]과 같이 기계의 알고리즘에 사용자의 개입 가능성을 열어 놓았다. 사람은 기계를 이해하면 예측할 수 있지만, 기계가 사람을 예측하기 어렵기 때문에 (심지어 쉬워 보이는 "심하게 넘어졌어"의 팩트조차도) 가능하면 사람에게 확인을 받아 가며 수행하는 게 안전하다.

[그림 4-24] Apple Watch의 넘어짐 감지 화면[135]

[표 4-7] Apple Watch의 넘어짐 감지 작동 단계[129]

진행 단계	시스템 자동 실행	사용자 개입 가능성
이상 감지 ~ 1분	Apple Watch를 착용한 상태에서 심하게 넘어지면 햅틱으로 손목을 두드려 알려 주고 경고음과 함께 [그림 4-24]의 화면이 뜬다.	즉시 긴급 서비스에 연락: 화면 경고에 나온 '긴급 구조 요청' 슬라이더를 드래그 경고 무시: 측면의 Digital Crown을 누르거나 왼쪽 상단 모서리에 있는 '닫기' 또는 '괜찮음' 버튼을 탭
1분 경과 ~ 30초 카운트다운	사용자의 움직임을 감지하면 긴급 서비스에 바로 전화하지 않고 경고에 대한 사용자의 응답을 먼저 기다린다. 약 1분 동안 사용자의 움직임이 감지되지 않으면 손목 진동과 경고음이 울리며 30초 카운트다운이 시작된다. 사용자 또는 근처의 사람이 들을 수 있도록 경고음의 음량은 점점 더 커진다.	긴급 서비스 전화 '취소'를 탭
긴급 서비스와 통화 연결	카운트다운이 끝나면 긴급 서비스에 자동으로 전화한다. 전화가 연결되면 사용자가 심하게 넘어짐이 감지된 것을 알리는 오디오 메시지가 Apple Watch에서 재생되고 사용자의 현재 위치(경도 및 위도 좌표)를 긴급 서비스에 공유한다. 의료 정보에서 이전에 '긴급통화 중 공유' 설정을 켰다면 의료 정보도 긴급 서비스와 자동으로 공유된다. 처음 메시지를 재생할 때는 최대 음량으로 재생되지만, 이후 사용자 또는 주변에 있는 누군가가 구조원과 대화할 수 있도록 오디오 음량이 점차 작아진다. 메시지는 '기록된 메시지 중단'을 탭하거나 통화를 종료할 때까지 계속 재생된다.	통화가 연결된 구조원과 대화
긴급 서비스와 통화 종료	119 통화가 끝나면, 사용자가 심하게 넘어졌음이 감지되어 긴급 서비스에 전화를 걸었다는 내용의 메시지가 사용자의 위치 정보와 함께 사용자의 긴급 연락처(스마트폰 건강 애플리케이션 의료 정보 내 사용자 입력 사항)로 전송된다.	만약에 긴급 연락처의 상대가 연결을 시도해 오면 응답

이러한 설계는 사람이 기계를 알아가는 것을 허용하고, 기계가 설사 틀린다 해도 용인될 수 있다. 또 사람의 개입으로 완전하지 않은 기계를 보완할 수 있는 포용력을 갖췄다. 만약에 평상시 내가 낙상사고를 당한 게 아닌데도 넘어짐 감지 알림이 손목에 떴다면 사용자가 “어, 내 지금 행동을 넘어졌다고 판단하네?”라고 감을 잡을 기회로 작용할 테니 나쁘다고 만은 할 수 없다.

자율주행차의 경우 복잡한 교통 상황에서 이 차의 움직임을 예측할 수 있으려면 [그림 4-25]와 같은 꽤 큰 디스플레이 화면에 뜨는 시각적인 정보에 의존하며 지속적으로 이 차의 생각과 행동을 노출시키는 것이 효과적이다. 이 차가 무얼 보고 있는지, 신호등과 같은 교통 시스템과 어떻게 상호작용하는지, 갑자기 끼어든 물체를 인지하면 어떻게 행동하는지 등 탑승객이 이 차를 이해하고 예측할 수 있도록 정보를 제공해 주는 수단으로 대부분 유사하게 제공된다. 이것이 있을 때 비로소 탑승객들이 안심하는 부분이 있다.

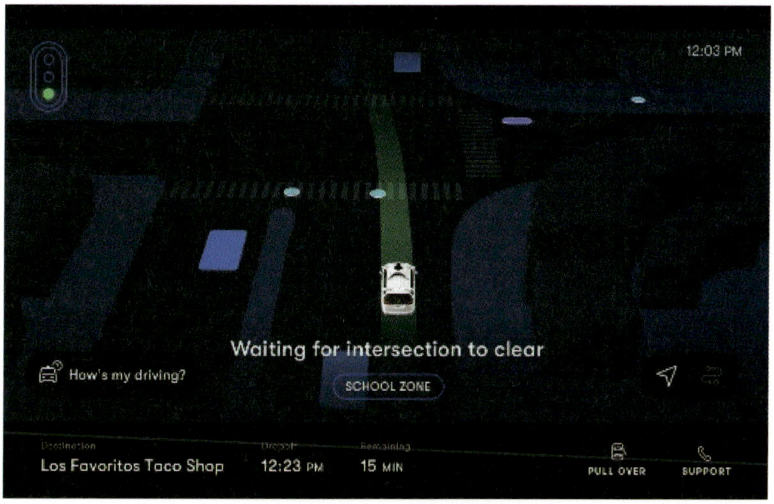

(a) Waymo One(2021)[136]

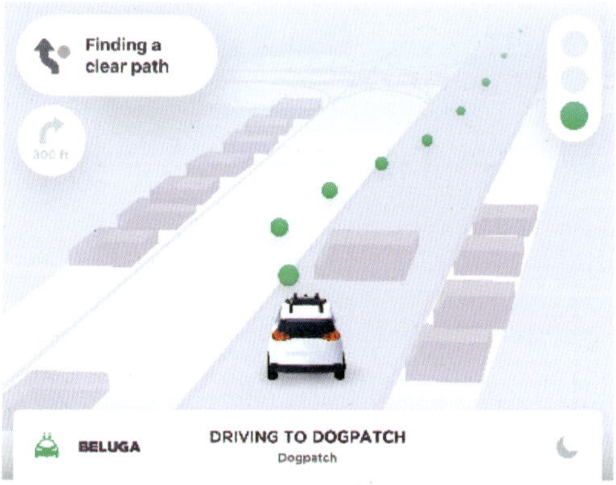

(b) GM Cruise(2017)[137]

[그림 4-25] 완전 자율주행차 실내 승객용 화면

평상시에는 사실 이런 창을 통해 시스템을 이해하는 것이 "있으면 좋은(nice-to-have)" 정도일 것이나, 치명적인 것은 일이 계획한 대로 되지 않을 때다. 차가 멈춘 지 오래돼서 뒤에서 다른 차들이 빵빵거리는데 나는 그 이유를 알 수 있는가? 잘 가던 차가 목적지도 멀었는데 갑자기 멈춘다면 나는 그 이유를 알 수 있는가? 나는 무엇을 해야 하는지 아는가? 목적지가 멀었는데 차가 한참 잘 가고 있는데 갑자기 토할 것 같아 내리고 싶다면 어떻게 차를 멈추는지, 가까운 화장실이 어딘지, 혹은 응급실로 갈 수 있는지 알 수 있는가? 무인 자율주행 로보택시가 보편화되는 시대에는 갖가지 상황이 생길 수 있다. 이런 예기치 못한 상황에서는 평상시 거의 하는 일이 없던 승객이 시스템을 이해하고 있음은 "반드시 필요한(must-have)" 지식일 것이다.

앞서 제시된 바와 비슷한 상황에서 웨이모(Waymo)가 승객에게 적극적으로 상황을 소통하고, 승객이 개입하고자 할 때 원격 담당자 통화 연결이나 추가 정보 검색이 가능한 경로를 열어 둔 점은 굉장히 안심되는 부분이라고 소개하였다. 평상시 이유를 알 수 있게 이해시키고, 예측 못한 다양한 비상 상황에서도 이유를 알아내고 대처할 수 있도록 비상시 UX가 촘촘하게 준비되어 있어야 할 것이다.

4.3.3 좋은 개념 모형을 제공하라

어떤 작동에 대한 개념 모형을 만들어 내게 한다면 좋은 디자인이다. Zoox의 개념 모형은 "마차의 경험(carriage-like experience)"을 빌어 단체석(communal seating)의 레이아웃을 택했다고 했다. 이 자율주행차를 타면 사람들이 마주 보고 앉아 동승자와 소통하는 분위기가 자연스럽게 형성될 것이다. Zoox에는 실내 사용자 경험을 소통하는 데 마차가 개념 모형으로 크게 적용되었는데, 실은 차량 내 발생할 사용성 이슈나 예외 시나리오들을 마차 개념이 다 해결해 주진 않는다.

가정 내 모니터링 카메라 'Ulo: Interactive home monitoring owl'의 콘셉트는 부엉이를 대입시켜 다양한 사용성 이슈나 예외 시나리오까지 커버한 재미있는 사례다. 이런 개념 모형들은 계획된 대로 일이 진척되지 않을 때 문제 해결을 도와주고, 다음에 일어날 일을 예측하게 하고, 실험해 보도록 하는 단서들을 제공해 준다. 사진만 봐도 어떤 상황인지 설명할 필요가 없겠지만, 상황에 따라 부엉이의 표현이 달라진다([그림 4-26]).

❶ **상황 1** : 카메라가 활성화된 On 상태로 부엉이가 눈을 뜨고 있다. 콘셉트 소개 영상[138]을 보면 눈을 뜨고 가만히 있는 것이 아니고, 모니터링하는 구역으로 눈동자의 초점이 향한다. 또 원격으로 카메라 스트리밍을 보다가 원격 사용자가 캡처하면 현장의 부엉이는 양쪽 눈을 심하게 깜빡하며 기계 셔터음을 낸다. 이 장면만 해도 관련된 세부 시나리오가 많은데, 일단 가정 내 들어온 카메라라는

영상 보기

[그림 4-26] Ulo: Interactive home monitoring owl[138, 139]

측면에서 어린아이나 반려 동물을 원격에서 지켜보아야 할 필요에 의해 설치하기는 했지만, 나와 가족들이 카메라에 노출될 수 있다는 우려가 항시 공존하는 카테고리의 제품이다. 이 제품은 이런 사용자 경험의 불편 사항을 디자인으로 풀어냈으며, 눈동자가 있는 동물을 적용하여 보고 있는지, 어디를 보고 있는지, 지금 원격에서 이 장면이 찍히는지 등을 사용자와 투명하게 소통한다.

❷ **상황** 2 : 활성화되어 있던 카메라, 아니 부엉이가 왠지 쳐져 보이지 않은가? 눈꺼풀이 반쯤 감긴 모습은 배터리가 방전되어 충전이 필요한 상태임을 나타낸다.

❸ **상황** 3 : 이 카메라가 비활성화된 Off 상태로 올빼미가 눈을 감고 있다. 카메라를 활성화시키려면 스마트폰 앱으로 켤 수 있지만, 부엉이에게 다가가 머리를 살짝 톡톡 치면 깨어난다.

❹ **상황** 4 : 충전을 위해 USB 포트에 연결하면, 부엉이가 초록색 눈매로 웃음짓는다. 내가 충전 단자에 케이블을 잘 꽂았다는 명확하면서도 사랑스러운 피드백이다. IoT(Internet of Things)가 USB 충전 제품이 많아 귀찮고 짜증날 수 있는데, 이 부엉이라면 그런 순간의 사용자 경험을 미소로 잘 대체했다고 보이는가?

단순히 귀엽게 보이려고 한 디자인이 아니라는 점을 이해했는가? 부엉이라는 동물의 특성, 눈동자의 역할이 필요해 채택된 메타포(은유)다. 사람들의 마음에 단순하고 직관적으로 이해할 수 있게 하라. 개념 모형은 허구이지만 유용하다. 사람들은 개념 모형 때문에 자기들이 이해하고 있다고 생각한다. 그리고는 그다음이 무엇인지를 늘 알고자 한다. 그래서 지금 하는 일을 말해 주되, 그 이유까지 말하는 것을 잊지 말아야 한다.

4.3.4 단순하고 쉽게 이해시켜라

자기 실수에 의한 오작동도 기계를 비난하는 것이 사람이다. 이럴 때도 기계는 비판적이지 말고 관용을 베풀어 사용자에게 도움을 주어야 한다. 사람의 행동을 결코 '오류(error)'라 말하지 말고, 출력이 이해 가능하도록 해야 한다. 자동화 기계가 인간에게 '오류'라는 말 대신 인간에게 이해 가능한 말로 소통하려면 상황을 파악할 수 있는 주도 면밀한 데이터가 있어야만 가능하다. 다시 한 번 손목에 착용하는 웨어러블 제품의 사례를 들어 보자. 웨어러블 제품이 사례로 적합한 이유는 많은 자동화 기능이 들어가 있으면서도 다양한 '오류'가 일어날 수 있는 가능성이 무궁무진하기 때문이다. 앞의 자동 넘어짐 감지 기능도 굉장히 활동적인 사용자가 Apple Watch를 차고 활동 중일 때 정말 심하게 넘어진 것인지 아닌지의 경계를 기계로서는 정확하게 분류해도 상황에 따라 틀릴 여지가 많다. 이런 불완전함을 '심각한 오류(fatal error)'라 명명하지 않고, 어떻게든 사용자의 목표에 근접하게 데려가 주는 방법([표 4-7])이 사용자의 도움을 받아 상호보완하는 것이다.

이번에는 손 씻기 기능을 예로 들어 보자. 이는 사용자가 손을 씻기 시작했음을 Apple Watch가 감지하면(물 트는 소리와 손목의 움직임을 분석), 20초 타이머가 시작되고 카운트다운을 화면에 표시하는 꽤 단순한 기능이다. 일단, 오감지 – 손 씻은 거 아닌데 이 카운트다운이 나타나면 어떻게 할까? 그다음, 실행 중 예외 케이스 – 사용자가 20초를 채우지 않았는데 손 씻기가 중단되면 어떻게 할까? 이런 경우도 '오류'로 표시해 사용자에게 도움이 될 수 있다.

예를 들어, [그림 4-27]의 왼쪽 첫 번째 화면은 손 씻기 기능이 자동 실행되었으나 이후 손 씻기 동작이 지속적으로 감지되지 않을 때 재확인하는 단계다. 명확한 신호를 바탕으로 실행되었으나, 잠시 후 아닌 것 같다면 "방금 손을 씻으셨나요?"라고 물어 아니라면 사용자가 답을 할 수 있게 열어 둔다. 정상적으로 진행된다면 카운트다운이 시작되는데 이 과정에서도 "조금 더 씻으세요", "거의 다 됐어요", "곧 끝나가요", "거의 다 씻었어요"와 같이 사용자의 상태를 재확인하면서 목표 달성까지 지속적으로 동기 부여 멘트를 내보낸다. 행여 실행 중인데 중간에 이상이 감지되면 카운트다운이 잠시 멈춘다. 즉, 정말로 손을 20초간 씻는지 기계가 확인하고 카운트다운해 주는 것이다(나름대로는… 설거지 등과 구분을 못할 수도 있다). 목표 달성 상태에서도 "20초 동안 손을 씻으면…"과 같은 문구를 제공해 왜 이 카운트다운을 했는지 이해시킨다. 20초간 손을 씻는 동작을 유지하는 게 꽤 김을 객관적인 카운트다운을 이용하면서 체감할 것이다. 사람의 감은 정확하지 않지만 기계는 정확하니까. 비로소 정확하게 목표를 달성하면 기계가 사용자를 칭찬해준다. 칭찬도 매번 같은 말로 하면 쉽게 식상해지니까 다양한 버전을 추가해 서로가 진화하고 있음 느끼게 한다.

매우 단순한 이 기능이 "사용자 책임하의 의무" 사항인 운전대 다시 잡기나 안전벨트 반드시 착용하기 같은 중요도가 큰 기능은 아니지만, 실 사용자 데이터를 보면 이런 보조 기능이 있음에도 불

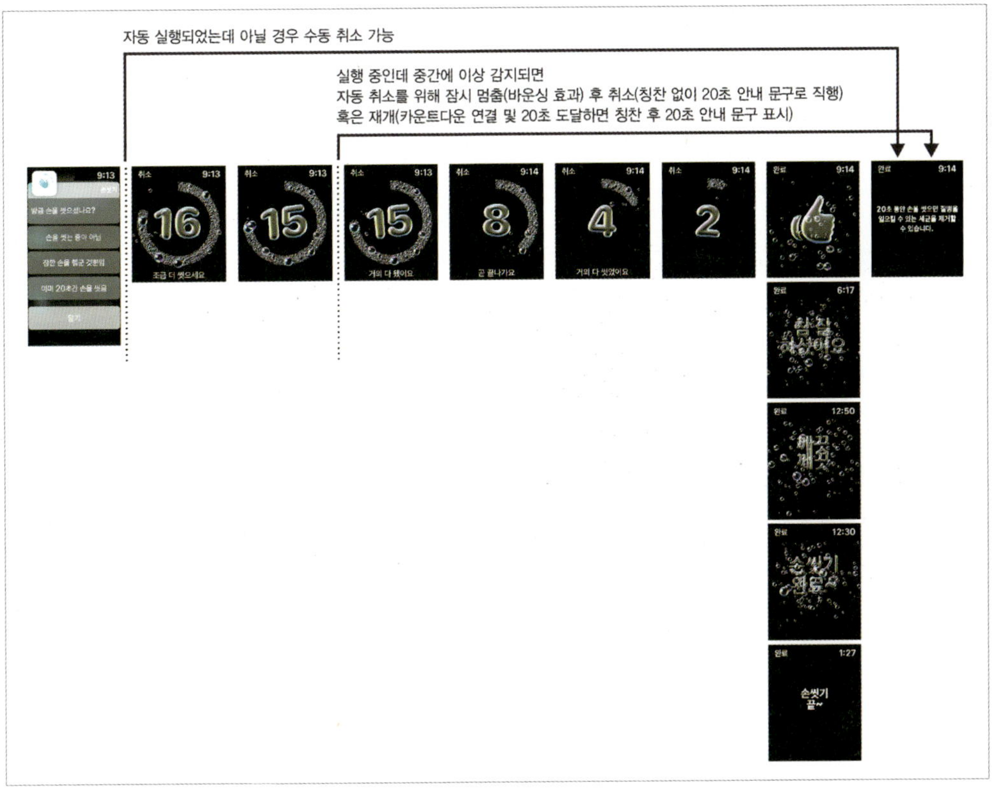

[그림 4-27] Apple Watch(watchOS 7 이후 버전)의 자동 손 씻기 감지 기능 작동 단계

구하고 인간의 수행이 기대에 훨씬 못 미칠 수 있다는 사실을 알 수 있다([그림 4-28]의 사용자 예: 손 씻기 시간 총 평균 13초, 지난 일 년 평균 9초에 불과함). 여기서 배울 점은 사용자가 시스템이 요구하는 사항을 제대로 수행하도록 유도하고 최종적으로 목표를 달성하게 하기 위해 섣불리 '오류' 메시지를 내보내고 끝내기보다, 단계별로 재확인하며 인내심을 갖고 상황을 지켜보고, 끝까지 목표를 달성할 수 있게 동기부여도 해 주어야 한다는 점이다. 그래도 안 되면 '실패(failure)'로 끝나겠지만 말이다.

이와 같은 원리를 자동차의 자동화에 대입해 보자. 테슬라 오토스티어 작동 중 운전자가 자신의 책임하에 주시해야 한다. 사용자가 지속적으로 주의를 기울여야 하는 이유는 필요 시 바로 운전을 해야 하기 때문이고, 따라서 시스템은 사용자가 스티어링 휠에 손을 올려놓도록 요구한다. 사용자가 이를 지키지 않는다면 시스템 관점에서는 실패 혹은 오류다. 그러나 오류나 실패라 표현하지 않고 인터페이스인 스티어링 휠을 통해 주고받는 데이터인 물리적인 저항 값을 기준으로 판단하여 "스티어링 휠을 가볍게 움직여 보십시오."라는 메시지를 일차적으로 내보낸다. 그래도 따르지 않을 때 "남은 주행에는 오토스티어를 사용불가 - 스티어링 휠을 잡고 직접 운전하십시오."라는 메시지를 띄우며 차를 세운다. 이것이 기계가 사람의 오류나 위반에 대처하는 방식이다.

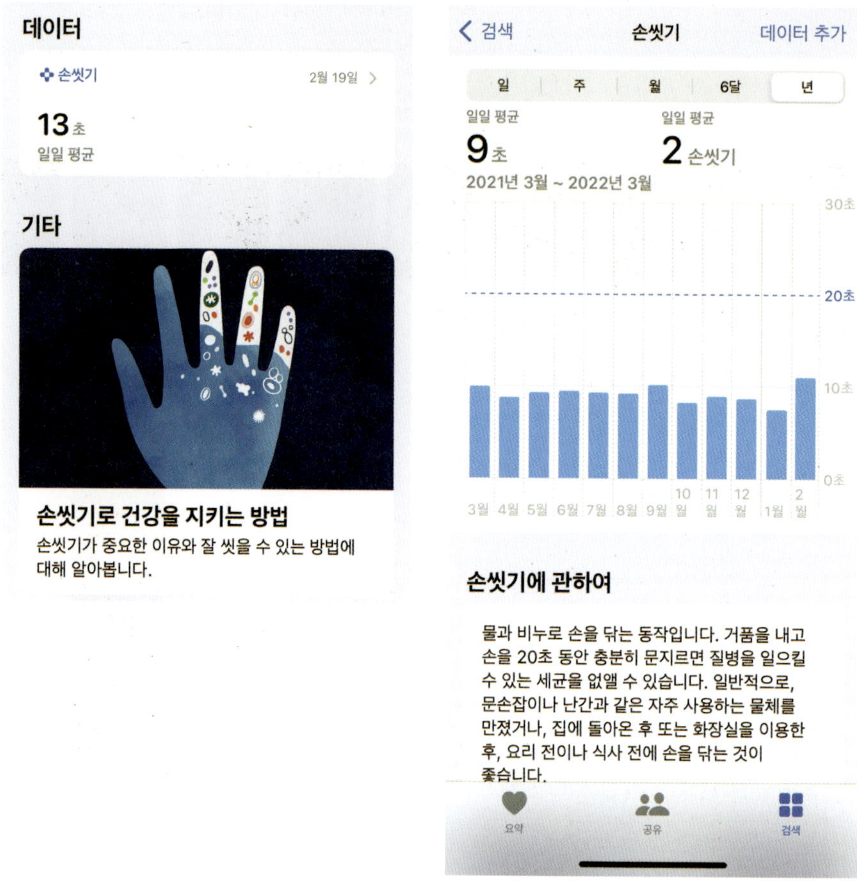

[그림 4-28] Apple Watch의 자동 손 씻기 기능을 통한 건강 앱(iOS 15.3.1 예시) : 실 사용자 데이터

이런 경험(고의적 위반이 사고로 이어짐)을 바탕으로 테슬라가 레벨3 이상의 자율주행으로 나아감에 있어(예: Tesla FSD Capability 베타 버전) 운전자의 상태를 다각도로 파악하여 대비하는 듯 보인다. White hacker들의 분석에 의하면 차가 운전자의 시선이 어느 방향을 향하는지, 졸고 있는지, 먹는 중인지, 휴대폰을 조작하는지 다 알고 있다고 한다.

테슬라 실내 카메라가 승객에 대해 파악한 데이터를 어떻게 쓸지 Apple Watch의 사례를 대입해 생각해 보라([그림 4-29]). Apple Watch가 나름대로 수도꼭지 물 틀어진 소리와 손의 움직임 데이터를 바탕으로 유추하여 사용자가 진짜 손을 씻고 있는지, 씻다가 멈췄는지 파악하고 있어 사용자 기대 수준에 맞게 맥락적인 소통이 가능하였다. Tesla FSD Capability 베타 버전의 사례도 데이터를 다각도로 파악하고 있다가 사용자가 행동해야 할 때 섬세하게 소통할 수 있다는 점에서 필요한 제품이라 생각된다. 오늘날의 스마트한 기기들은 예산과 기술 수준이 허용하는 범위 내에서 한정된 센서들을 도입해 왔고, 이로부터 인간이 환경에서 어떤 맥락 아래 무엇이 실제로 진행되는지 그리고 기계가 어떤 조치를 취해야만 하는지를 추측해야 한다. 그래야 일이 계획대로 흘러가지 않을 때도 기계가 스마트함을 유지할 수 있고 인간의 신뢰를 받을 것이다.

[그림 4-29] 테슬라의 실내 카메라가 승객에 대해 파악한 데이터[140]

4.3.5 성가심을 피하면서 지속적으로 알려라

앞서 Ulo 영상을 면밀히 보았다면 부엉이가 활성화(On) 상태일 때 시선도 보여 주지만 실제 동물처럼 간간히 눈을 깜빡이는 모습을 볼 수 있다. 디자이너는 왜 이런 인터랙션까지 넣었을까? 단순히 귀엽고 살아 있는 것처럼 느끼게 하려고 그랬을까? 그 질문을 다른 방향에서 해 보자. 부엉이가 눈을 간간히 깜빡여 주지 않으면 우리는 어떻게 느낄까? 아마 "고장 났나? 저거 잘되고 있는 거야?" 하면서 의심스러움에 가서 한 번 건드려보지 않을까?

이렇듯 재확신을 주지 않으면 인간은 불안해한다. 따라서 자동화 기기를 디자인할 때는 사용자를 계속 재확신시켜주는 장치를 넣어야 한다. 재확신은 매우 인간적인 필요이며, 감정적인 현상이다. 사용자가 궁금해하는 제스처를 보일 때마다 이를 잘 의식하고 있음을 보여 주어야 이내 안심한다. "알았어, 듣고 있어." "그래, 내가 작업 중이야." "여기에 당신이 기대하는 것이 있어." "저기 봐, 내가 했어. 내가 그럴 거라고 말한 것처럼 해결되었네." 등 이런 재확신을 주면 사람들은 좋아하고 참을성을 보인다.

내가 이름을 부르면 내 말에 귀 기울여 경청하는 스피커, 열심히 내가 정해 준 시간에 돌아가는 로봇 청소기, 공기 질에 따라 알아서 동작하는 공기청정기…. 신뢰 관계가 굳건하게 형성되기까지는 인간의 참을성을 시험하지 않기 위해 적절히 보고하는 눈치가 필요하다. 상사가 잘하고 있으니 알아서 일하라고 했다고 해도 중간중간 어떻게 되고 있는지 사원이 적절히 눈치껏 보고하는 것, 상사가 보고 있으면 열심히 일하고 있음을 어느 정도 생색내 주는 것과 같은 이치로 보면 될 듯하다. 주변의 상당수 지인들이 공기청정기를 들여 놓고는 너무 조용하게 정적으로 유지되는 기계를 가끔은 "뭐가 돌아가긴 하나? 실제 효과는 있나?"라고 의심하는데, 어느 날 고등어를 굽기 시작했을

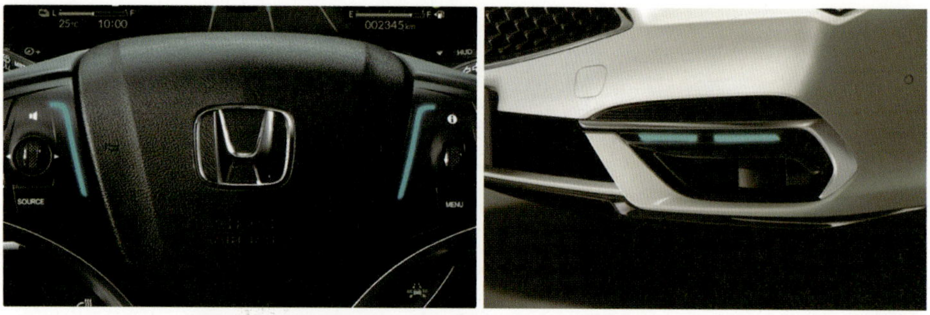

[그림 4-30] 혼다 Legend의 자율주행 중임을 표시하는 실내와 실외의 라이트 밴드[141]

때 혹은 진공청소기를 돌리기 시작했을 때 공기청정기가 점진적으로 "우우웅~~~" 하고 소리가 살짝 커지는 것이 들리면 "음, 평상시엔 공기가 별로 안 나빠서 그렇고, 나쁠 땐 알아서 잘하고 있구나!"라고 확신하며 신뢰가 회복되곤 한다.

자율주행차의 경우 국제 표준 협의체에서 자율주행이 활성화되었음을 차량 외부에 표시하자는 논의가 진행 중이다. 기존 자동차에서 전 · 후면에 사용하지 않은 컬러 위치인 블루그린 혹은 터쿠아즈블루(Turquoise Blue) 컬러([그림 4-31] 좌표 참조)가 자율주행 중임을 표시하는 색으로 협의되고 있다. [그림 4-32]의 사례도 그런 맥락에서 추가된 라이팅 시스템으로 실내에서는 운전자에게, 외부에서는 도로 사용자에게 자율주행차가 정상적으로 동작 중임을 알린다.

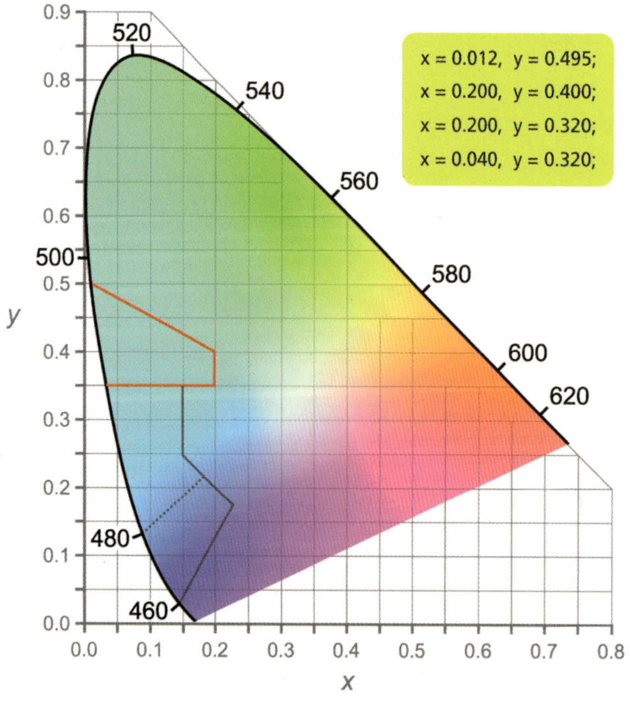

[그림 4-31] J3134 자율주행시스템이 사용하도록 권고된 라이트 컬러–블루그린 영역[142]

자율주행차가 사람이 진행 중인 행동에 대해 대기하고 있는 구체적인 상호작용의 상황을 예로 들어 보자. [그림 4-32]와 같이 일단 자율주행차가 양보한다는 의사표현을 "go ahead(먼저 가세요)"라는 문구로 명확하게 했고, 차가 정지했음을 확인한 보행자는 길을 건넌다. 보행자(들)이 길을 다 건널 때까지는 시간이 필요한데 이 시간 동안 정지화면처럼 문구만 떠 있는 것보다는 화살표 심볼이 움직이는 동적인 표현이 리듬감 있게 유지된다면 보행자가 "음, 계속 나를 주시하고 있네"라고 재확인하고 더 안심할 것이다. 아무런 인터페이스가 없는 것보다는 있는 것이, 정적인 것보다는 동적인 것이, 무반응으로 동적인 것보다는 사용자 행동에 즉각 반응함으로써 지속적으로 자각하고 있음을 알려주는 것이 사용자를 안심시키는 데 더 효과적일 것이다.

[그림 4-32] Smart Vision EQ fortwo가 자율주행 중 보행자가 길을 건너는 동안 멈춤[143]

생각해 봅시다 **자율주행차와 인간의 상호작용의 적정선은 어디일까?**

보행자에게 양보하는 시나리오를 포함해 벤츠에서 Smart Vision EQ fortwo 모델을 주인공으로 그린 2030년 미래의 모습을 그린 영상[144]이다. 사람이 자율주행차와 상호작용이 발생하는 순간 자율주행차의 외부 인터페이스(external Human–Machine Interface : eHMI)가 어떻게 소통하는지 면밀히 살펴보자. 연속적인 자각을 주는 좋은 인터페이스가 제공되고 있는가? 있다면 어느 순간에 그러한가? 성가실 정도로 과도한 면도 있는가? 있다면 어느 순간에 그러한가?

영상 보기

4.3.6 자연스럽게 대응하라

사람은 좋은 피드백을 받으면 객관적으로 맞든 틀리든 자신의 통제가 잘 이뤄지고 있다는 평가를 한다고 한다. 자동화 시스템이 동작 중일 때도 사람은 때때로 더 많은 것을 바라고 급기야는 이를 시험해 본다. 앞서 레벨2 테슬라의 오토파일럿 기능을 지닌 크루즈 컨트롤을 예로 들었다. 크루즈 컨트롤을 활성화시켜 놓아 차가 알아서 앞차와의 거리를 정해진 간격으로 유지하며 잘 주행 중인

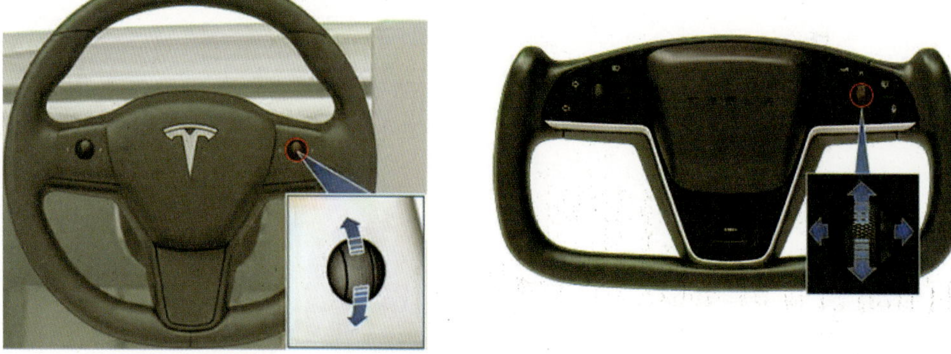

[그림 4-33] 테슬라 스티어링 휠의 오른쪽 스크롤 휠 조작 방법[118, 145]

데, "아, 이런 상황에선 속도 좀 올려도 되지 않나?"라고 생각하며 자기 마음대로 속도를 조절하고 싶어 한다. 그리고 이것이 가능한지 시험한다.

테슬라의 모델이 무엇이건 공통적으로 [그림 4-33]에 보이는 스티어링 휠 좌우로 스크롤 휠이 있다. 오른쪽 스크롤 휠이 크루즈 컨트롤에 쓰인다. 이 스크롤 휠은 구 형태로 생겼고 자세히 보면 면이 오톨도톨한 게 촉각 부호화가 되어 있다. 이것을 처음 봤다면 어떻게 동작시키는지 알 수 있겠는가? 속도를 더 빠르게 하려면? 속도를 느리게 하려면? 우연히 만지작거리다가 빨리 조작할 때와 느리게 조작할 때 다르게 반응한다는 것을 알아챌 수도 있다. 빠르게 조작할 때와 느리게 조작할 때 차이는 무언인가? 이 스크롤 휠이 이미 어디서 본 어떤 것과 상당히 유사하지 않은가? 그렇다면 저 휠은 꾹 눌러지기도 할까?

테슬라의 사용자 매뉴얼에 따르면 이 오른쪽 스크롤 휠을 위로 굴리면 크루즈 컨트롤 설정 속도가 증가하고 아래로 굴리면 설정 속도가 감소한다. 스크롤 휠을 천천히 굴리면 설정 속도가 1km/h(1mph)씩 변경되고, 스크롤 휠을 빠르게 굴리면 설정 속도가 5km/h(5mph) 단위로 변경된다. 지금까지 당신이 살아 오며 경험한 많은 것들은 위 혹은 아래의 방향으로 조작하면 각각 증가 혹은 감소의 시스템 반응으로 돌아왔다. 또 빠르게 혹은 느리게 조작하면 각각 급격한 혹은 완만한 변화로 시스템이 반응해 왔다. 대부분은 그렇게 자연스럽게 예측되고 또 그렇게 행동하지 않는가? 이런 것을 자연스러운 대응이라고 한다. 좋은 디자인은 이에 어긋나지 않게 잘 대응한다. 또 스크롤 휠은 PC의 마우스 휠과 동일하게 동작하기 때문에 처음 봐도 의식적으로 생각하지 않고도 직관적으로 조작했을 것이다. PC에서 마우스를 사용해본 사람이 테슬라의 스크롤 휠이 어떻게 동작할지 크루즈 컨트롤 상황에 대입해 예측하는 데 크게 어긋남이 없을 것이다. 휠이 버튼처럼 꾹 눌러지고, 좌우에도 클릭 버튼이 있다는 사실도 놀랍지 않다.

사람은 자동화의 편리함에 익숙하지만, 자신이 통제할 수 있다고 믿을 때 비로소 신뢰하고 만족해 한다. 그렇기에 사용자 자신이 통제하고 있다고 믿게 해 주어야 한다. 기계가 사람에게 무언가를 권유해야 한다면 언제나 그것이 사람의 아이디어였던 것처럼 느끼게 설계하는 게 방법이다.

생각해 봅시다 **자율주행 상황에서 제어권 이양을 효과적으로 진행하려면?**

다음은 스탠포드대학교에서 레벨3 자율주행 상황의 **제어권 이양** 시나리오를 시뮬레이션하고 실험한 영상이다.

영상 보기

실험에서 사용한 자율주행차 운전석의 스티어링 휠은 두 개의 다른 디자인이다. 하나는 일반적인 스티어링 휠이고, 다른 하나는 스티어링 휠의 림이 제어권 이양이 필요한 순간에 변신하는데 그 모양이나 행동이 [그림 4-34]에 보이듯 아기의 팔다리 혹은 닭다리를 연상시키면서 실험 참여자들을 놀라게 또 웃게 만들었다.

이 스티어링 휠의 변신 속도가 빨랐을 때 사람들이 무서워하거나 겁을 먹기까지 했는데, 이것은 빨리 운전대를 잡고 직접 운전을 갑자기 해야 하는 상황의 위급성을 전달하는 데 효과적이었다. 또 기계적으로 빠르게 변신하다 보면 자연스럽게 거슬릴 정도로 큰 기계음이 났는데, 이 소음도 위급성을 느끼게 하는 하나의 요인이 되었다. 순간적인 변신이 다소 정서적 그리고 물리적으로 불편하지만, 결과적으로는 효율적으로 제어권 이양받을 수 있도록 하는 긍정적인 요인으로 작용했다. 정량적인 실험 결과 분석에서 일반적인 스티어링 휠보다 변신하는 휠일 때 제어권 이양이 더 빠르게 성공적으로 이루어졌다.

디자인 가이드라인을 대입하여 변신하는 "로봇 스티어링 휠"이 왜 효과적인 사용자 인터페이스인지 설명해 본다.

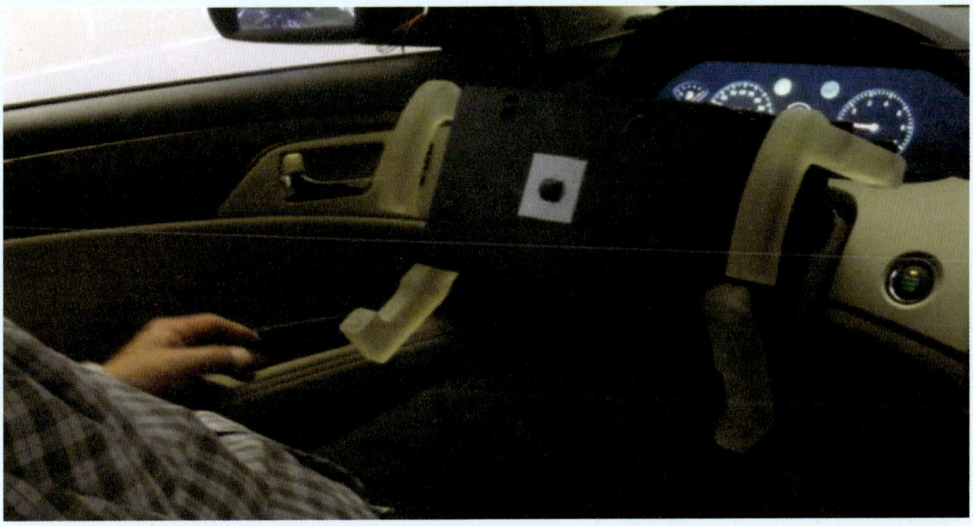

[그림 4-34] 스탠포드대학교 연구진의 변신 스티어링 휠 실험[146]

연습문제

01 완전 자율주행차로 처음부터 운전자를 고려하지 않은 설계를 택한 Zoox 사례를 연구하였다. Zoox의 디자인에서 어떤 개념 모형이 적용되었고 이는 어떤 의도인지 설명하시오.

02 개념 모형의 적용이 제품, 서비스의 이해를 도운 좋은 사례가 있다면 드시오. 또 본인이라면 자율주행차 디자인에 어떤 개념 모형을 도입해 보겠는지 예를 드시오.

03 자동화 시스템이 지속적으로 동작 중인 상태를 자각할 수 있게 알려 주는 인터페이스를 일상의 사례로 들어 본다. 이러한 상태 표시가 성가시다고 느껴질 정도로 과도한 경우는 어떤 경우인가?

04 [그림 4-34]에 보이듯 스탠포드대학교 연구진의 변신 스티어링 휠 사례에서 UX와 UI를 구분해 본다. [표 4-1] '골든 크리슈나의 UX ≠ UI'와 같은 표의 형태로 구분하고 나열하여 설명하시오.

05 레벨3 자동화 수준에서 발생할 수 있는 운전자-자율주행차 상호작용의 대표적인 이슈는 운전자 전환이다. 이러한 상황은 어떤 디자인을 필요로 하는가? 양산된 모델 혹은 공개된 콘셉트의 사례를 들어 설명하시오.

5장

완전 자율주행차 디자인 사례 연구

Case-Studying Fully Autonomous Car Concepts

먼저 들여다보기

4장에서 자율주행 레벨2~5의 사용자 경험 디자인에 적용 가능한 원칙을 소개하였다. 기존의 UX 디자인에서 검증된, 간과하지 말아야 할 고전적인 원칙들을 자율주행차에 적용한 것이었다. 다만, 기존 원칙들은 UX의 계층 중 구체적인 표면, 윤곽, 구조층의 인터페이스와 인터랙션 디자인에 대한 지침을 준다. 완전 자율주행의 레벨4~5는 범위와 전략층의 UX 디자인이 먼저 정의될 필요가 있다. 운전자의 운전이 필요 없는 차로 이동할 때 당신은 무엇을 하고 싶은가? 이 질문에 대한 답은 어떻게 얻는가? 업계의 주자들은 어떤 움직임을 보이고 있는가? 패러다임의 전환기를 맞은 업계의 움직임을 사례 연구를 통해 알아 본다.

먼저 들여다보기

■ 당신은 완전 자율주행차를 타고 이동하는 동안 무엇을 하고 싶은가?

다음은 컨슈머인사이트 사에서 2020년 대한민국 운전자 4,591명을 대상으로 "자율주행차가 운전하는 동안 당신은 무엇을 하겠는가?"라는 설문 결과를 소개하는 영상이다. 가장 많은 응답은 경치 감상, 동승자와의 대화, 수면, 동영상 시청, 간단한 취식 순으로 나타났다. 성별로 나누어 집계해 보니 남성과 여성이 [표 5-1]과 같이 확연히 다른 양상을 보인다는 점이 흥미롭다.[147]

영상 보기

[표 5-1] 자율주행차가 운전하는 동안 당신은 무엇을 하겠는가? 남성 vs. 여성 비교(2020)

순위	남성	여성
1	수면	경치 감상
2	동영상 시청	간단 취식
3	인터넷 검색	문자/채팅
4	업무/학업	음성 통화
5	게임	화장

연령대별로도 상대적으로 다른 순위를 보였다고 하는데 이렇게 대규모 설문 조사 보고서를 참고하면 도움이 된다. 다만, 이걸 바탕으로 디자인에 들어가기에는 막상 단서가 부족하다는 느낌이 든다. 게다가 이렇게 성별, 연령대별로도 다르고 또 인구통계학적으로 그룹화를 한다고 해도 개인 차가 있는데 어떤 기준으로 대상을 선정해야 할까?

물론 여기에서 가장 비율이 높은 **계층(segmentation)**을 **표적 사용자(target user)**로 정하면 시장 적중률도 높아지리라. 그러나 인구통계학적 프로필(예: 20대 여성)로 한정하고 디자인한 결과물은 개개인에게 끼워 맞추려면 안 맞는 경우가 많다. 이것이 평균의 한계다. 외려, **사용자 니즈**(예: 범죄로부터 안전한 무인 자율주행차 & 연예인들의 밴처럼 휴식을 취하기에도 화장을 하기에도 편리한 실내 환경)에 주목하고 그 니즈 주변으로 조금 더 포괄적으로 고려하면 공감할 대상이 다양하게 나타날 수 있다.

따라서 초기 데스크 리서치를 통해 현재 잠재 소비자가 분명히 존재하는데, 시장에 결여된 니즈(unmet needs)를 발굴하고, 디자인에 필요한 단서를 찾아 표적 사용자(target user)에 부합하는 대상자를 직접 조사하는 것이 성공적인 UX 전략을 도출하는 프로세스로 널리 적용되고 있다.

사용자 경험의 중요성은 이제 말할 필요도 없이 어느 기업에서나 인식하고 있다. 사용자 경험의 전략층에서 명확한 방향을 잡고, 이를 구체화하여 콘셉트를 제시한 사례를 선별하여 살펴본다. 선별한 기준은 첫째, [표 5-1]의 '자율주행차가 운전하는 동안 당신은 무엇을 하겠는가? 남성 vs. 여성 비교(2020)'와 같은 니즈가 있다고 할 때 어떻게 이를 실현시킬 수 있는지 보여 주는 사례들이다. 둘째, 완성차 제조사가 어떻게 완전 자율주행의 미래를 통해 혁신하려고 하는지 보여 주는 사례로 살펴보았다.

5.1 Volvo 360c

Volvo에서 2018년 선보인 360c의 사례를 통해 기업이 사용자 니즈를 전략으로 수렴하는 과정과, UX 전략이 인터페이스로 구체화되는 과정을 이해해 보자.

학습 목표

- 사용자 니즈를 기업이 판단하는 방식에 대해 Volvo의 사례를 들어 설명 가능하다.
- 다양한 사용자 니즈를 소구할 수 있는 서비스 방식을 Volvo의 사례를 통해 알아 본다.
- 이동하는 공간에서 사용자의 편의를 극대화한 인터페이스와 디자인 고려 사항을 최대한 많이 찾아 본다.

5.1.1 사용자 니즈

Volvo의 경우 많은 직장인이 공감할 만한 콘셉트를 360c로 선보였다. 바로 완벽한 휴식과 집중 업무가 가능한 공간이다. 알고 보면 이런 콘셉트가 완전히 새롭지만은 않다. 비즈니스로 이동이 잦은 직장인의 로망인 비행기 일등석은 완벽한 휴식과 이동 중 업무, 필요하다면 식사와 엔터테인먼트까지 가능해 많은 이들로 하여금 고민하게 만든 공간이다. 일등석 비행기 좌석을 개념 모형으로 삼은 완전 자율주행차의 사용자 배려를 살펴보자. 참고로, Volvo 360c의 이름은 일상을 360도 바꾸는 동시에 전후좌우 할 것 없이 360도 안전한 차량이 될 것이라는 의미를 담았다고 한다.

Volvo 360c 콘셉트는 이동 중 길게 누워 편히 잘 수 있다는 점을 가장 중심에 내세우고, 집중 업무나 마주 보며 소통하는 회의 옵션도 선택 가능함을 보였다. 비즈니스를 위해 이동하는 유럽의 직장인을 상상해 보라. 유럽 내 국가 간 잦은 출장으로 항공편 이용 시 실제 비행시간보다 공항까지 가는 것과 장황한 출국 절차에 더 많은 시간을 빼앗기고 지쳤던 게 현실이다. 이들에게, 자율주행차를 타면 한잠 자고 일어나 보면 다른 도시에 도착해 있을 거라고 말할 수 있다. 항공기보다 더 편안하고 안전한 이동 모빌리티로, 특히 장거리 이동은 완전 자율주행차로 하라는 것이다.

다음 [생각해 봅시다]의 QR코드로 제시되는 영상에서 Volvo 임원의 목소리로 말하는 360c 전략과 이들이 바라는 자율주행의 미래에 대해 들어본다. 과거 라이트 형제가 비행기를 발명하여 인류의 삶을 바꾸어 놓았듯 운전하지 않아도 자동으로 목적지까지 가는 자율주행차가 우리 삶을 또 한 번 바꾸어 놓을 것이라는 비장한 비전을 제시하고 있다.

생각해 봅시다 **Volvo 360c가 그리는 완전 자율주행차는 어떤 그림일까?**

다음의 영상에서 360c 콘셉트 개발 스토리를 알아 보자. CEO Håkan Samuelsson, 디자인 부사장 Robin Page, 제품 전략 부사장 Mårten Levenstam, 안전 센터 임원 Malin Ekholm의 인터뷰에서 미래 완전 자율주행차 디자인에 담긴 의도를 파악해 보라.[148]

영상 보기

다음의 영상에서 Volvo가 제시하는 미래 모빌리티의 비전을 들어보자. 이동의 미래에서 중요한 가치는 무엇이라고 이야기를 풀어가는가? 가치를 중심으로 새로 정의한 문제는 무엇인가?[149]

영상 보기

5.1.2 UX 전략

모빌리티가 해결해야 할 문제를 단지 효율적인 이동으로만 보지 않고, 이동하는 방식과 이동하는 동안의 경험으로 시야를 넓혀 양질의 시간을 보낼 수 있는 공간으로 디자인한 것이 2018년으로는 굉장히 신선한 접근이었다. 시간이 금인 비즈니스 사용자에게 절실하고도 매력적인 제안이다. 2018년경 비즈니스 사용자를 위한 완전 자율주행차 제안은 대부분 운전 안 해도 되니 다른 걸 열심히 하는(노트북이나 스마트폰으로 업무, 비즈니스 파트너와 회의 등) 효율성을 높이는 콘셉트가 대다수였다. 이 콘셉트도 그런 방향을 배제하지는 않았으나 깊고도 완전한 수면으로 내세웠다는 점에서 차별화되었다.

Volvo의 완전 자율주행차가 내세우는 UX 전략을 사용자 가치와 이를 지지하는 주요 기능으로 정리해 볼 수 있다. 또 이런 다양한 기능을 모두 소화하는 혹은 이 중 하나를 제공하는 차를 팔기보

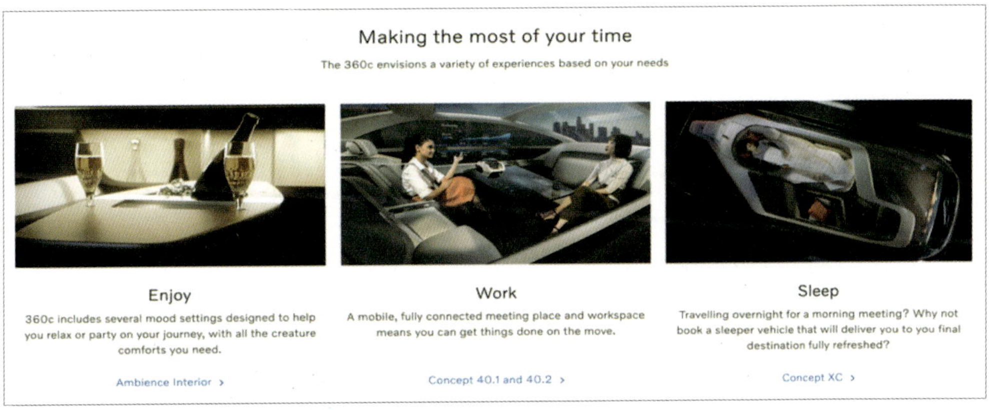

[그림 5-1] Volvo 360c의 사용자 가치와 주요 기능(2018)[150]

다는, 사용자가 원할 때 원하는 서비스를 이용할 수 있도록 서비스를 공급하는 비즈니스 형태로의 변화도 꾀하고 있다.

- **사용자 가치(user value)** : 당신의 소중한 시간을 최대한 활용("making the most of your time")
- **주요 기능(function)** : 향유(enjoy), 업무(work), 수면(sleep)

이와 같이 UX 전략층에 해당하는 디자인 목표를 정하는 데 회사의 상당한 노력과 비용이 투입된다. 이러한 목표에 도달하는 것은 거시적인 인류문화학적 분석, 목표 사용자의 현 여정과 거기서 발생하는 통점(pain point) 분석, 새로운 기술과 인프라가 제공하는 기회 영역 정의 등의 활동에 의해 결정된다.

5.1.3 사용 시나리오와 사용자 인터페이스 디자인

Volvo 360c 콘셉트의 사용 시나리오를 따라가면서 사용자 경험 극대화를 위한 인터페이스가 어떻게 고려되었는지 살펴보려 한다. 사용된 모든 이미지는 Volvo Cars 사이트에서 제공[151, 152]되었다.

■ 서비스 애플리케이션

앞서 전략으로 지정한 주요 기능은 사용자가 이용 시점에 자신의 스마트폰 애플리케이션의 호출 화면에서 선택([그림 5-2(a)] "CHOOSE YOUR VEHICLE" 옵션: "LIVING, OFFICE, PARTY, SLEEP" 중 택일)할 수 있도록 설정했음을 알 수 있다. 호출을 컨펌하면 당신의 차 번호를 알려 주고([그림 5-2(b)] "YOUR CAR NUMBER IS 360") 승객은 대기한다.

(a) 모바일 앱 호출 옵션

(b) 호출 차량 번호 표시

[그림 5-2] Volvo 360c의 사용 시나리오[153]

■ eHMI

탑승객이 도로에서 자신이 호출한 차를 발견하기 용이하도록 호출 번호가 차량의 전면부 코너와 후측면에 표시된다([그림 5-3]).

(a) 전면부 코너

(b) 후측면

[그림 5-3] Volvo 360c eHMI 호출 차량 번호 표시[151]

Volvo 360c는 콘셉트 단계에서부터 무인 자율주행차가 도로에 등장하면 보행자와 자전거 이용자 등 도로 사용자와 어떻게 소통할지 고민하였다. 탑승객 외에도 도로에서 마주치는 사람들의 최소한의 안전을 보장하기 위해 [그림 5-4]와 같이 중요한 상황을 케이스로 정의하고 사운드와 외부 라이트를 동시 이용한 eHMI(external Human-Machine Interface)도 적극적으로 고려했다.

사용된 인터페이스는 지향성 경고음(directional warning sound)과 라이트 밴드, 화면 등이 동시에 작동한다. 다음의 시나리오별로 다르게 인지되도록 구분하였다.

- 출발, 도착
- 주행 중 상태와 방향(전진 혹은 후진)
- 가속, 감속
- 크루즈와 차선 변경
- 근접 감지(예: [그림 5-4(a)]의 전방 보행자 감지 혹은 [그림 5-4(b)]의 측면 자전거 감지)

(a) eHMI 보행자 경고 지향성 사운드와 전면 라이트 밴드 표시

(b) eHMI 자전거 감지 측면 라이트 밴드 표시

[그림 5-4] Volvo 360c 사용 시나리오[153]

■ 실내 공간 레이아웃 및 인테리어 요소

탑승객이 이동 중 경험할 수 있는 서비스별 중요 인터페이스들은 다음과 같다. 당신의 소중한 시간을 최대한 활용("making the most of your time")할 수 있다는 사용자 가치를 내건 만큼 일반적인 이동의 공간인 [그림 5-5(a)]와 같은 옵션 외에도, 선택 가능한 옵션에 따라 호텔 로비나 바에서 환대받는 파티 옵션([그림 5-5(b)]), 간단한 프레젠테이션이 가능한 윈도우 디스플레이와 테이블 기능이 중요한 오피스 옵션, 호텔에서 1박 하는 느낌이 들 정도의 수면 옵션을 극진한 배려와 함께 제공한다.

(a) 일반(living) 옵션

(b) 파티(party) 옵션

[그림 5-5] Volvo 360c 인테리어 일반(living) vs. 파티(party) 옵션[151]

이러한 이동 공간 안에서 집기나 비품이 잘 고정되어 있어서 급감속이나 만일의 사고에 탑승객의 안전을 위협하지 않아야 한다. 이러한 고려는 비행기 좌석 디자인과 일맥상통하는 부분이 많다. 다음은 각 옵션별 필요한 실내 인테리어 요소들이다. 자유도가 높은 탑승객의 활동에 편의와 안전을 동시에 도모하기 위한 이런 디테일한 실내 인테리어 요소 디자인이 향후 더 각광받을 것이다.

(a) 파티(party) 옵션에서 제공되는 음료 컵 홀더

(b) 수면(sleep) 옵션에서 제공되는 물품 보관 트레이

[그림 5-6] Volvo 360c 인테리어 디테일[151]

- **파티(party)** : 테이블과 음료(예: 커피 머신, 샴페인 등 냉온 보관고, 컵 홀더), 스피커
- **업무(work)** : 테이블과 윈도우 터치 디스플레이(side screen)
- **수면(sleep)** : 완전히 누울 수 있는 시트, 트레이(예: 어메니티, 식사, 담요와 베개 등 제공)

생각해 봅시다 **360c 콘셉트가 보행자나 자전거 이용자에게도 더 안전하고 편리한가?**

다음의 QR코드로 제시된 영상[153]에서 탑승객의 사용 시나리오를 따라가며 360c 콘셉트를 VR로 감상해 보라. 특히, 지향성 사운드나 방향성이 있는 라이트 패턴이 보행자나 자전거 이용자에게 효과적인지 느껴 보자.

영상 보기

5.2 BMW MINI Vision Urbanaut

BMW가 2020년 선보인 MINI Vision Urbanaut의 사례를 통해 한 기업이 태생부터 지켜온 디자인 철학을 어떻게 고민해서 지켜 나가는지, 공간의 마술사로 탄생했던 콤팩트 카 MINI가 어떤 인터페이스를 통해 완전히 새로운 미래의 콘셉트 카로도 재탄생할 수 있는지 사용자 니즈, UX 전략, 구체적인 사용자 인터페이스를 순서대로 살펴보자.

학습 목표

- 운전석이 없어진 자리가 탑승객의 공간에 더해지는 단순한 덧셈이 아닌, 발상의 전환을 이루기 위해 어떤 질문으로 프로젝트를 시작해야 하는지 MINI의 사례를 들어 정리할 수 있다.
- 전통(legacy)을 계승하면서 혁신하기 위해 MINI에서 디지털 인터페이스가 어떻게 활용됐는지 설명할 수 있다.
- 공간을 최대한 변화무쌍한 의도에 맞게 쓸 수 있도록 고려된 하드웨어적인 장치를 이해하고 응용할 수 있다.

5.2.1 사용자 니즈

미래에 어떤 삶을 살고 싶은가? 사람들에게 어떤 가치를 제공할 것인가? 도시에는 나를 위한 공간이 없다. 한 평의 땅이 소중한 이 도심 한가운데서 우리는 공간을 어떻게 현명하게 활용할 것인가? 이것이 BMW MINI Vision Urbanaut의 콘셉트 디자인에 참여한 디자이너들의 근본적인 질문이다. 그 질문에 대한 답을 오른쪽 QR 코드의 영상[154]에서 감상해 보라.

영상 보기

[그림 5-7] MINI Vision Urbanaut. 도심 속 나만의 공간이 되는 완전 자율주행차(2020)[155]

제조사로서는 제품이 단 한 가지 용도보다는 다양한 용도로 소구될 수 있기 원한다. MINI의 콘셉트는 애초부터 하나의 차량으로 여러 용도로 변신할 수 있도록 설계됐다. 이렇듯 완전 자율주행차에 대한 고민은 기존의 차 디자인에서 벗어나 공간 디자인의 영역이 되었다. 여기 사용된 모든 이미지는 BMW 사이트에서 제공된 것이다.[154, 155]

[그림 5-8] MINI Vision Urbanaut의 인테리어 구성(chill moment)[155]

5.2.2 UX 전략

1959년 최초 출시된 MINI가 소형차 혁명을 일으켰듯 MINI 브랜드는 스마트한 공간 사용(Clever Use of Space)의 대명사라 할 수 있다. 이런 MINI 브랜드에서 선보이는 미래 모빌리티의 비전은 완전 자율주행차의 한정된 공간(4.46m의 전장은 MINI 디자인팀이 다양한 활동을 편안하게 수행할 수 있는 최소한의 공간으로 결정함)을 다양하게 활용할 수 있도록 하는 설계로 이어졌다. 운전석이 필요 없어진 디지털 전기차의 공간을 어떻게 현명하게 활용했을까? MINI Vision Urbanaut의 콘셉트는 개인 실내 공간을 외부와 연결하여 열린 공간으로 확장하는 완전히 새롭고 풍요로운 경험을 제공한다. 이로써 미래 모빌리티의 비전이 창의적인 공간 사용(Creative Use of Space)의 문제임을 보여 준다. 즉, 자동차의 외관 디자인보다 실내 인테리어에 더 고민이 필요하다는 방향성을 재확인해주고 있다.

- **사용자 가치(user value)**: 당신만을 위한 당신의 공간("make it your space")
- **주요 기능(function)**: 휴식(chill), 방랑(wanderlust), 분위기(vibe)

(a) Chill moment (b) Wanderlust moment (c) Vibe moment

[그림 5-9] MINI Vision Urbanaut Moments[155]

[그림 5-9]와 같이 혼잡한 도심 한가운데 존재하는 그 혹은 그녀만의 오아시스 같은 휴양지에 온듯한 휴식을 취할 수도 있고, 방랑하듯 낭만적인 여행을 위해 수동 운전을 즐길 수도 있으며, 더 많은 사람이 모여 향연을 벌일 수 있는 커뮤니티 공간이 되기도 한다. Volvo가 비행기 일등석 칸을 공간의 모티브로 삼았다면, MINI는 안락한 가정의 거실 혹은 호텔 라운지를 모티브로 삼았다.

5.2.3 사용 시나리오와 사용자 인터페이스 디자인

앞서 사례 연구한 Volvo 360c는 사용자가 호출하는 순간 공간 선택을 옵션으로 제공하는 반면, MINI Vision Urbanaut은 하나의 공간이 변할 수 있게 설계했다. 또 인간의 오감을 자극하는 경험을 콘셉트에 반영했음을 강조한다.

■ **Chill moment: 아늑한 내 거실에 누워 취하는 오아시스 같은 휴식**

(a) Steering wheel and pedals(fold) (b) Daybed

(c) Cozy corner (d) MINI token(chill moment)

[그림 5-10] MINI Vision Urbanaut: chill moment interfaces[155]

- **Daybed** : [그림 5-10(a)]처럼 전면 대시보드의 스티어링 휠과 페달이 있지만, 이것들을 접어 수납한 후 높이를 낮추면 [그림 5-10(b)]처럼 거실의 데이베드처럼 활용
- **Cozy corner** : [그림 5-10(c)]처럼 후면 뒷좌석 등받이를 접어 거실의 편안한 소파같이 활용
- **Circle display** : [그림 5-10(c)]처럼 측면 창 쪽에 테이블이 있고, 그 위로 눕혀져 있는 원형 디스플레이가 조명 역할
- **MINI token** : [그림 5-10(d)]와 같이 테이블에 토큰을 장착시켜 chill moment 설정
- **LED Loop** : 뒷좌석 천장 쪽을 둘러싼 간접 조명(backlit)으로 아늑한 분위기를 더함(예: [그림 5-10(c)]와 같이 숲속 커다란 나무 아래 누운 것과 같은 느낌을 주는 조명 설정됨)

■ Wanderlust moment: 방랑자의 낭만 어린 여행과 같은 이동의 경험

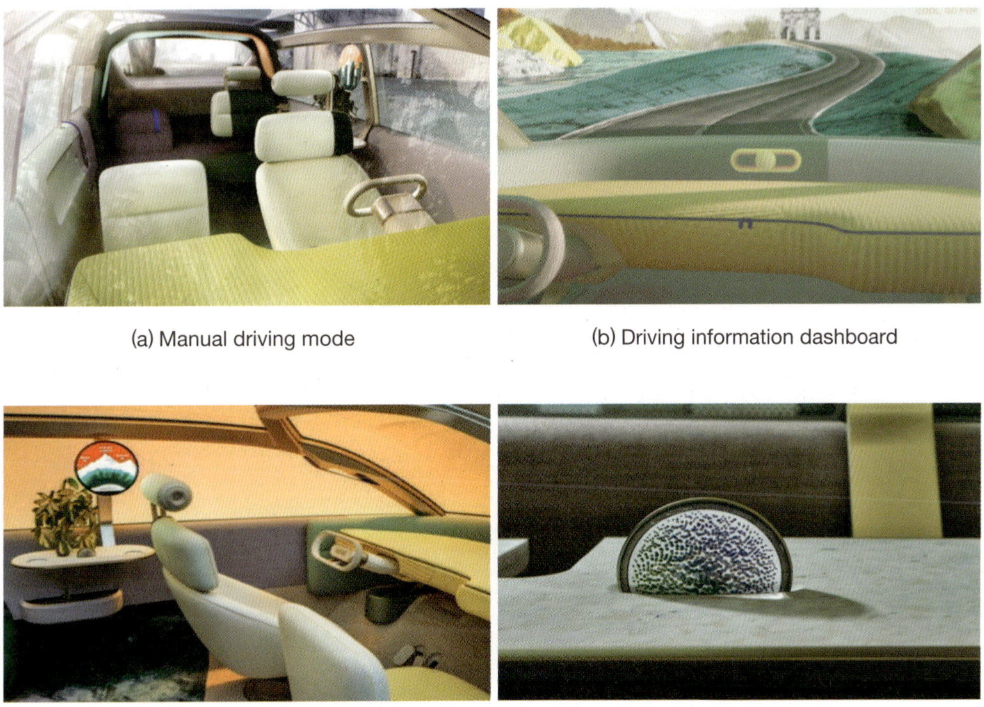

(a) Manual driving mode

(b) Driving information dashboard

(c) Circle display (POI, navigation)

(d) MINI token (wanderlust)

[그림 5-11] MINI Vision Urbanaut: wanderlust moment interfaces[155]

- **Manual driving mode** : [그림 5-11(a)]처럼 전면 대시보드의 스티어링 휠과 페달을 꺼내고 운전하는 모드로 변신, [그림 5-11(b)]의 대시보드 패브릭 벽에 주행 정보를 표시(예: 방향, 앞의 장애물 표시 등)
- **Circle display** : [그림 5-11(c)]처럼 측면 창 쪽에 원형 디스플레이가 펼쳐지며, Navigation & POI(Point of Interest) information 등 정보 표시

- **MINI token** : [그림 5-11(d)]와 같이 테이블에 토큰을 장착시켜 wanderlust moment 설정 ([그림 5-11(c)]의 테이블에 토큰이 꽂힌 위치와 방향 확인 - 가운데, 세워서)

[그림 5-12] MINI Vision Urbanaut의 인테리어 구성(wanderlust moment)[155]

■ Vibe moment: 도심 속 파티를 즐길 수 있는 클럽라운지 분위기 연출

(a) Circle display(music, SNS)

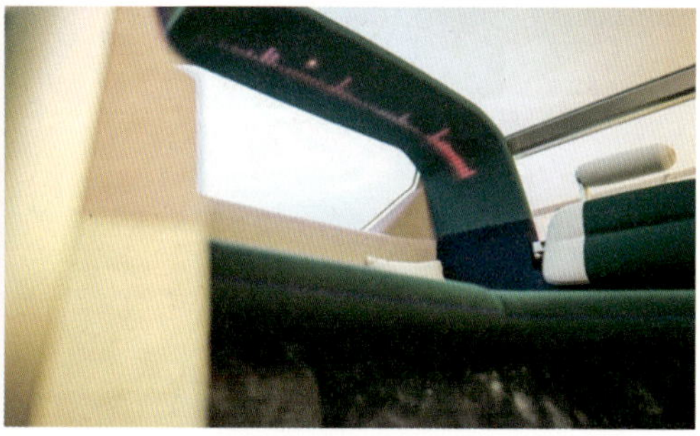

(b) LED loop(equalizer)

(c) Exterior(equalizer)

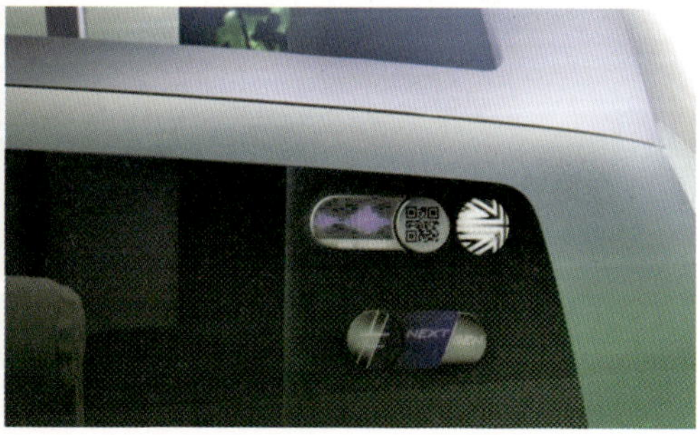

(d) MINI token(vibe moment)

[그림 5-13] MINI Vision Urbanaut: vibe moment interfaces[155]

- **Street balcony** : [그림 5-14]처럼 운전석 유리창 개방, 도어 열고 바닥에 걸터앉음
- **Circle display** : [그림 5-13(a)]의 측면 창 쪽 원형 디스플레이에 재생 중인 음악, SNS 업데이트 등 개인 이용 콘텐츠 정보 표시

- **LED Loop, Wheels, Grills, ...** : [그림 5-13(b), (c)]와 같이 재생 중인 음악 이퀄라이저 표시하여 라운지 무드 형성
- **MINI Charms** : [그림 5-13(d)]와 같이 C-필러에 부착하여 외부로 노출하는 개인 소장 장식물, 페스티벌이나 특별한 장소에서 수집한 기념품들로 MINI스러운 개인화 계승

[그림 5-14] MINI Vision Urbanaut의 인테리어 구성(vibe moment)[155]

MINI 디자인팀은 기술은 보이지 않게, 사용자가 느낄 수 있는 오감 체험을 극대화한 사용자 인터페이스를 강조하였다. "자율(autonomous)"의 시대에 발맞추어 버튼이나 명령을 위한 인터페이스는 최대한 배제하고, 대신 토큰과 원형 디스플레이 조합을 주요 인터페이스로 내밀었다. 토큰은 입력 장치이지만 그저 큰 모드 변경을 위해 테이블 위에 적절한 위치에 끼우기만 하면 되는 정도의 최소한의 물리적인 조작(tactile manipulation)으로 사용 가능하다. 또 토큰과 디스플레이의 원형 디자인은 기존 MINI 대시보드의 아이코닉한 디자인 언어를 그대로 계승하여 MINI를 사랑하는 소비자층이 계속 그들의 팬심이 향할 곳을 제공했다.

모먼트별 차별화는 뒷좌석, 중앙의 테이블, 전면 대시보드의 물리적인 설정으로 알 수 있고 조작 가능하다. 특히, 차량 실내 인테리어에서 조명, 사운드 품질 등이 차지하는 중요성을 다채롭게 보여준 콘셉트이다.

! 생각해 봅시다 **MINI Vision Urbanaut가 그리는 완전 자율주행차는 어떤 그림일까?**

다음의 QR코드로 제시된 영상[156]에서 MINI Vision Urbanaut의 콘셉트 개발 스토리를 알아보자. MINI 디자인 팀장 Oliver Heimer는 인터뷰에서 미래 완전 자율주행차 디자인에 담긴 의도를 디자인팀의 프로세스를 따라가며 설명해 준다. 백지장에서 시작된 디자인이 어떻게 의도에 따라 하나씩 지어지는지 보여 주는 흥미로운 소개 영상이다.

영상 보기

5.3 Rolls-Royce 103EX

롤스로이스(Rolls-Royce)에서 2016년 선보인 103EX의 사례를 통해 럭셔리 카가 무인 자율주행으로 운행될 때에 어떤 가치를 제공하여 기존의 인적 서비스로 충족된 혜택이 대체될 수 있는지 롤스로이스 관점에서 그들의 사용자 니즈, UX 전략, 구체적인 사용자 인터페이스를 순서대로 살펴보자.

학습 목표

- 가치의 개념을 럭셔리 카의 사례로 이해하고, 다른 콘셉트와 비교하여 가치의 차이를 설명할 수 있다.
- 롤스로이스 103EX의 콘셉트에서 엘리노어가 가상 인공지능 비서로 활용되는 시나리오를 다양하게 발산할 수 있다.
- 이러한 제품의 사용자를 떠올리면서 사용자 여정의 흐름을 따라 감동을 줄 수 있는 다양한 인터페이스를 짚어낼 수 있다.

5.3.1 사용자 니즈

롤스로이스(Rolls-Royce)의 CEO 오트보쉬는 "직접 운전 고객(오너드라이버)이 없는 건 아니지만, 다수의 롤스로이스의 고객은 운전자가 아니다"라고 설명하였다. 즉, 롤스로이스는 **"쇼퍼 드리븐 오너(chauffeur-driven owner)"**가 고객의 주를 이룬다. 이러한 럭셔리 카의 대명사인 롤스로이스의 미래비전에서 자율주행은 어떻게 받아들여지고 있을까? 공식적으로 롤스로이스는 레벨2~3 자율주행에 대한 부정적 입장을 밝혀 오며, 완전 자율주행이 가능하기 전까진 관련 기술을 적용하지 않겠다는 입장이다. 이는 앞에 설명한 "쇼퍼 드리븐 오너"와 같은 주 고객층이 직접 운전하지 않는 특성 때문이다. 그렇다면 아예 쇼퍼(chauffeur) 즉, 전용 기사가 없는 완전 자율주행차는 어떠한가? 어떻게 보면 롤스로이스는 애초부터 쇼퍼가 오너를 최상의 극진함과 편안함으로 출발지에서 목적지까지 모셔다드리는, 무인 자율주행차가 지향하는 궁극의 경험을 제공해 왔기 때문에 오히려 완전 자율주행차를 상상하기가 자연스러웠다고 할 수 있지 않을까?

롤스로이스가 코드명 '103EX'로 명명된 'Rolls-Royce Vision Next 100'을 2016년 공개했다. 103번째 실험적인 차여서 103EX라 명명했으며, 2040년 이후 럭셔리 자동차에 대한 롤스로이스의 흥미롭고 역동적인 비전을 제시하는 모델이다. 다음의 영상[157]에서 103EX의 이모저모를 살펴보자. 여기 사용된 모든 이미지는 BMW 사이트에서 제공[158]된 것이다.

영상 보기

럭셔리 카의 영역은 필요의 충족보다는 극소수 계층을 대상으로 매슬로의 욕구 피라미드 중 최상위 수준인 자아실현의 욕구를 충족시켜 줄 수 있어야 한다. 즉, 기능적 편익의 차원이 아닌 정서적 편익이 결정하는 영역이다. 자동차에 있어 승차감이 아닌 "하차감(성공의 아이콘으로 보여짐으로 인해 내릴 때 느끼는 만족도)"이 구매의 크나큰 동기가 되는 현상은 마케팅에서 공공연하게 적용되는 진리이다. 롤스로이스에서 운전자 없이 이동 가능한 완전 자율주행의 기술로 인한 편익을 바라볼 때 어떠한 장단점이 존재할까? 아무래도 쇼퍼의 존재가 밀착된 인적 서비스의 제공을 가능케 했던 반면, 프라이버시에 대한 우려나 운전자에게 할애된 공간이 완전 자율주행 시대에 변화의 기회가 된다는 점을 적극 활용하지 않았을까 기대가 된다.

[그림 5-15]에서 느껴지듯 외관에서부터 롤스로이스는 럭셔리 카답게 미래의 개인 운송수단이 실용적이며 기능적일 것이라는 일반적 관념을 거부하였다. 완전 자율주행을 위한 과도기 단계의 자동차를 개발하는 대신, 자신과 자동차가 감성적으로 완벽히 밀착되기를 바라는 고객들을 위해 그 무엇과도 타협하지 않은 완전 자율주행의 비전을 제시하였다. 그들은 진정한 럭셔리 또는 미래를 위한 열쇠가 지극히 개인적이면서 과거와 현재의 롤스로이스가 가지고 있는 전형적인 특징들이라고 믿고 있어 과거의 디자인 언어와 경험성을 적극적으로 계승하면서도 무인 자율주행의 기술로 인한 편익을 꾀한 것으로 보인다.

[그림 5-15] Rolls-Royce Vision Next 100(103EX)[158]

5.3.2 UX 전략

롤스로이스 디자인 팀은 103EX라는 우아한 솔루션을 뒷받침할 수 있을 뿐 아니라 럭셔리 이동의 미래를 위한 네 가지 원칙을 '개인화된 비전과 편안한 여행, 웅장한 안식처와 성대한 도착'[159]으로 도출했다. 무인으로 제공되는 서비스를 기존처럼 럭셔리하게 유지할 수 있을까? 기계 특유의 정밀함과 인공지능의 가능성에 기대어 이제는 인공지능 비서 엘리노어가 한 차원 진화된 이동 경험을 제공할지 기대된다.

- **사용자 가치(user value)** : 오트 쿠튀르(Haute Couture) 수준의 럭셔리한 이동 경험
- **주요 기능(function)** : 개인맞춤형, 편안한 이동, 웅장한 안식처, 성대한 도착

5.3.3 사용 시나리오와 사용자 인터페이스 디자인

■ 개인화된 비전 : 맞춤제작(bespoke)의 귀환

'Rolls-Royce Vision Next 100'은 미래에 실현될 기술 발전을 통해 정통 맞춤제작의 귀환을 예고한다. 롤스로이스는 과거 코치빌더의 정신을 이어받아 가장 진보된 재료를 이용해 수작업으로 제작한 섀시와 탄소배출 제로의 무공해 파워트레인을 제공한다. 또 현재 제공되는 비스포크(bespoke) 프로그램도 한 차원 진화시켜 미래의 고객들이 직접 차의 모양과 크기, 실루엣 등을 지정해 온전히 자신만을 위한 개인적인 롤스로이스를 제작할 수 있도록 할 계획이라고 한다([그림 5-16]).

[그림 5-16] Rolls-Royce Vision Next 100(103EX)의 실내 인테리어 CMF[158]

■ 웅장한 안식처 : 운전석 없는 거실

실내는 세상에서 가장 귀하고 현대적인 재료를 통해 경쾌하고 단순하면서도 궁극의 우아함을 갖춘 공간이 된다. 내부는 현대적인 수공예 기술로 제작된 마카사르 우드 패널로 둘러싸여 아름다우면서도 심플함을 유지한다. 여기에 알루미늄 블록으로 틀을 만들고 풍부한 직물을 입힌 아름다운 시트는 마치 공중에 떠 있는 듯한 느낌을 준다. 소파 마감재는 우아함의 상징인 '실크'를 사용했다.

더 이상 운전자의 공간이 필요 없는 비전 비히클의 내부는 런던에서 제작한, 세상에 하나밖에 없는 최고급 아이보리 울 카펫으로 마무리했다. 이로 인해 더 넓고 아늑한 실내를 만끽할 수 있으며, 탑승자의 시야를 가리는 스티어링 휠이나 운전석이 없기 때문에 뛰어난 공간감각을 제공한다([그림 5-12]). 차량 앞쪽에 설치된 투명 OLED 화면으로 주행 중 필요한 정보는 '엘리노어'를 이용해 언제든지 확인할 수 있다.

■ 편안한 여행과 엘리노어

롤스로이스 역사 속에서 우아한 존재감을 과시했던 환희의 여신상은 103EX 모델의 엠블렘으로 건재할 뿐만 아니라, 'Rolls-Royce Vision Next 100'을 통해 실내 **인공지능 비서** 엘리노어(Eleonor)의 목소리로 부활한다. 엘리노어의 목소리는 고객의 생활과 주변 환경의 모든 요소에 디지털로 연결돼 가상의 비서와 운전자 역할을 수행하며 힘들이지 않는 편안한 여행을 제공한다. 고객이 자택을 나서기 전 정해진 약속과 업무 등을 보고하고 출발 직전 고객의 신호에 따라 롤스로이스를 이동, 대기시킬 수 있으며, 신중하게 제공한 제안과 조언으로 최고의 주행 성능을 발휘할 수 있도록 돕는다. 또 앞으로의 상황과 환경을 미리 모니터링해 목적지까지 안전하게 이동한다.

[그림 5-17] Rolls-Royce Vision Next 100(103EX)의 실내 인공지능 비서 엘리노어[158]

미래지향적이며 강력한 무공해 파워트레인과 첨단 서스펜션의 조합으로 롤스로이스 고유의 승차감인 '매직 카펫라이드' 또한 유지된다.

■ 최고급 마차의 성대한 도착

Rolls-Royce Vision Next 100은 최고급 마차와 리무진이 그랬듯 고객이 품위 있게 승 · 하차할 수 있도록 하였다. [그림 5-18]과 같이 차량의 왼쪽에서 오른쪽으로 유리 캐노피를 올려 몸을 일으킨 후 간단한 터치로 싱글 코치 도어를 열면 차체에 설치된 발판(러닝보드)이 내려오고 붉은 빛이 발 아래 투사된다. 언제 어디서나 주인공이 된 듯한 기분으로 차에서 하차할 수 있게 하여 하차감을 최고조에 이르게 한다.

'Rolls-Royce Vision Next 100'의 미래지향적이며 압도적인 존재감은 고객들의 성대한 도착을 약속한다. 길이 5.9m, 높이 1.6m에 이르는 대형 기함은 팬텀 익스텐디드 휠베이스의 크기와 동일하며, 롤스로이스의 상징인 환희의 여신상, 판테온 그릴, 긴 보닛과 특유의 비율을 그대로 유지했다. 환희의 여신상은 1920년대 왕실의 팬텀을 장식한 크기로 커지고, 라이트는 유럽 최고의 유리 제조업체가 수작업으로 제작한 라이트가 장착된다. 새로운 환희의 여신상 아래 붉은색 RR 배지가 부착된 판테온 그릴이 자리잡고 있다. 1920년대의 롤스로이스로 돌아간 듯한 판테온 그릴은 가벼우면서도 내구성 높은 재질로 제작돼 당당히 롤스로이스 기함의 뱃머리로서 역할을 담당한다.

[그림 5-18] Rolls-Royce Vision Next 100(103EX)의 코치 도어와 투사 라이트[158]

(a) Circle display(music, SNS)

(b) LED loop(equalizer)

[그림 5-19] Rolls-Royce Vision Next 100(103EX)의 우산꽂이와 트렁크[158]

Rolls-Royce Vision Next 100의 외관은 차량 전체를 가르는 크롬 라인을 기준으로 상하부를 나누는 투톤 디자인을 더욱 강조했다. 차량의 상부는 어두운 유리로, 시트 뒤쪽 선반에서부터 앞쪽으로 유동적으로 흐르며 탑승자 머리 위에 유리 캐노피를 만들어낸다. 이는 프라이버시를 지켜주는 동시에 야간 도로를 달리며 밤하늘의 별도 감상할 수 있도록 하기 위함이다. 하부는 '크리스탈 워터' 컬러를 배색함으로써 차량의 크기가 무색해질 정도의 경쾌함을 준다. 덕분에 Rolls-Royce Vision Next 100은 어떤 각도에서 바라보더라도 공중에 떠 있는 듯한 우아한 자태를 자랑한다.

새로운 차체 제작 기술을 바탕으로 롤스로이스는 그들이 추구하는 본질과 미래적 콘셉트를 훌륭하게 연결시켰다. 탑승 공간의 제약을 없애기 위해 전기모터를 휠 허브에 장착했고 기존 엔진룸이 필요 없게 되자 앞바퀴 뒤쪽에 짐을 실을 수 있는 적재 공간을 창조했다. 이 공간은 차량의 도착과 함께 자동으로 열리도록 설계됐다. 롤스로이스의 두 창업자인 찰스 롤스와 헨리 로이스에게서 영감을 얻은 두 개의 그랜드 투어러 여행가방이 함께 제공된다. 휠은 26in이지만 폭이 좁다. 65개의 개별 알루미늄 부품을 수작업으로 조립해 제작된다.

[그림 5-19(a)]의 우산이나 [그림 5-19(b)]의 트렁크를 하차 시 꺼내는 순간 인간공학적으로 손 높이에 맞춰 손잡이 높이가 설계되어 있다. 물론 롤스로이스의 고객이라면 도착과 동시에 컨시어즈 직원이 도와줄 것이라 비를 맞을 일도, 직접 짐을 내릴 일은 없을 것이지만 말이다.

6장

공모전 당선작 소개

Future Mobility Challenges

지금까지 초보자도 쉽게 빠져들 수 있도록 미래 모빌리티와 관련해 현 시점에 벌어지고 있는 흥미로운 소식과 '광의의 디자인' 관점에서 기본 지식을 소개했다. 미래 모빌리티의 잠재 소비자 관점에서 보면 이제 꽤 할 말이 많아졌을 것이다. 어떤 미래 모빌리티를 기대하는지 직접 제안해 보고 싶지 않은가? 운송 디자인 전공이 아니라고, 컴퓨터 공학과가 아니라고, 코딩을 할 줄 모른다고, 미래 모빌리티를 실현해 나가는 데 참여할 수 없다고 생각한다면 오해다. 미래 모빌리티의 실현은 자율주행 기술만으로, 멋진 스타일링만으로 되는 것이 아니다. 더 중요한 것은 미래 사용자 관점에서 어떤 문제 해결을 위해 어떤 모빌리티가 필요한지 설득력 있는 방향을 제시하는 게 우선이다. 자신이 가진 역량에 협업을 더해 미래 시나리오를 스토리로 풀어나갈 수 있다면 누구에게나 길이 열려 있다고 말해 주고 싶다. 홍익대학교에서 다양한 전공의 학생들이 미래 모빌리티 제안에 도전하여 주요 공모전에서 수상한 사례를 엄선했다. 이 사례들의 핵심과 결과를 공유함으로써 많은 새로운 형태의 도전들이 잇따라 나오기를 기대해본다.

먼저 들여다보기

■ 다음의 QR코드로 제시된 영상[160]의 가상의 현대자동차 서비스 Hyundai · C 콘셉트를 보고 다음 질문에 대해 생각해보자.

- 완전 자율주행 시대의 타깃으로 한 고객은 누구인가?
- 이들이 지닌 불편 사항은 무엇인가?
- 이 프로젝트가 정의한 문제는 무엇인가?
- 완전 자율주행차의 어떤 가능성이 이 문제에 대한 해결안으로 작용했는가?
- 이들이 상상한 콘셉트에서 사용자 경험이 극대화되는 시나리오는 어떤 장면인가?
- 2050년의 자동차 제조사는 어떻게 수익을 창출하고 있을까?

영상 보기

6.1 현대자동차 자율주행 UX 공모전

2018년 봄, 교정에 걸린 "현대자동차 자율주행 UX 공모전" 현수막이 몇몇 학생들을 들뜨게 했다. 홍익대학교에는 전통적으로 공과대학과 미술대학 학생들이 협업할 수 있는 교과 · 비교과 과정이 잘 정착되어 있고, 모빌리티를 소재로 디자인엔지니어링 융합 교육을 해 오던 차였다. 때마침 자율주행차 UX 디자인에 관심이 있거나 산학 프로젝트 경험이 있었던 공과대학과 미술대학 학생들이 뭉쳤다. 기계공학과 석사과정 중이던 이지훈 학생, 미술대학 산업디자인 제품 전공 안유선 학생, 운송 전공 최재혁 학생, 시각디자인 전공 최유정 학생이 〈홍대일미〉 팀으로 도전하여, 본선 진출까지하여 당당하게 우수상을 수상했다.

6.1.1 현대자동차 자율주행 UX 공모전(2018) 개요

현대자동차에서 학생들을 대상으로 앞선 기술에 대해 공부하여 창의적인 아이디어를 내서 비즈니스 제안에 도전할 수 있는 주제들로 다양한 공모전을 열어 주고 있다. 2018년 자율주행 UX라는 주제를 던진 이 공모전도 시의적절하게 열려 학생들에게 도전정신을 불어넣어 주었다. [그림 6-1]은 영현대 사이트[161]에서 볼 수 있는 당시 공모전 포스터이다. 단순히 학생들이 아이디어를 제안하면 심사위원이 1회 평가로 수상하고 끝나는 것이 아니라, 교육부터 코칭까지 함께 제공되는 장기 프로그램으로 그야말로 굉장한 기회였다. 여기 소개하는 프로젝트처럼 선발된 본선 진출 팀에게는 1,000만원의 제작비도 지원됐기 때문에 풍요로운 배움과 실험을 제공해주는 기회였다.

[그림 6-2]의 첫 줄의 맨 왼쪽 〈홍대일미〉 팀은 본선까지 진출, 우수상을 수상하였다. 그들이 그린 미래 모빌리티 "1인 크리에이터를 위한 자율주행 스튜디오 플랫폼 디자인" 프로젝트를 소개한다. 이들의 수상 소식은 기사[162] 등에서도 볼 수 있다.

[그림 6-1] 현대자동차 자율주행 UX 공모전 소개(2018)[161]

[그림 6-2] 현대자동차 자율주행 UX 공모전 본선 시상식(2018)[162]

6.1.2 수상 프로젝트 소개

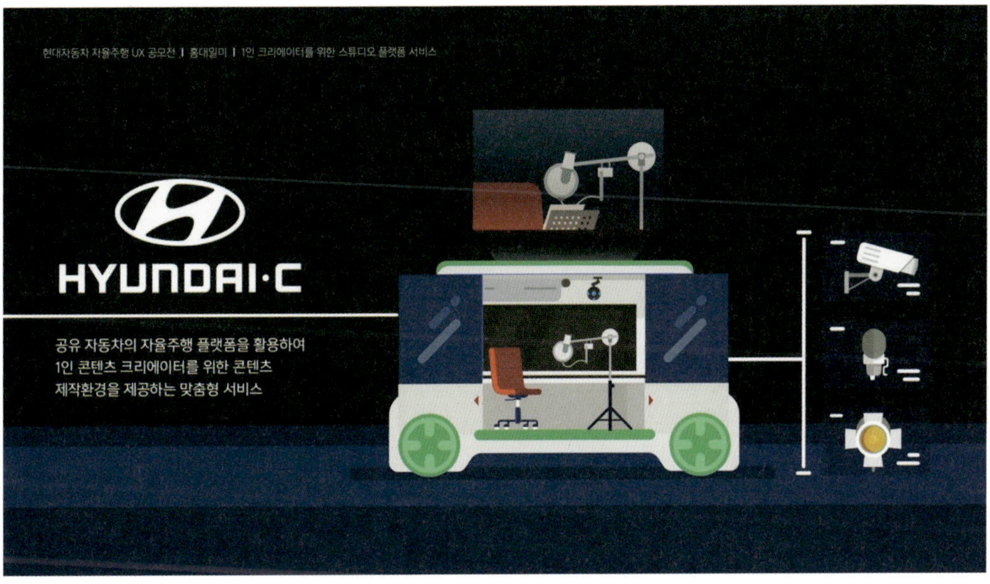

[그림 6-3] Hyundai · C 콘셉트 : 1인 크리에이터를 위한 스튜디오 플랫폼 서비스

배경

시장을 분석해본 바, 자동차 시장의 전망을 살펴보면 근미래에는 자동차의 가치가 설치된 소프트웨어에 따라 결정될 것이 분명하다. 여기서 소프트웨어란 주행과 관련된 것과 서비스 관련된 앱 모두를 갖추어야 한다. 또 주행 중 할 수 있는 행동뿐만 아니라 차 안 공간을 어떻게 활용할지가 중요해지고 있다.

시장분석 자동차 시장의 전망

근미래에는 자동차의 가치가 설치된 소프트웨어에 따라 결정될 것이다.

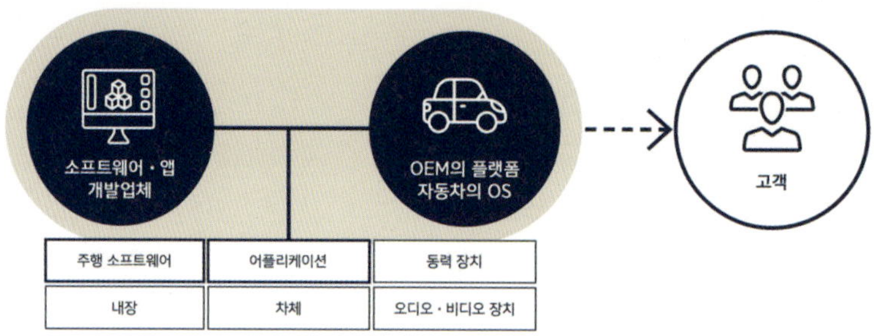

Uber, Uber Technologies Inc.
한 지역에서 다른 지역으로 이동하는 차량 서비스에 더불어 간편하게 음식을 주문하고, 어려움 없이 의료 서비스를 받을 수 있도록 돕는 서비스이다.

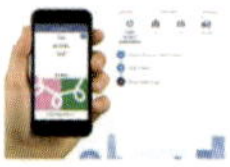

Whim, MaaS Global
단순히 자동차를 제공하는 것이 아니라 택시, 공공교통수단, 자동차, 자전거 등 운송수단의 종류를 불문하고 '목적지까지의 이동' 자체를 제공하는 서비스이다.

시장분석 자동차 시장의 전망

주행 중 할 수 있는 행동뿐만 아니라 자동차의 공간을 어떻게 활용할 수 있을지가 중요해지고 있다.

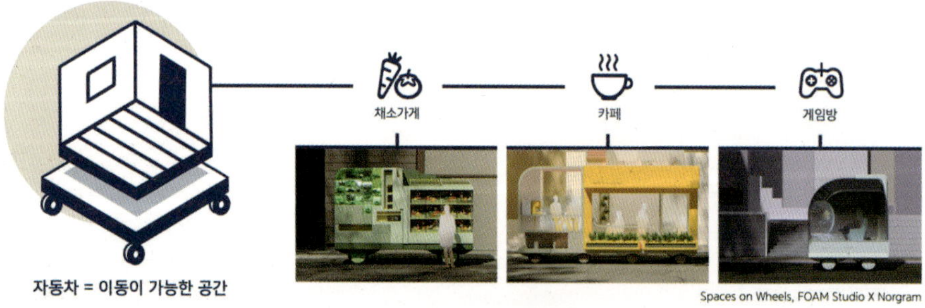

e-Palette, Toyota
이동과 물류, 판매 등 다양한 서비스에 대응하여 사람들의 생활을 지원하는 모빌리티 컨셉이다. 카쉐어링, 사무실, 푸드트럭 등 다양한 용도로 사용이 가능하다.

Cabin, Cabin Technologies Inc.
샌프란시스코와 LA를 오가는 움직이는 호텔로 한 칸 한 칸이 마치 보통 호텔 방 하나처럼 모든 것이 갖추어져 있다. 개인적이면서도 꿈같은 여행이라는 슬로건으로 특별한 경험을 강조한다.

[그림 6-4] Hyundai · C 콘셉트 시장분석 : 자동차 시장의 전망

[그림 6-4]에 시장분석 단계에서 벤치마킹한 대상이 언급되어 있다. 1장 1.3.2절 '서비스로서의 모빌리티'에서 **MaaS**의 개념을 도입하고 실천하는 기업의 사례를 들었다. Uber는 이동의 서비스를 제공하는 데 그치지 않고 음식 주문이나 의료 서비스 제공으로까지 연결시키고 있는 점에 착안하였다. 또 핀란드의 Whim은 MaaS 개념의 **모빌리티 서비스**를 제공하기 위해서는 하나의 소프트웨어 플랫폼 안에 모든 이동수단이 통합되어 들어오는 게 얼마나 중요한지를 보여준다.

자율주행차를 단순히 자율적으로 주행할 수 있는 운송수단으로만 보지 않고 열려 있는 공간으로 바라볼 수 있다는 가능성도 이들의 콘셉트에 큰 영향을 주었다. 1.2.5절 **'목적 기반 모빌리티(PBV)'**에서 주로 현대자동차의 사례를 들었는데, 여기 소개된 IKEA "Space on Wheels"[163] 와 Toyota e-Palette도 대표적인 다목적 PBV의 사례이다.

이러한 시장분석 인사이트를 갖고, 홍대일미팀은 잠재 고객으로 성장 중인 1인 미디어 시장에 주목하였다. [그림 6-5]에 콘텐츠 시장이 커지며 크리에이터를 꿈꾸는 사람들도 늘어나는 등 성장세에 있는 1인 미디어 시장의 조사 내용을 정리하였다. 이 경향은 특히 Z세대에서 강하게 주도하고 있는데, 1990년대 중반에서 2000년대 초반에 걸쳐 태어난 젊은 세대를 Z세대라 이르며 이들은 어릴 때부터 디지털 환경에서 자란 '디지털 네이티브(디지털 원주민)' 세대라는 특징이 있다. Z세대가 말하는 가장 영향력 있는 인물 TOP 5 모두 유튜브 스타가 차지함은 물론, "콘텐츠 크리에이터"가 장래희망의 높은 순위로 떠오르고 있는 사실은 1인 미디어가 잠재 고객으로 성장 중임을 뒷받침해 준다. 이런 Z세대는 소유보다는 공유가 편하게 여기며, 제품소비보다는 경험소비에 더 관심이 있는 특성을 보이며 이들의 주력 소비층이 되는 시점에 대비하는 것은 거의 모든 기업들의 어려운 숙제이다.

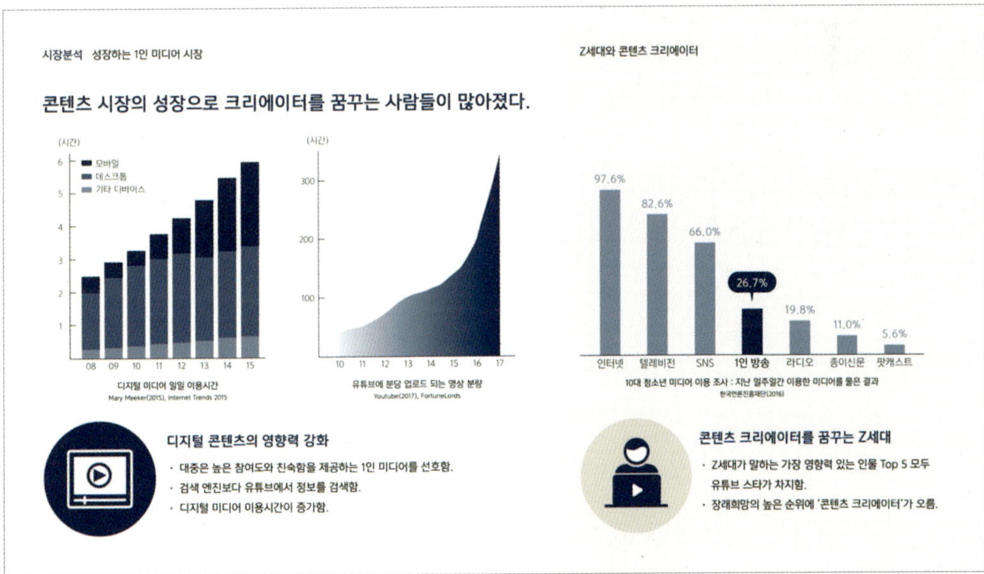

[그림 6-5] Hyundai · C 콘셉트 시장분석 : 성장하는 1인 미디어 시장

사용자 니즈

소위 잘 나가는 콘텐츠 크리에이터들은 어떻게 작업을 해 나가고 있을까? 그들을 밀착 관찰해 보기로 했다. 또 그들의 작업 현장에서 크리에이터들을 관찰한 후 1:1 **심층 인터뷰**를 통해 그들에 대해 더 깊이 들어가 보았다. 흥미롭게도 그들은 작업 중 겪는 고질적인 불편함을 스스로 해결하거나 적응하는 모습이었다.

[그림 6-6] Hyundai · C 콘셉트 사용자 조사 : 1인 콘텐츠 크리에이터 인터뷰와 현장 방문

[그림 6-6]을 순서대로 살펴보자. 막 시작한 10대 메이크업/헤어 분야의 크리에이터 율봄은 영상을 주로 휴대폰 카메라로 찍는다. 구독자 수에 비해 조회수가 높은 것이 뷰티 분야의 특성이다. 여행/일상 카테고리의 크리에이터 Taemin TV는 국내여행을 다니며 자주 찍는 편이다. 질 높은 영상을 주로 찍는데, 찍어 놓고 못 올린 영상들이 쌓여 있다. MANDY는 노래/공연 분야 크리에이터로 주로 본인 노래를 홍보하기 위한 영상을 올린다. 그렇기에 다양한 장소에서 노래하는 영상을 찍는다. 게임 분야의 크리에이터 SIN LEE는 라이브 스트리밍을 즐겨하는데 구독자 수를 늘리는 것이 고민이다. 이렇게 다양한 크리에이터들의 작업공간과 작업과정에서 다음과 같은 공통적인 고민을 발견할 수 있었다.

- 촬영 과정에서 시끄럽다는 주변 민원이 발생한다는 점
- 촬영 중 갑자기 등장하는 가족 구성원
- 촬영을 주로 하는 장소가 너무 협소해 찍을 때 세팅하고 끝나면 싹 치워야 하는 정리 문제
- 질 높은 영상을 찍기 위해 고가의 장비를 대여한 후 이동이나 반납이 힘들고 번거로운 점 등

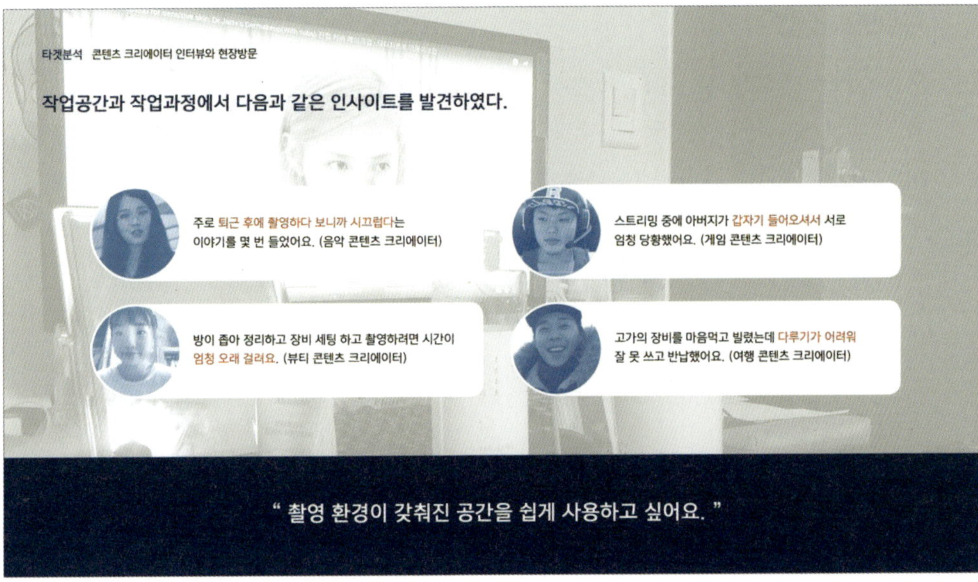

[그림 6-7] Hyundai · C 콘셉트 사용자 조사 : 인사이트

이들의 공통된 애로사항을 정리하면, "촬영 환경이 갖춰진 공간을 쉽고 편하게 사용하고 싶다"는 사용자 니즈로 정리된다. 이러한 조사 결과를 하나의 대표적인 페르소나가 겪는 하나의 사용자 여정으로 정리하고, 진행 단계별로 스트레스 지수가 높아지는 구간도 표시했다. 다음의 [그림 6-8]과 같은 **사용자 여정 지도**는 사용자 조사 과정에서 찾은 많은 사실들을 조합해 그들이 거치는 공통적인 프로세스도 정리하고([그림 6-8]의 최상단 : '촬영 준비 〉 촬영 〉 촬영 마무리 〉 편집 및 공유'), 이 단계를 세분화하고, 세분화된 단계별 스트레스 지수의 높낮이도 표시함으로써 하나의 산출물로 완성된다.

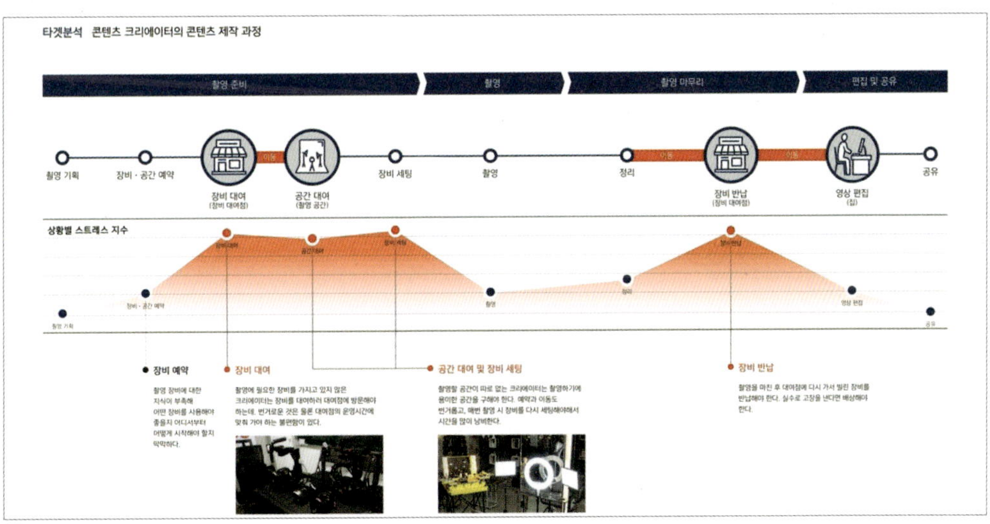

[그림 6-8] Hyundai · C 콘셉트 사용자 조사 : 사용자 여정 지도

콘셉트 제안

Hyundai · C 콘셉트는 공유 자동차의 자율주행 플랫폼을 활용하여 1인 콘텐츠 크리에이터를 위한 콘텐츠 제작 환경을 제공하는 맞춤형 서비스이다. 콘텐츠 제작 시 겪는 주된 어려움인 공간/장비/시간의 문제를 자율주행자동차로 해결하는 것이 핵심 아이디어이다. 자율주행차량만 제공하는데 그치는 것이 아닌, 총체적인 서비스를 엮어 제공하는 비즈니스로 나아가야 진정한 해결안으로써 의미가 있다. 개인 맞춤형 공간 제공 서비스, 실시간 연결된 네트워크 제공, 언제 어디서나 필요하다면 고가의 전문 장비와 함께 작업이 이뤄지는 콘텐츠 제작 환경을 그 핵심 구성으로 한다.

다음의 [그림 6-9]와 같은 페이지는 발표에서 제기된 문제가 콘셉트를 통해서 어떻게 명쾌하게 모두 해결되는지를 한 장에 보여 주는 매우 중요한 연결고리이므로 콘셉트에 설명으로 들어가기 전에 이렇게 짚어주면 매우 효과적이다.

이 같은 연결고리를 명확히 짚어준 후, 콘셉트 제안으로 발표를 전환한다. 콘셉트로 발표를 할 때에는 [그림 6-10]과 같은 페이지로 콘셉트의 이름과 사용자의 편익을 축으로 설명을 이어간다. 어떻게 보면 [그림 6-9]에도 편익이 드러나 있기는 하지만, 콘셉트 소개로 발표의 국면이 전환되고 나면 이제 이 새로운 제품 · 서비스를 사용하면 사용자의 경험이 얼마나 좋은지 이상적으로 바뀐 사용자의 삶을 머릿속에 그려질 정도로 상세히 묘사하는 것에 중점을 둔다는 점에서 차이가 있다.

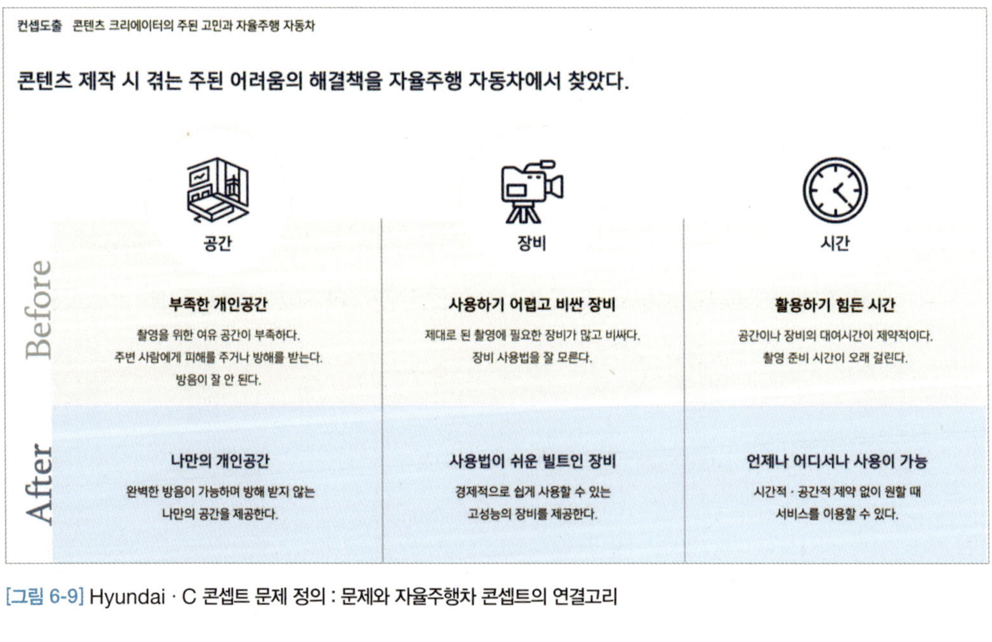

[그림 6-9] Hyundai · C 콘셉트 문제 정의 : 문제와 자율주행차 콘셉트의 연결고리

[그림 6-10] Hyundai · C 콘셉트 제안 : 정의 및 특징

사용 시나리오

사용자 입장에서 새로운 모빌리티 서비스를 이용하는 상세 시나리오로 흐름은 다음과 같다. [그림 6-11]과 [그림 6-12]에 소개된 사용자 입장에서의 **서비스 시나리오**이다.

❶ **서비스 신청** : 촬영 카테고리를 고르고 대여와 반납 시간과 장소를 설정한다. 제휴 콘텐츠를 추천받을 수도 있다.

❷ **자동차 대여 및 촬영** : 지정한 장소에 자동차가 오면 탑승하여 계획한 콘텐츠를 촬영한다.

❸ **내부 정리 및 자동차 반납** : 본인의 짐을 챙겨 자동차에서 하차해 반납 버튼을 누른다.

❹ **영상 편집** : 본인 계정으로 제공되는 편집프로그램으로 찍은 영상을 손쉽게 편집한다.

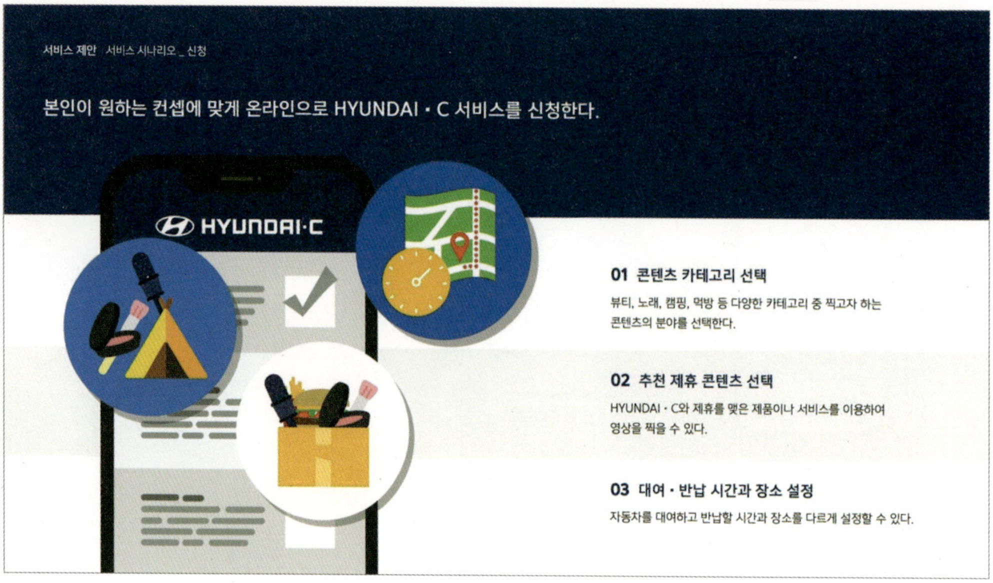

[그림 6-11] Hyundai · C 콘셉트 제안 : 서비스 신청 시나리오

[그림 6-12] Hyundai · C 콘셉트 제안 : 서비스 이용 시나리오

이 서비스의 유지 및 관리를 위해서 [그림 6-13]에서 제시하였듯 서비스 제공자는 주기적인 모니터링과 실시간 피드백을 제공해야 한다. 자동차 내부의 카메라와 센서로 문제가 있는지 주기적으로 확인하는 서비스를 시행하고 이를 통해 사용 중 문제 발생 시 온라인으로 소통하며 해결한다. 또 지역마다 Hyundai · C의 유지 보수 및 물류 보관 등의 서비스를 지원하는 센터를 운영해야 한다는 것까지 서비스 제안에 포함된다.

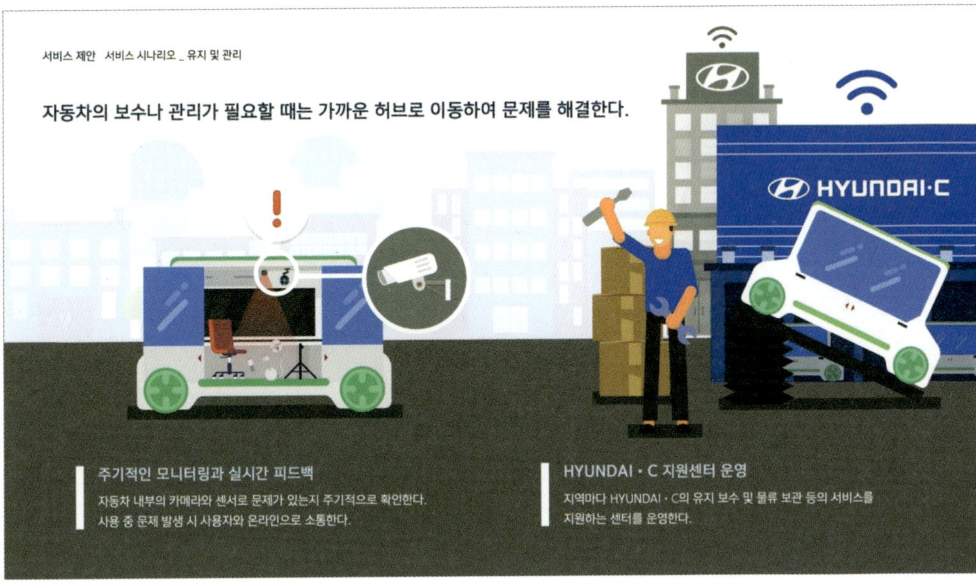

[그림 6-13] Hyundai · C 콘셉트 제안 : 서비스 사후관리 시나리오

이 서비스를 이용한다면, 1인 크리에이터가 야외 캠핑장에서 영상을 찍는 것, 뷰티 콘텐츠 크리에이터가 좁은 내 방이 아닌 잘 갖춰진 자율주행차 실내에서 촬영하는 것 모두 손쉬워진다. 이는 현대가 자동차 제조사로서 사용자가 기대하는 품질에 맞춰 차량 내부와 외부의 디자인에 다양한 포트폴리오를 갖출 수 있는 기업이기에 가능할 것이다.

이렇게 이상적인 사용자 경험의 기본 시나리오를 차근차근 설명을 마치면, 이제 문제만 해결된 것에 그치지 않고 어떤 새로운 사용자 경험의 세계를 상상할 수 있는지 보여 준다. 문제로 정의된 1인 크리에이터가 캠핑을 간 상황을 상상해 본다. 이 차량에 설치된 외부 카메라와 휴대용 촬영 장비로 기존에 촬영하기 힘들었던 콘텐츠를 창작할 수도 있을 것이다. 뷰티 콘텐츠 크리에이터는 어떤가? 작지만 폐쇄 공간이 차량 안에서 방송을 하면 여러 각도의 카메라와 조명, 배경을 자유자재로 활용하면 더 다채로운 콘텐츠를 만들어 낼 수 있을 것이다.

이렇게 문제의 해결을 뛰어넘어 서비스 경험이 극대화되는 사용 예시까지 제시하게 되면 자연스럽게 상상력이 자극되는 것을 느낄 수 있을 것이다. [그림 6-14]와 같은 다른 사례는 없을지 스스로 생각해 보는 것도 새로운 과제로 연결될 수 있다.

[그림 6-14] Hyundai · C 콘셉트 제안 : 서비스 경험이 극대화되는 사용 예시

비즈니스 청사진

이제 이런 좋은 경험을 이루기 위해 누가 무엇을 해야 하는지 설명해야 한다. 이러한 플랫폼은 타 브랜드와의 연계하여 제휴 콘텐츠로 제작을 확장할 수 있고, 차량 외부가 광고판이 되는 것도 고려 가능하다. 또 크리에이터들과 같이 라이프 스타일을 선도하는 이들의 활동 데이터를 동의하에 수집하여 간접적으로 트렌드를 파악할 수 있는 수단이 된다. 이 외에도 현대자동차의 새로운 수익으로 서비스 이용료와 광고 홍보비가 유입되는 것을 기대해볼 수 있을 것이다.

[그림 6-15] Hyundai · C 콘셉트 기대 효과 : 서비스 플랫폼의 확장 계획

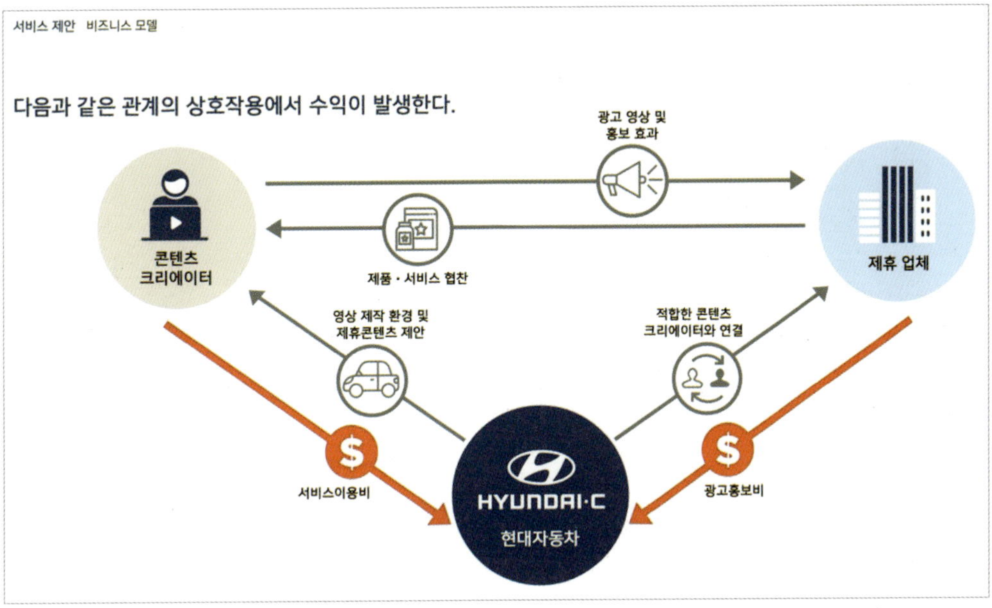

[그림 6-16] Hyundai · C 콘셉트 기대 효과 : 수익 창출 기회

이로써 현대자동차그룹은 궁극적으로 새로운 시장개척과 브랜드 홍보 효과를 얻을 수 있다. 새로운 시장 개척은 Hyundai · C가 1인 콘텐츠 크리에이터가 직면한 한계들에 해결책을 제시하여 미디어 시장에서 새로운 역할을 함으로써 가능할 것이다. 브랜드 차원에서는 Hyundai · C를 활용하여 떠오르는 소비계층인 MZ세대에게 현대자동차를 홍보할 수 있는 "브랜드 캐스트"를 공급할 수 있다.

[그림 6-17] Hyundai · C 콘셉트 기대 효과 : 궁극적인 효과

[그림 6-18] Hyundai · C 프로젝트 팀

- 홍익대학교 공과대학 기계공학과 이지훈 석사
- 홍익대학교 미술대학 산업디자인 전공 안유선 & 최재혁
- 홍익대학교 미술대학 시각디자인 전공 최유정
- 지도 : 홍익대학교 기계 · 시스템디자인공학과 디자인엔지니어링 융합전공 임덕신 교수

6.2 AVK 퓨처 모빌리티 챌린지

2019년 "제1회 AVK 퓨처 모빌리티 챌린지"는 앞서 현대자동차의 자율주행 공모전처럼 미래 모빌리티 공모전이 학생들의 아이디어에 전문가 집단의 멘토링이 제공되어 탄탄한 비즈니스 제안으로 만들어지는 경향이 다시 한번 확인된 케이스다. 이번에 소개하는 사례는 홍익대학교 미술대학 산업디자인 전공 정지수 학생이 이끈 'Linka' 프로젝트다. 100:1의 경쟁을 뚫고 1등상을 수상했다.

6.2.1 아우디폭스바겐 퓨처 모빌리티 챌린지(2019) 개요

2019년 "제1회 AVK 퓨처 모빌리티 챌린지"는 아우디폭스바겐코리아가 주최하고, (재)한국사회투자가 주관하며, 서울특별시, 한국과학기술원(KAIST), 창업진흥원, 벤처스퀘어, 패스트파이브가 후원한 전국 단위의 대학(원)생 아이디어 공모전이다. [그림 6-19]의 소개 포스터[164]는 이제 열람할 수 없지만, 오른쪽 영상[165]으로 모집 요강이 남아 있다. 공모전은 대학(원)생들로 구성된 100개 이상의 팀이 참여하며 열띤 호응과 참여 속에 진행됐다.

영상 보기

1차 서류심사와 프레젠테이션 심사를 거쳐 선정된 5개 팀이 결선에 진출하여 카이스트 박사과정 학생들과 자동차 산학계 전문가들로부터 멘토링을 받았다. 당시의 생생한 진행 과정도 오른쪽 영상[166]에서 볼 수 있다. 최종 결선은 2019년 1월 31일 문화공간 'SJ 쿤스트할레'에서 르네 코네베아그 그룹총괄사장, 김경수 카이스트 조천식녹색교통대학원장, 이종익 한국사회투자 대표를 비롯한 6명의 심사위원과 결선 진출 5개 팀, 150여 명의 일반 참관객들이 참석한 가운데 열렸다.

영상 보기

결선에 나선 5개 팀은 전문가 멘토링을 통해 보다 정교화된 퓨처 모빌리티 아이디어와 프레젠테이션 스킬까지 한층 끌어올린 최종 발표를 진행했다. 최종 우승 팀은 홀로그램 기술을 통한 카 셰어링 서비스의 개인맞춤화를 제안한 'Linka' 팀이 선정됐다([그림 6-20] 가운데 1등 팀). 이들의 여정은 한국일보 기사[167]에서도 볼 수 있다.

[그림 6-19] 아우디폭스바겐 퓨처 모빌리티 챌린지 소개(2019)[164]

[그림 6-20] 아우디폭스바겐 퓨처 모빌리티 공모전 시상식(2019)[167]

6.2.2 수상 프로젝트 소개

[그림 6-21] Linka 콘셉트 : Link All Your Needs With Linka

배경

Linka는 "Link all your needs"의 목표를 담고 있는 콘셉트의 명칭이다. Linka 서비스에 대해 이야기하기 앞서 현재 미래 자동차 시장에 대한 관점에 대해 설명할 필요가 있다. 완전 자율주행차가 자동차 업계의 키워드가 되면서 자동차에 대한 개념이 '소유'에서 '공유'로 변하고 있고, 그에 따라 차량 제조에서 **모빌리티 서비스**로 **패러다임이 전환**되고 있는 시점이다.

[그림 6-22]에 보이는 Lyft, Car2Go, GetGo는 모두 모빌리티 서비스의 대표 기업들이다. 이들의 공통점은 모두 '이동'으로, 이동 그 자체에 매우 큰 중점을 두고 있다. 각 업체들은 이동의 질을 높이기 위해 기술과 서비스, 두 부분을 발전시키는 데 집중한다. 기술의 경우 이동을 더 빠르게, 안전하게 하기 위해 많은 사람들이 알고 있는 바와 같이 자율주행기술, 차량 간 통신, ADAS에 힘쓰고 있으며, 서비스의 경우 이동을 더 편리하게 하기 위해 배차 알고리즘, 스마트폰 앱 개발 등에 힘쓰고 있다. 이렇게 많은 회사, 서비스들이 다같이 이동에만 초점을 맞추고 있는데 이 상황에서 차별화된 포지셔닝을 하기는 어려운 현실이다. 그렇다면 여기서 어떻게 브랜드 아이덴티티를 부각시킬 수 있을까? 차량 제조사들은 어떻게 이 모빌리티 서비스 시대에 대처할 것인가?

다른 업계로부터 힌트를 얻어본다면, 답은 항상 '디자인'에 있었다. 애플과 삼성은 라이벌 기업인데, 블라인드 테스트에서 여러 번 검증됐듯이, 갤럭시의 기술력은 언제나 아이폰을 능가해왔지만, 모바일 사용자 경험의 패러다임과 트렌드를 이끌어가고 있는 것은 단연 아이폰이다. 또 애플에는 삼성에는 없는 탄탄한 애플 마니아층이 존재한다. 다시 말해, 현재의 애플을 만든 것은 디자인 독창성이라고 할 수 있다. 이만큼 중요한 디자인 아이덴티티를 자동차 제조사들은 자율주행, 공유차 시대가 온다 해도 어떤 방법으로 지켜 나갈 수 있을까?

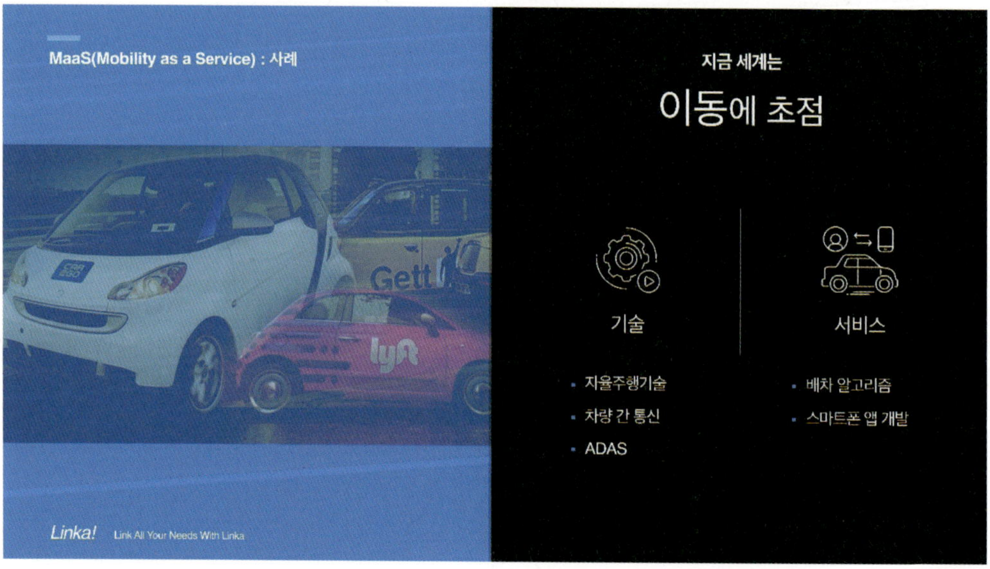

[그림 6-22] Linka 콘셉트 시장분석 : 문제제기

사용자 니즈

Linka는 기존 서비스들이 제대로 소구하지 못하는 사용자 니즈에 주목했다. 먼저 피오르드(Fjord)와 폭스바겐이 함께 진행한 퓨처 모빌리티 보고서[168]에서 [그림 6-23]에 수록한 두 개의 사용자 세그멘테이션(segmentation)을 선정했다. "Car Lovers – 나는 내 차를 사랑해"는 차에 이동수단을 넘어서 그 이상의 가치를 두고 있는 사람들을 의미한다. "Joy Seekers – 나는 항상 재밌는 걸 하고 싶어"는 차를 그저 A부터 B까지 이동하는 데 쓰는 교통수단이 아니라, 그 속에서 무언가 재밌고 의미 있는 걸 하고 싶은 사람들이다.

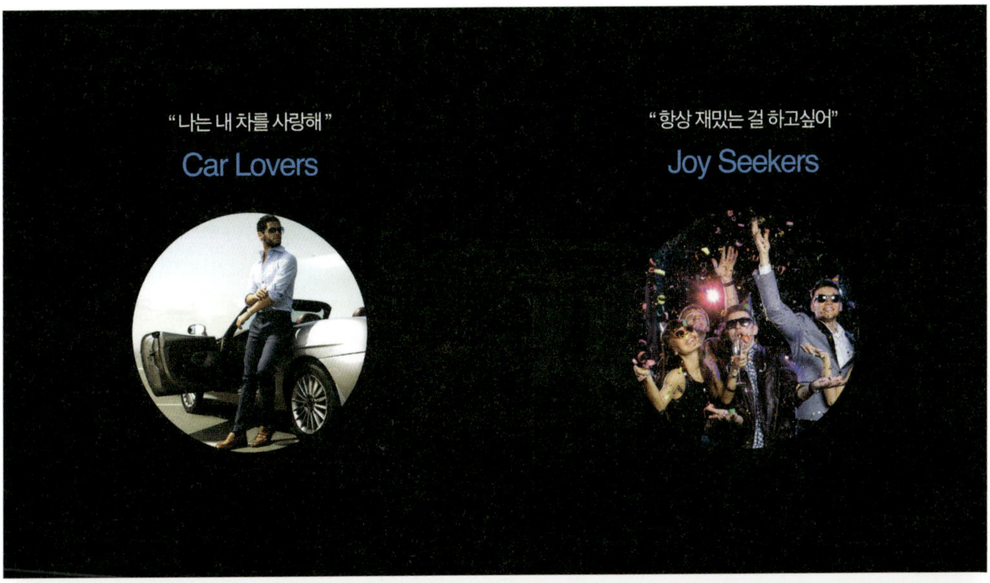

[그림 6-23] Linka 콘셉트 문제 정의 : 문제와 자율주행차 콘셉트의 연결고리

Linka는 이 사람들을 목표로 미래 모빌리티 서비스 시장에서 항상 이기는 전략, 즉 Winning Strategy를 제시한다. 결론부터 말하자면, 홀로그램을 외관에 적용함으로써 익스테리어를, 교체식 모듈로써 인테리어를 적용하여 공유와 소유를 결합하여 양쪽 사용자 계층(segmentation) 모두를 만족시킬 전략, 즉 기존 서비스로 할 수 없던 "공유 속에서 소유를 경험하게 하는" 솔루션이다.

콘셉트 제안

차량 인테리어를 레고처럼 마음대로 교체할 수 있다면 어떨까? Linka는 차체 프레임은 그대로 있고, 인테리어 모듈만 쉽게 빼고 다른 테마의 모듈을 끼울 수 있다. 현재까지 숱한 자율주행차 콘셉트를 봐 왔지만 이들은 기존의 시트가 돌아가고, 조금씩 변형되는 정도의 한계가 있었다. Linka는 각자의 용도에서 최고의 퍼포먼스를 보여 주는 동시에 손쉬운 교체까지 가능하다. 테마들은 [그림 6-24]와 같이 키즈 스페이스, 피트니스 스페이스, 게이밍 스페이스 등 상상하는 모든 것이 가능하다. 이제 차 내에서 운전을 할 필요가 없는 상황에서, 이동 중 즐거움을 극대화할 수 있는 것이다. 지금까지 인테리어를 교체식 모듈을 통해 차량 내 활동의 다양성을 넓힐 수 있는 아이디어에 대해 이야기해 보았다. 그럼 이제 익스테리어로 넘어가보자.

현재 홀로그램 기술은 별도의 프레임 없이 Fan 하나로도 실제와 다름없는 이미지를 보여 주는 데까지 발전했다. Fan과 같은 홀로그램 영상 장치를 차량 프레임에 부착한다면 익스테리어 구현이 충분히 가능할 것이다. 물론 미래에는 더 발전된 방법이 있을 것이다. [그림 6-25]에 보이는 홀로그램 기술은 익스테리어 개인화가 가능하다. 이 안에는 Linka의 인테리어인 모듈, 모듈을 감싸는 프레임, 마지막으로 휠과 플랫폼이 있다. 앞서 보인 Fan은 린카의 프레임에 전체적으로 설치되어 있어 익스테리어 디자인을 구현한다.

[그림 6-24] Linka 콘셉트 : 인테리어 제안

[그림 6-25] Linka 콘셉트 : 익스테리어 제안

이러한 홀로그램 기술이 익스테리어에 적용된다면 어떤 장점이 있을까? 우선, 차량을 구매해야 했던 예전과 달리, 훨씬 저렴한 가격에 디자인만 구매하여 소유할 수 있다. 따라서 이전에는 시도하지 못한 과감한 디자인과 컬러도 선택할 수 있다. 특정 기간 동안 디자인을 구독하거나, 광고와 결합된 가격 옵션이 존재하는 상황도 가정해볼 수 있을 것이다. 다음의 예시처럼 앱스토어에서 앱을 구매하듯이 자신이 구매한 익스테리어를 선택하면서 사용자는 마치 여러 대의 차량을 가진 듯한 느낌이 들 수 있다.

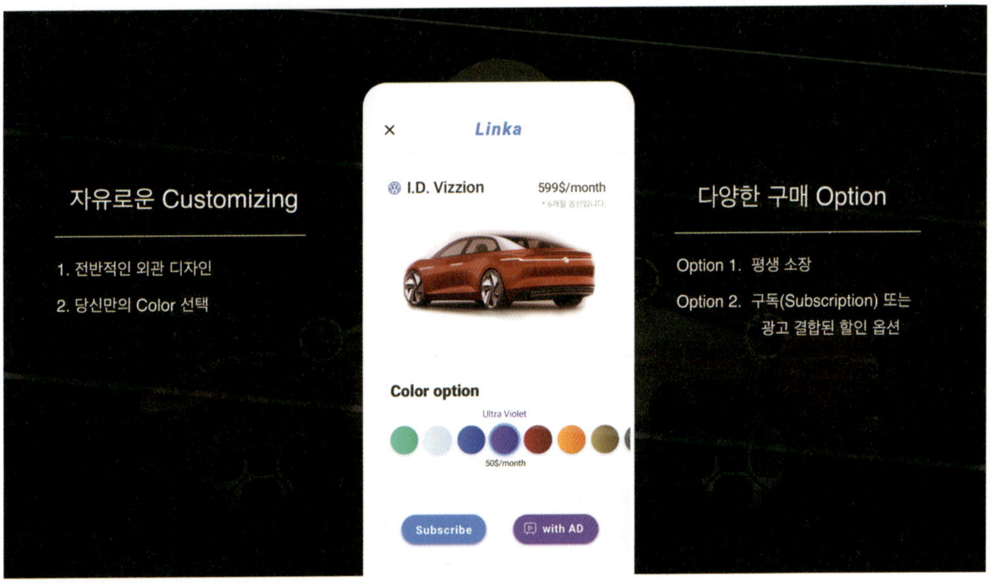

[그림 6-26] Linka 콘셉트 : 홀로그램으로 가능해진 개인화 기능

사용 시나리오

여기 28살인 마케터 Anna 씨가 저희 페르소나입니다. Anna 씨는 출근하기 위해 Linka 애플리케이션을 엽니다. Anna 씨는 이동 시간도 가치 있게 즐기고 싶어 하는 'Joy Seekers'인데요. 오늘은 취미 중 하나인 요가를 하고 싶어 피트니스 인테리어 모듈을 선택했습니다. 또 오늘의 스타일 콘셉트인 Red에 맞춰 레드 컬러의 외관을 골랐네요. 예약이 완료되자 Linka는 Anna 씨가 지정한 디자인으로 변신합니다. Anna 씨는 멀리서 다가오는 Linka를 보고 자신의 Linka임을 한눈에 알아봅니다. Anna 씨는 자신이 이용한 오늘의 Linka를 SNS에 공유하면서 하루를 마무리합니다.

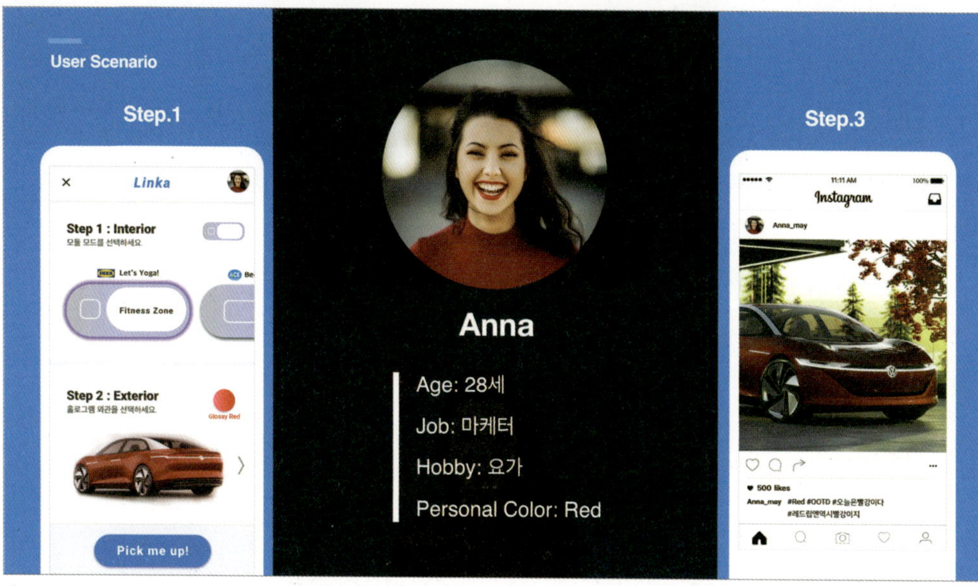

[그림 6-27] Linka 콘셉트 : 페르소나

비즈니스 청사진

Linka를 통해 어떤 혜택을 얻을 수 있는지 사용자와 서비스를 도입할 제조사 입장, 두 가지 관점으로 나누어 보자. 사용자의 입장에서는 공유의 효율성과 소유의 만족감을 동시에 느낄 수 있다. 홀로그램으로는 자신의 취향을, 모듈 교체식 인테리어로는 다양한 용도를 충족하면서 사용자는 Linka의 가치를 경험한다. 제조사 입장에서는 효율성이 극대화된다. 특히 외부의 익스테리어 표현에 필요한 소재가 상당부분 절약되기 때문에 경량화가 가능하고, 이는 연비 향상과 제조비용 절감으로 이어질 수 있다.

[그림 6-28] Linka 콘셉트 : 기대 효과

이와 같이 고객 니즈를 반영함으로써 다른 서비스들이 "이동"에만 집중할 때, Linka는 사용자에게 경험적 편익을 제공한다는 점에서 차별화된 경쟁 우위 포지셔닝을 할 수 있다.

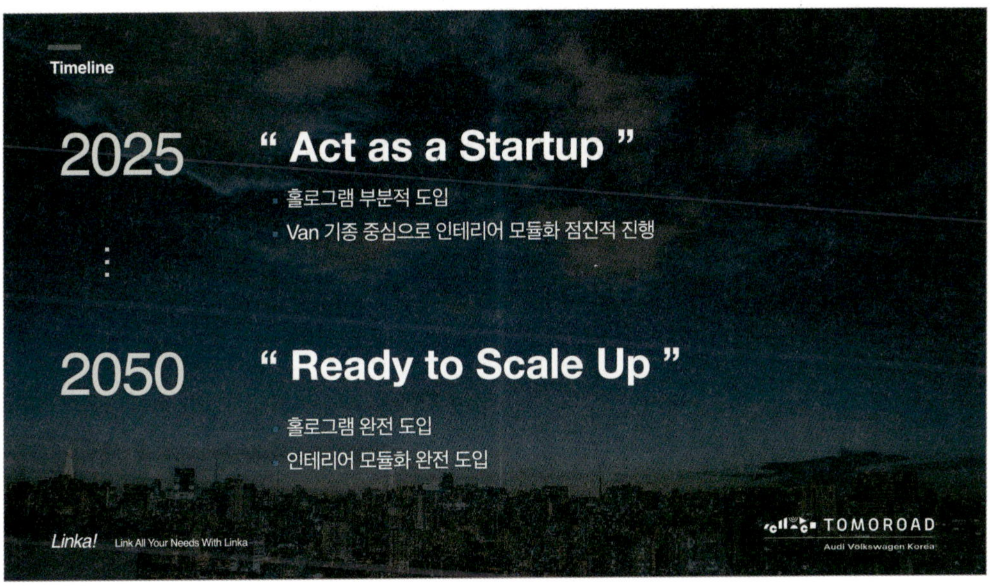

[그림 6-29] Linka 콘셉트 : 실행 로드맵

마지막으로 Linka의 타임라인을 제시한다. 2025년의 목표는 'Act as a Startup'으로, 2025년은 기술을 부분적으로 도입하면서 사용자 데이터를 축적하는 중요한 시기가 될 것이다. 홀로그램을 모빌리티에서 많은 변화가 이뤄지는 부분, 예를 들어 헤드램프나 사용자 식별이 이뤄지는 패널 부분에 적용하여 기술 친화도를 높이는 동시에 사용자 데이터를 축적할 수 있다. 인테리어 측면에서는 스페이스의 역할을 하기에 충분한 벤 기종을 중심으로 모듈화를 시작한다. 2050년의 목표는 'Ready to Scale Up', 즉 그간의 테스트를 통해 생긴 확신을 기반으로 사업을 본격적으로 확장하는 것이다. 이때는 차량 규격화를 완성하고 인테리어 모듈화와 홀로그램을 완전히 도입하는데, 이를 통해 Linka는 새로운 비즈니스 플랫폼을 창조하게 된다. 모빌리티 제조사에게는 '홀로그램 익스테리어 디자인'이라는 새로운 플랫폼을 제시하는 동시에, 인테리어 측면에서는 퍼니싱 업체가 Linka용 모듈을 제작할 수 있도록 오픈 소스를 제공하는 것이다.

- 홍익대학교 미술대학 산업디자인 전공 정지수
- 연세대학교 경영학과 하헌서
- 지도 : 퓨처 모빌리티 챌린지 제공 전문가 집단

6.3 미래 자동차산업 아이디어 공모전

2021년 현대 · 기아자동차 협력회에서 주최하는 "미래 자동차산업 아이디어 공모전"은 다가올 미래 자동차산업에서 모빌리티가 어떤 사회적 역할을 할 수 있는지 학생들의 다양한 아이디어로 모빌리티의 미래 잠재성을 확인한 공모전이었다. 이를 창의적인 아이디어로 해결한 홍익대학교 조형대학 디지털미디어디자인전공 김영서 학생과 디자인컨버전스학부 김혜원 학생 팀이 장려상을 수상하였다. "2050년 치매환자의 기억회상을 돕는 리마인딩 모빌리티 서비스 ViVi" 프로젝트를 소개한다.

6.3.1 미래 자동차산업 아이디어 공모전(2021) 개요

"미래 자동차산업 아이디어 공모전"은 HKASA 현대 · 기아자동차 협력사 협의회가 주최한 전국 단위의 대학(원)생 아이디어 공모전으로 2021년 8월에 공지되었다([그림 6-30]).

미래 자동차산업 아이디어 공모전

2021. 08. 30

1. 개요

대학(원) 생 대상의 미래 자동차 산업 관련 아이디어 공모 및 포상

2. 공모주제

가. 자동차 산업에 있어서 전통기술과 미래기술과의 공존
나. 자동차 산업에 있어서 에너지의 미래
다. 꼭 전기차만이 대안인가?
라. 모빌리티의 미래
마. 자동차 기술의 정치학(국가간 파워게임 또는 패권다툼에서 자동차산업/기술의 쓰임
바. 자동차의 사회학 (자동차는 인류에게 어떤 존재인가)
사. 자동차는 앞으로 어떻게 변할 것인가

3. 지원방법

가. 위 2항의 공무주제에 대하여
① 소논문(아래한글 12포인트 기준 A4용지 20매 내외)
② 발표자료 (파워포인트)
③ 발표동영상 (10분 이내)을 제출

나. 코로나 상황에 따라 별도의 대면 발표회를 실시할 수 있으며, 대면발표가 어려울 경우 제출 자료만으로 심의 평가

다. 자세한 사항은 현대기아자동차 협력회 홈페이지 (www.hkasa.com)의 팝업 게시판을 통하여 확인 및 Q&A 가능

4. 제출마감

2021년 11월 10일

5. 평가기준 및 포상

가. 평가기준 : 아이디어의 참신성(50%), 논리성(30%), 사업화 가능성(20%)
나. 수상자 발표 및 장학금 수여 : 2022년 1월
다. 수상자의 포상금은 수상자의 소속 대학에 장학금으로 기부하고 대학이 시상.

⊙ 대 상 1인 / 팀 1천만원
⊙ 최우수상 1인 / 팀 7백만원
⊙ 우 수 상 3인 / 팀 5백만원(수상자/팀당)
⊙ 장 려 상 5인 / 팀 2백만원(수상자/팀당)

6. 문의전화

02-704-0291

소논문,발표자료,발표동영상을 아래 메일로 발송해주세요.

지원서 제출메일주소 : hkasa@hkasa.com

공모전 Q&A 바로가기 →

현대 · 기아자동차 협력회 사무국

수신처 : 전국 4년제 대학교 총장

[그림 6-30] 미래 자동차산업 아이디어 공모전 소개(2021)[169]

대학(원)생들로 구성된 다양한 배경을 가진 창의적인 팀들이 참여하였다. 최종 마감일까지 소논문과 발표자료를 제출하고, 발표 경연은 코로나19로 인해 발표동영상으로 대체되었다. 현대자동차 2022년 시무식과 함께 시상식은 현대자동차 직원들의 호응과 축하 속에 진행됐다. 홍익대학교 디지털미디어디자인전공 김영서 학생과 디자인컨버전스학부 김혜원 학생 팀([그림 6-31])은 "2050년 치매환자의 기억회상을 돕는 리마인딩 모빌리티 서비스 ViVi"로 장려상을 수상하였다.

[그림 6-31] 미래 자동차산업 아이디어 공모전 시상식(2021)

6.3.2 수상 프로젝트 소개

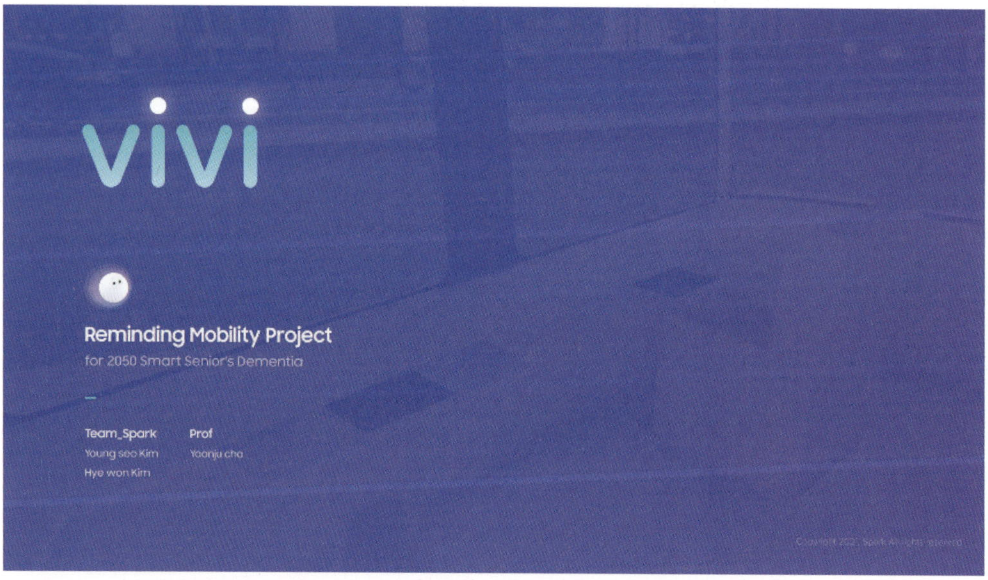

[그림 6-32] ViVi 콘셉트 : 2050년 치매환자의 기억회상을 돕는 리마인딩 모빌리티 서비스

ViVi 서비스는, "directions to vivid memories"를 의미하는 선명한 기억을 만나러 가는 길 ViVi로 치매 환자들의 기억회상을 돕는 자율주행 **모빌리티 서비스**다.

배경

한국은 고령화 국가 중 가장 빠르게 초고령화 사회로 돌입하고 있으며, 치매 발병률이 가속화되어 약 30년 후인 2050년에는 노인 6명 중 1명이 치매를 앓을 것으로 판단된다. 이처럼 치매는 환자 가족의 심리적 · 경제적 부담이 큰 질병으로 치매를 의료비 부담, 환자 가족의 고통 측면에서 우선적으로 해결이 필요한 질병으로 인식되고 있다.

[그림 6-33] ViVi 콘셉트 데스크 리서치 : 문제제기

이러한 치매를 효과적으로 극복할 수 있는 치료법인 '기억회상요법'을 사용하고자 했다. 이 요법은 기억력뿐만 아니라 집중력, 언어유창성, 지남력, 계산력에도 긍정적인 영향을 미친다. 하지만 회상요법의 부정적인 측면도 있었다. 홀로 회상할 시 걱정, 후회, 우울 등을 느낄 수 있기 때문에 다른 사람과 기억을 공유하고 이야기할 수 있는 집단회상요법으로 해결하고자 한다. 회상요법은 해외에서 그 효과가 입증된 바 있다. 이 사례는 해외 회상요법 사례로, 과거의 장소를 재현하고 냄새, 음악 등 시청각자극을 통해 기억회상요법을 효과적으로 극대화하였다. 이처럼 감각자극회상요법은 다양한 사례로, 촉각적인 경험을 극대화하는 보조제품과 쑥향기와 같이 후각을 자극하고 추억의 사진을 보여 주는 시각자극 등이 있다.

우리는 해외에서 입증된 '장소 재현'과 '감각자극회상요법'을 국내 기억회상요법에 도입하고, 직접 기억의 장소로 이동하여 기억을 생생히 회상시켜 주는 모빌리티 서비스를 제안한다. 하지만 서비스를 전개함에 있어 치매환자들은 이동에 제한이 있다. 이들에게는 치매로 인한 인지기능 저하로 교통사고가 빈번히 일어나고 있으며, 치매는 법적으로 운전면허 결격 사유에 해당된다(도로교통법 시행령 제42조 제1호, 제2호). 그렇게 치매환자들은 가고 싶은 곳에 갈 수 없어 삶의 만족도가 낮을 수밖에 없다.

이에 첫째, 기억의 장소로 안전하게 이동하여 효과적인 회상요법을 제공, 둘째, 신체와 인지기능 저하에 따른 이동의 제한을 해결하고 이동의 기회를 제공할 수 있는 매체로 자율주행 모빌리티를 선정하였다([그림 6-34]에 요약). 이와 더불어 서비스에 활용될 수 있는 AI 돌봄 기술과 증상에 따른 맞춤형 기술, 환자의 안전과 편의를 위한 심리적 불안 완화를 돕는 케어 기술이 개발되고 있었다. 자세한 기술 동향은 [그림 6-35]를 참고하기 바란다.

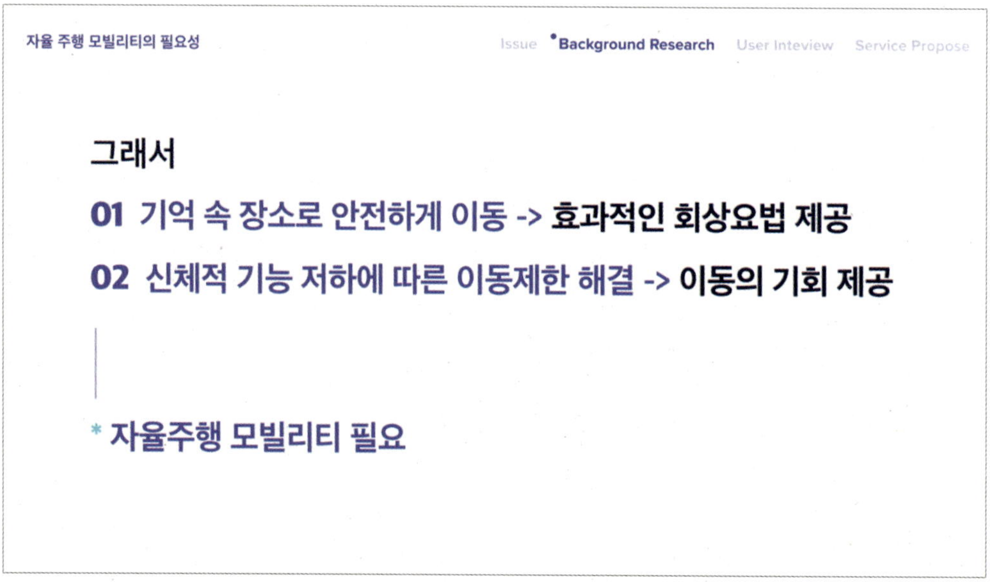

[그림 6-34] ViVi 콘셉트 : 문제와 자율주행차 콘셉트의 연결고리

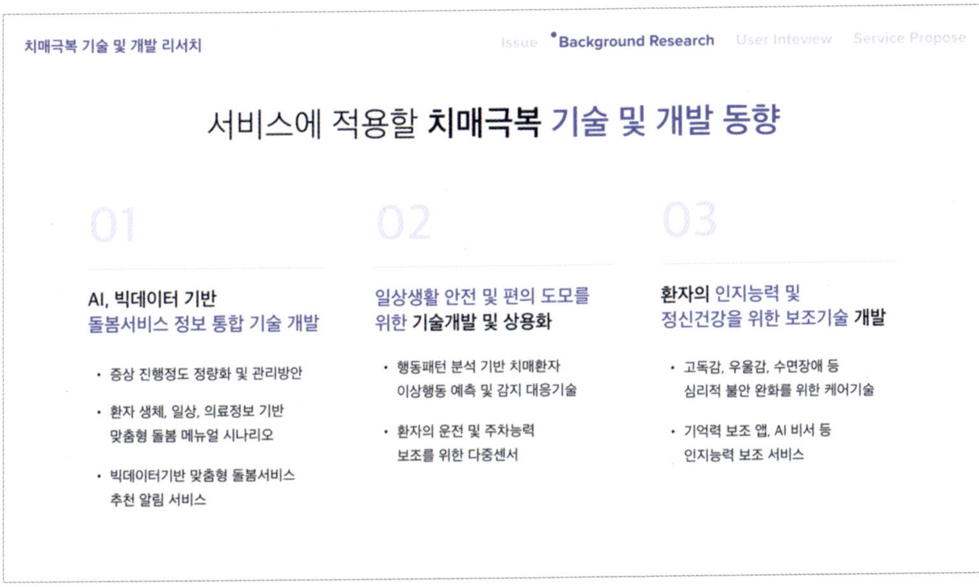

[그림 6-35] ViVi 콘셉트 데스크 리서치 : 치매극복 기술 동향

데스크 리서치를 통해 기억회상요법은 기억 속 환경을 체험하여, 집단회상을 통해 소속감과 안정감을 줄 사회적 경험을 생성하고, 다양한 감각자극으로써 회상에 몰입감을 줄 수 있다는 인사이트를 얻었다.

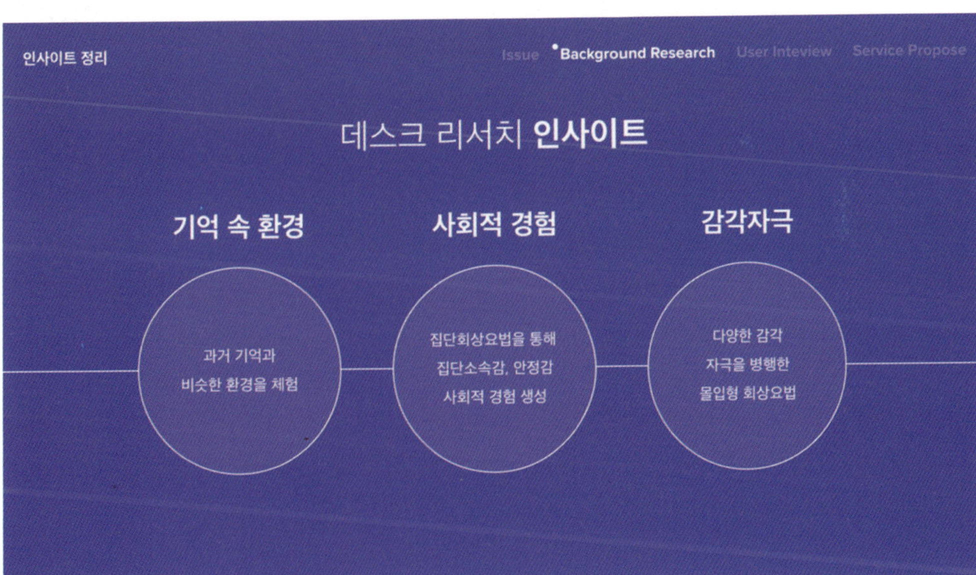

[그림 6-36] ViVi 콘셉트 데스크 리서치 : 인사이트

이제 이러한 데스크 리서치에서 얻은 인사이트를 갖고, 우리의 가설을 검증하고 현장의 인사이트를 더하기 위해 실 사용자를 조사하는 단계로 들어간다.

사용자 니즈

실 사용자 조사는 두 가지 방법을 병행했다. 현재 치매를 앓고 있는 환자들을 대상으로 **포커스 그룹 인터뷰**와 2050 스마트 시니어 대상 **온라인 설문조사**를 각각 수행했다. 포커스 그룹 인터뷰는 안양데이케어센터에서, 설문은 58명에게 온라인으로 수집하였다.

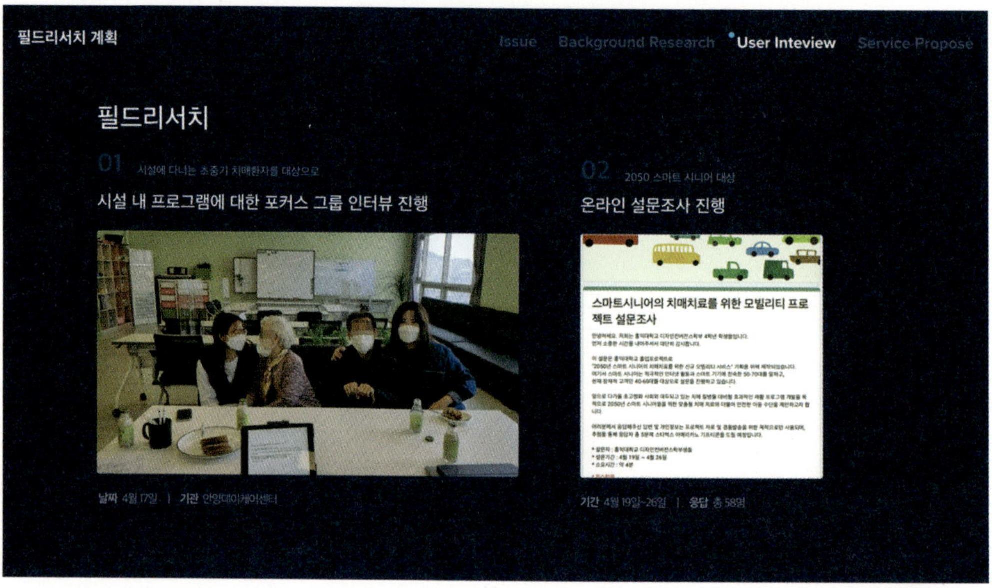

[그림 6-37] ViVi 콘셉트 사용자 조사 : 포커스 그룹 인터뷰와 온라인 설문

필드리서치 결과로 효과가 미미한 국내 회상요법에 감각자극 및 기억의 장소로 이동하는 회상프로그램을 개발하고 가장 재미를 느꼈던 다같이 노래 부르기 프로그램을 제공하고 이동이 쉽지 않은 환자들을 위한 자율주행 모빌리티의 필요성을 인사이트로 도출하였습다.

또 가족과 연락을 하고 싶어 돌발행동을 보이는 환자를 위해 가족과의 즉각적인 의사소통을 가능하게 하고, 스마트 시니어들이 노후에 원하는 건강을 지키는 삶을 프로그램으로 서비스의 만족도를 높이고자 하는 인사이트가 도출되었다.

필드리서치를 통해 효과적인 기억회상요법이 필요하고 자율주행 모빌리티와 환자들의 안전한 이동을 위해 동승자를 병행하고 가족과의 소통을 도와주어 심리적인 불안감을 해소해줄 수 있다는 인사이트를 얻을 수 있었다.

[그림 6-38]에 정리된 사용자 조사 결과 인사이트가 미래 모빌리티가 제공할 수 있는 가치와 어떻게 연결되는지 정리하였다.

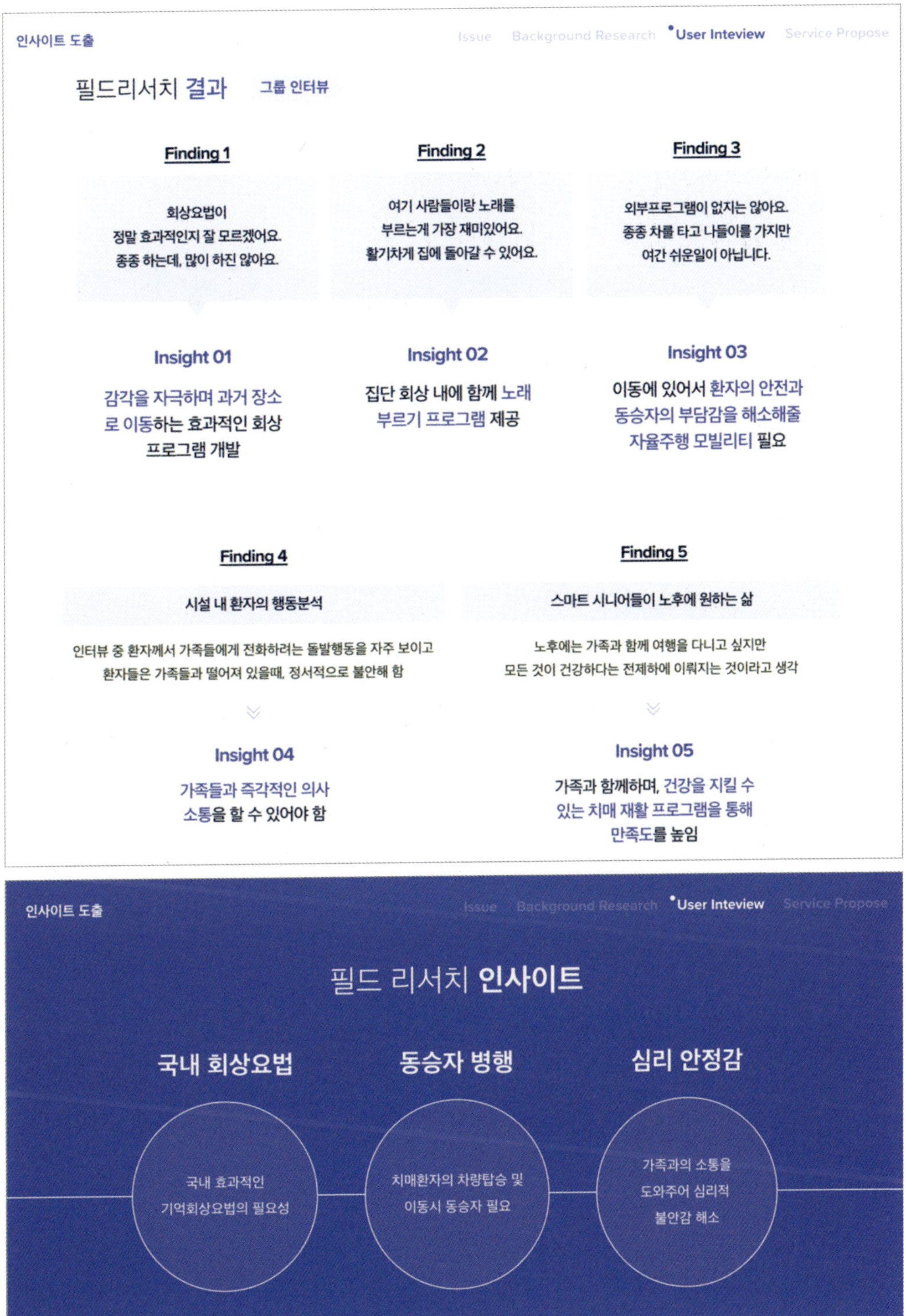

[그림 6-38] ViVi 콘셉트 사용자 조사 : 발견한 사실들로부터 인사이트 도출

콘셉트 제안

ViVi 서비스의 핵심가치는 안전한 모빌리티, 감각자극 공간, 가족과 소통, 집단 소속감 네 가지다. 이 서비스는 "선명한 기억을 만나러 가는 스토리텔링형 치매치료 모빌리티" 한 줄로 설명할 수 있다.

서비스 구조는 크게 스마트폰과 모빌리티로 나누어 설명 가능하다. 스마트폰에서는 기억정보를 입력, 모빌리티 예약과 피드백을 전달받고, 모빌리티에서는 입력된 정보를 바탕으로 프로그램이 진행된다. 다음의 구조도에 이러한 스마트폰과 모빌리티 각각의 역할이 어떻게 연결되어 하나의 서비스를 이루는지 사용자를 포함하여 설명하였다([그림 6-40]).

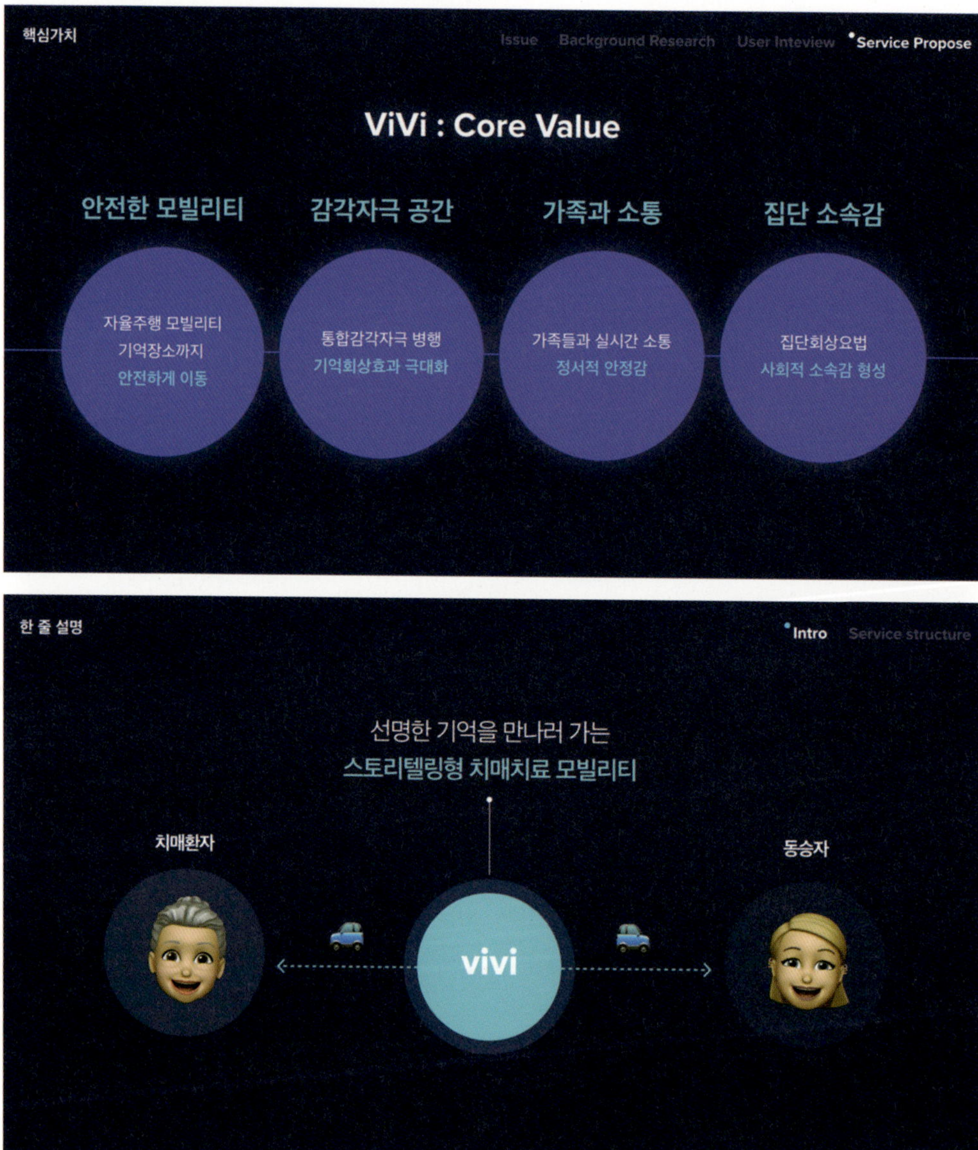

[그림 6-39] ViVi 콘셉트 : 핵심 가치와 한 줄 설명

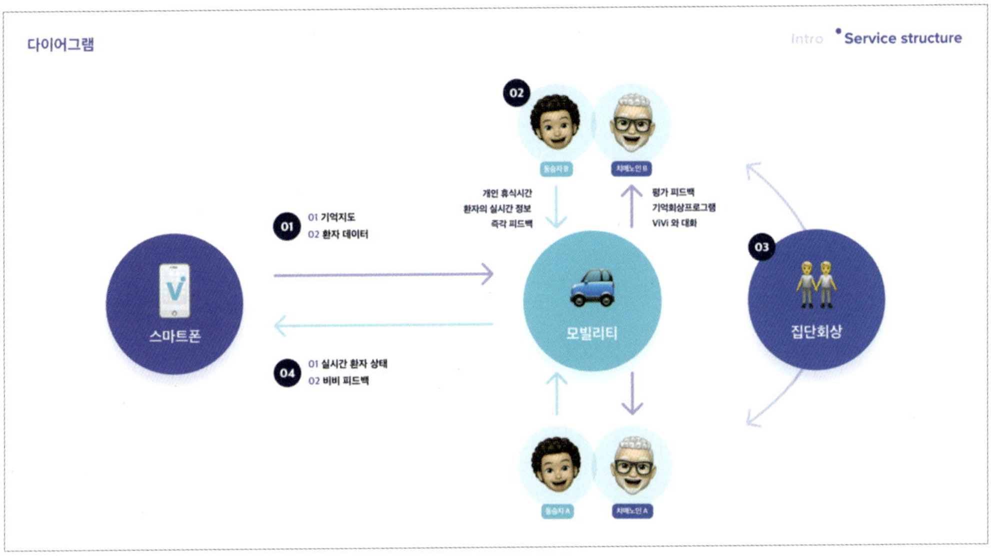

[그림 6-40] ViVi 콘셉트 : 서비스 다이어그램

첫 번째, 기억지도를 통한 회상프로그램이다. 앱을 다운받은 후 동승자는 환자와 함께 기억정보를 입력한다. 서비스 진행에 가장 중요한 정보 입력 단계이므로, 스마트 시니어를 타기팅한 ViVi 음성 가이드를 통해 기억 정보를 어렵지 않게 작성하도록 한다. 환자의 기억 데이터를 기반으로 기억지도가 만들어지고, 이는 모빌리티로 전송되어 프로그램이 진행된다. 이때, 과거 장소변화 유무에 따라 회상 방법이 나뉜다.

두 번째, 모빌리티 공간 내 두 가지 모드다. 동승자의 좌석이 이동하면서 모드가 전환된다. 환자는 전방의 스크린을 통해 AI ViVi와 회상요법을 진행하고, 동승자는 개인스크린으로 스마트폰을 연동해 개인 콘텐츠를 즐기거나 무드에 따른 플레이리스트를 제공받으며, 환자의 현재 상태와 돌발상황을 알림으로 확인한다. 패밀리 모드에서는 환자가 돌발행동을 할 때 즉각적으로 행동을 취하며 기억회상요법을 함께 진행할 수도 있다. 언제든 소통이 가능하고, 동승자에게 개인 시간을 확보해주어 프로그램 이용 시 부담을 덜어준다.

세 번째, 집단회상요법이다. 집단회상은, 프로그램 체험 시, 필수가 아닌 선택으로 탑승 전 참여 여부를 미리 체크하여 기억의 주제가 같은 환자끼리 그룹을 만든다. 이야기 보따리와 키워드를 띄워 처음 보는 유저와의 대화를 돕고, 함께 추억의 노래를 부르는 프로그램이 제공된다. 환자는 집단회상을 통해 긍정적인 사회활동을 경험할 수 있다.

마지막, AI 치매진단서로 전 · 중 · 후로 실시간 환자의 상태를 분석하여 모바일로 치매진단서가 전송된다. 이는 동승자 외 가족들에게도 환자의 상태를 알려 걱정을 완화시키고, 서비스 만족도와 지속성을 높인다. 정리하면 ViVi는 기억지도를 이용한 이동형 기억회상이 메인인 프로그램으로, 환자와 동승자의 니즈를 모드전환, 집단회상요법, 치매진단서로 디렉션을 제공한다.

사용 시나리오

ViVi는 [그림 6-40]에 등장하는 두 **페르소나** 치매환자와 가족인 동승자를 대상으로 한다.

우선 **사용 시나리오**는 두 사용자가 프로그램 시작 전 모바일을 통해 기억정보를 작성하게 되며 이를 기반으로 기억 지도가 생성되고 이는 모빌리티로 전송된다. 여행을 위한 모빌리티 사전 대여를 마치면, 치매 환자와 동승자를 태운 모빌리티는 기억 지도에 기반한 장소로 이동한다. 모빌리티 내부는 두 사용자의 개인 스크린 배치에 따라 공간이 좌우로 분리되어 설계되었다. 이는 주행 중에도 언제든 환자의 안전 상태를 확인하고 자유로운 소통이 가능하도록 하기 위함이다. 기억 회상 프로그램은 장소로 이동하는 중 스크린의 AI ViVi의 회상 유도 대화와 감각자극을 병행한 시각적 콘텐츠를 통해 이루어진다. 장소에 도착하면 외부 체험이 진행되며 그 이후에는 집단 회상 프로그램을 진행할 수 있다. 집단 회상 프로그램은 기억정보 데이터를 기반으로 진행되며, 다른 모빌리티에 탑승한 치매 환자들과 윈도우 스크린(Window screen)을 통한 대화를 바탕으로 다양한 프로그램을 체험한다. 이후 서비스 마무리 단계로, 이용 전후의 치매 상태를 분석하여 건강을 진단하고 모바일로 전송해줌으로써 사용자에게 제공되는 서비스 이용 가치를 극대화하고자 했다.

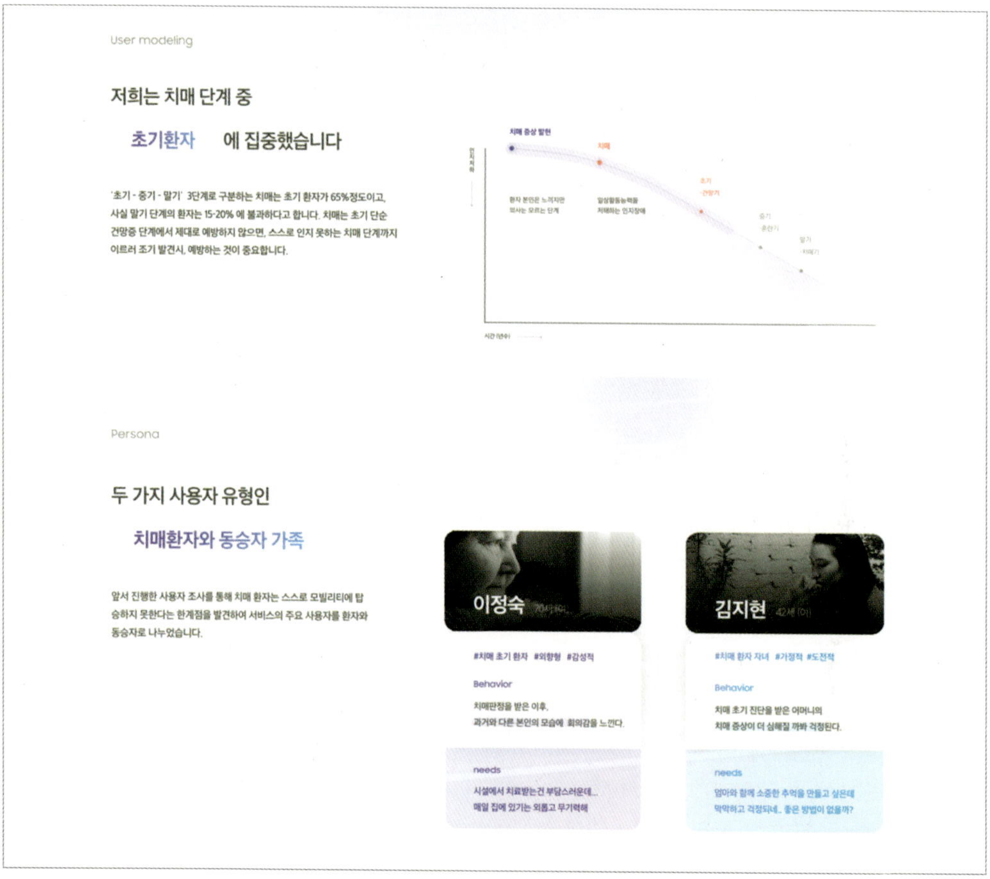

[그림 6-41] ViVi 콘셉트 : 사용자 페르소나와 시나리오

[그림 6-42] ViVi 콘셉트 : UX

ViVi 사용자 치매환자와 가족인 동승자 각각의 고객이 얻는 **가치**를 정리할 수 있다.

먼저 동승자는 자율주행을 통해 환자와 함께하는 활동범위가 넓어지고, 목적지까지 안전하게 이동할 수 있다. 또 이동 중 환자의 상태에 맞는 즉각적인 피드백을 통해 동행 부담을 감소시킨다. 마지막, 서비스 이용을 통해 동승자는 환자와 소중한 추억을 쌓을 기회를 제공받는다.

다음 치매환자가 가지는 서비스 이용가치는 그들이 가지는 신체적 한계를 극복하고 추억의 장소로 이동할 수 있다. 모빌리티 내 감각자극을 병행히어 기억 회상 몰입은 극대화시키며 가족과 함께하는 기억 회상 프로그램을 통해 정서적으로 안정을 느끼게 된다. 집에 돌아오는 길 집단회상요법을 통해 사회적 소속감, 인지기능 그리고 언어기능 또한 향상시킨다. 이와 같은 혜택을 통해 동승자 치매환자 모두에게 만족도를 높이고, 미래에는 그들에게 더 나은 치유 경험을 제공하고자 한다.

- 홍익대학교 조형대학 디지털미디어디자인전공 김영서 학생
- 홍익대학교 조형대학 디자인컨버전스학부 김혜원 학생
- 지도 : 홍익대학교 조형대학 디자인컨버전스학부 조윤주 교수

7장

미래 모빌리티 커리어 상담

Future Mobility Career Counseling

7.1 안유정 Waymo Head of Design

7.2 김영교 Lyft Product Design Manager

7.3 김정민 카카오모빌리티 AI Tech Leader

이 책에서는 전통적인 자동차 제조사에서 자율주행차로 특화된 기업의 출현 그리고 플랫폼 기업의 활약에 대해 강조했다. 또 미래 모빌리티의 디자인이 전통적인 운송 기기 디자인과 달리 운전자 중심에서 탑승자 중심으로 변화하며, 공간과 서비스의 사용자 경험이 중요한 성공 요인이 될 것임을 예고했다. 미래 모빌리티 시장에 도전하는 디자이너 혹은 엔지니어는 어떤 비전을 갖고, 어떤 소양과 역량을 갖추어야 할까? 미국 실리콘밸리의 웨이모(Waymo)와 리프트(Lyft), 판교테크노밸리의 카카오모빌리티와 같이 플랫폼 기업에서 활약하고 있는 전문가들의 이야기를 직접 들어보자.

7.1 안유정 Waymo Head of Design

안유정 Waymo 디자인 최고 책임자는 홍익대학교 미술대학 산업디자인과에서 학부와 대학원을 졸업하고 미국 일리노이공과대학교에서 디자인 전략을 전공했습니다. 한국의 LG전자에서 디지털 디스플레이 미디어 가전 디자인팀에서의 다양한 가전 및 모바일 제품 디자인 경험을 쌓았고, 미국의 모토로라에서 모바일과 스마트폰, 디지털 컨버전스, 홈 네트워킹 디바이스를 디자인하면서 10년 이상 제품 디자이너로 일했습니다.

2012년 Google X Lab에 입사한 이후 2013년부터 최초 무인 완전 자율주행차 프로젝트인 Firefly의 총괄 디자인과 개발을 담당했습니다. 2016년 Google Self-driving Car 프로젝트 팀이 Alphabet 산하 Waymo 독립 경영체제로 분사한 이후 디자인 조직 전체를 운영하고 있습니다.

현재 안유정 님은 Waymo에서 디자인과 디자인 전략 최고 책임자로서 Waymo가 개발하는 모든 하드웨어와 무인 자율주행차 및 제품이 일관성 있는 디자인 언어와 우수한 사용성을 핵심 가치로 두고 조직을 이끌어 나가고 있으며, 이에 따른 첨단 미래 제품의 기획과 프로토타이핑, 외부 업체와의 협업과 제조 전반에 대한 관리와 판단을 하고 있습니다. Waymo는 Waymo One에서 Waymo Via로 기술 플랫폼을 확장하여, 일반 탑승자 중심의 로보택시 서비스뿐만 아니라 물류 무인 수송까지 서비스 범위를 넓혀가고 있고, 자율주행 서비스로 21세기 인류의 실제 변화를 이끄는 첨단 미래 기업입니다.

인터뷰는 홍익대학교 재학생인 이예림 학생이 실리콘밸리에 있는 안유정 님을 비대면 원격으로 연결하여 진행했습니다. 미래 모빌리티 UX 디자이너를 꿈꾸는 이들에게 필요한 역량은 물론 실리콘밸리의 디자이너가 어떻게 일하는지도 함께 들어보았습니다.

- 이예림 학생 : 홍익대학교 4학년에 재학 중이며, 산업디자인 전공자로서 디자인엔지니어링 융합전공을 복수로 이수하였습니다.

안녕하세요? 이렇게 만나 뵙기 어려운 분을 직접 인터뷰하게 되어 영광입니다. 제 인터뷰 요청을 수락해 주신 안유정 선배님과 인터뷰를 허락해 주신 Waymo에 감사드립니다. 먼저, 자율주행차 디자인을 하시게 된 동기와 계기는 무엇인지 말씀 부탁드립니다.

처음부터 자율주행차 디자인을 하겠다고 계획했던 것은 아닙니다. 항상 신기술이나 신제품 개발에 관심을 두며, 배움을 추구하는 성향으로 인해 이 일을 하게 된 것 같습니다. 신제품을 개발하는 것은 '이것이 정말로 사람들에게 필요한 것인가?'와 같은 근본적인 고민을 필요로 하고, 제품뿐만 아니라 전반적인 시스템까지도 개발을 해야 합니다. 개인적으로 전 그 과정을 즐기는 편이고, 무엇보다 예전에 존재하지 않았던 산업생산품으로서 자율주행차라는 첨단 기술을 실체화하는 디자인에서 굉장한 매력을 느꼈던 것 같습니다.

Google X Lab 입사 전 즈음을 돌이켜보면, 10년 이상 가전과 모바일 분야에서 일하다 보니 기존에 활동하던 분야와는 다른 산업으로 디자인 경험 역량을 좀 넓힐 때가 되었다는 생각을 하고 있었습니다. 당시 디지털 가전제품이나 스마트폰, 스마트 홈, 컨버전스 제품은 큰 변화 없이 시장이 성숙기에 접어든 때였습니다. 기업들은 신기술과 신제품을 개발하기보다, 제품의 성능과 인터페이스를 개선하며 사용성이 좋아지는 제품을 만드는 것에 관심이 있었습니다. 마침 그때 무인 자동차라는 새로운 분야에 도전할 기회가 왔고, 심사 숙고 후 결단을 내리고 무인 자율주행차 프로젝트에 뛰어들게 되었습니다.

미래 모빌리티 디자이너가 되는 데 가장 큰 도움을 준 과거 경험은 무엇이었나요?

이전에 몸담았던 회사에서 신제품을 개발해 본 경험이 많은 도움이 되었습니다. 첫 직장인 LG전자에 들어갔을 때는 신세기 패러다임이 좌우하던 때로, 아날로그 가전에서 디지털 가전으로 전환되는 시기였습니다. 그리고 두 번째 직장인 모토로라에서는 전통적인 휴대폰에서 스마트폰, 커넥티드 홈으로 전환되는 과정을 경험했는데, 그 당시 겪었던 모든 과정들이 무인 자율주행자 개발에도 도움이 되었습니다.

휴대폰의 경우, 터치스크린 기술은 이미 존재해 있었음에도 불구하고 버튼 형태의 키패드를 없애는 데 생각보다 오랜 시간이 걸렸습니다. 시간이 걸린 이유는 사람들은 익숙한 것을 선호하고 새로운 기술에 대해 낯설고 거부감이 있기 때문에 쉽게 받아들이지 않기 때문입니다. 그래서 터치폰 개발 과정에서는 수많은 프로토타입을 만들어 리서치를 했고, 이전보다 개선된 터치 센서와 소리 및 진동을 결합하여, 버튼을 누를 때와 같은 유사 반응 느낌을 구현했을 때가 되어서야 비로소 사람들에게 받아들여졌습니다. 무인 자율주행차도 그런 과정이랑 비슷하다고 생각합니다. 첨단의 새로운 기술을 적용해서 지금까지 존재한 적 없는 익숙하지 않은 신제품을 개발하는 과정은, 사람들의 경계심을 낮추게 하고 제품을 자연스럽게 받아들일 수 있도록 만드는 과정입니다.

당연하지만 처음 접한 제품 개발부터 신기술이 사람들에게 보편적으로 수용되는 과도기를 거치는 제품 디자인 개발 경험들이, 지금의 디자인을 하는 데 도움이 되었습니다.

미래 모빌리티 디자이너로서 가장 보람을 느끼는 순간은 언제였나요?

자율주행 기술은 그냥 단순히 자동차를 재디자인하는 것이 아닌 자동차 산업 전반 그리고 시스템을 변화시키는 것입니다. 그래서 사용자나 제품 자체로서나 디자인 분야에 많은 변화 기회가 주어집니다.

사람들은 직접 운전하지 않아도 목적지에 도착할 수 있기에 이전까지는 운전과 주차에 소비하던 시간을 다른 의미 있는 일에 사용할 수 있으며, 보다 안전한 기술을 통해 소중한 생명을 보호할 수 있습니다. 단순히 삶에 큰 도움을 줄 뿐 아니라 장기적으로 일상에 엄청난 변화를 가져오겠지요.

장애가 있거나 고령인 분들에게는 타인에게 의존하지 않고 이동이 가능하므로 독립성이나 자신감을 갖게 되니, 자율주행자동차는 인간의 신체적 자율성에도 중요한 역할을 하게 됩니다. 실제로 이 일을 하면서 다양한 사람들과 만나 대화를 하고 그들이 겪는 어려움을 배우게 되었습니다. 그리고 내가 하는 일로 인해 사람들이 살아가는 방법이나 생활 전반에 긍정적인 영향을 줄 수 있다는 신념을 갖게 되면서 정말 많은 보람을 느끼게 되었습니다.

전통적인 자동차 제조사의 디자이너가 아닌, Waymo와 같은 회사의 디자이너로서 직면하는 도전이 있을까요?

무인 자율주행차는 전통적인 자동차 개발과 달리 기술, 제품, 디자인, 서비스, 전반적인 시스템이 순차적으로 개발되는 것이 아니라 모두 동시에 개발되고 있습니다. 전체가 끊임없이 항상 개발되고 업데이트가 되는 상황이라, 전통적인 일반 자동차 제조 과정과 같이 명확한 타깃 사용자와 시장을 대상으로 플랫폼과 디자인을 개발하는 것과는 업무 자체를 다르게 접근해야 합니다. 첨단의 신기술이다 보니 업무에 임함에 있어서 면밀히 검증해야 되는 부분도 많습니다. 이를테면 "모르는 부분이 있다는 것"을 인지하는 경우도 있지만, "모르는 부분이 있다는 것"조차 자각하지 못하는 경우가 종종 있습니다. 따라서 항상 스스로에게 "내가 지금 간과하고 있는 부분이 무엇인가"에 대한 질문을 하고 모든 쟁점에 대해 확인과 검증하는 과정이 필요합니다.

사람들은 보통 자신의 기존 경험을 바탕으로 미래를 상상하는 경향이 있기 때문에 새로운 기술의 가능성에 대해서는 쉽게 알기 어렵습니다. 그래서 제품을 개발하는 입장에서는 '이렇게 좋은 기술로 혁신적인 제품을 내놓으면 사람들이 순순히 받아들일 것이다'라 생각하는 것은 명백한 오산이 될 수 있습니다. 지금까지 사람들은 수십 년 동안 이 기술이 없이도 잘 존재해왔기에 온전히 새로운 기술과 제품은 선뜻 받아들이지 않을 가능성이 더 큰 만큼, 삶의 일부로 받아들이게 하는 과

블로그 보기[87]

정을 깊이 숙고해야 합니다. 근본적인 문제와 해결책 그리고 사람들이 정말로 원하는 것이 무엇인지 생각을 하고 계속해서 프로토타입 제작과 테스트를 반복하고, 관찰하고 배워 나가야 합니다.

이 분야의 디자이너가 기술에 대한 인식을 높이 가지는 것이 중요한가요?

실리콘밸리의 회사들은 신기술을 기반으로 창업을 한 경우가 많습니다. 따라서 기술을 깊이 이해하는 것은 디자인뿐만이 아닌 제품개발 전반에 중요한 부분이 됩니다. 그리고 이 분야의 일을 하려면 당연히 디자이너도 해당 기술에 대해 공부해야 하고 그러한 지식들이 기술적 문제에 접근하고 그에 대한 해답을 가져오는 데 도움을 줍니다.

무엇보다 가장 중요한 것은 근본적인 문제를 도출해내는 능력입니다. 대체로 많은 사람들이 빨리 해답을 찾아서 문제를 해결하는 것에 관심을 기울이는 편입니다. 하지만 신제품 개발 과정에서는 근본 문제가 무엇인지를 알아내기 위한 해결 과정 그 자체도 중요합니다. 따라서 다양한 분야의 사람들과 함께 고민하며 협업, 검증을 통해 해결책을 이끌어내는 절차부터 먼저 고려해야 합니다.

엔지니어들은 기술적인 문제에 대한 해결책을 제시하는 데 천재적입니다. 엔지니어들이 기술적인 문제와 제품에 관련해서 많이 생각한다면, 디자이너들은 사람을 중심으로 제품과의 관계에 접근하는 훈련이 많이 되어 있습니다. 신제품의 개발에 전문적인 지식도 중요하지만, 때때로 사람 중심으로 생각하는 것이 조금 더 열린 사고를 할 수 있도록 도와줍니다. 따라서 첨단 기술과 제품과 사람을 잇는 연결고리를 찾는 것이 디자이너의 중요한 역할 중 하나인 것 같습니다. 그리고 기술적인 부분은 깊이 있게 알면 좋지만, 얕은 지식은 오히려 부작용을 가져올 수도 있으므로, 제대로 파악을 하기 위한 최선을 다해야 합니다.

Waymo 디자인 수장로서의 역할은 무엇인가요?

Waymo의 전반적인 디자인, 전략, 차세대 제품 개발, 브랜딩 등 다양한 부분을 담당하고 있습니다. 그중에서도 제가 디자인 담당자로서 가장 중요하다고 생각하는 부분은 우리 회사에서 개발하는 제품들의 밸런스를 유지하는 일입니다. 실리콘밸리의 많은 회사들이 대부분 엔지니어들이 대다수인 기술 중심의 회사들이고, 신기술 관련해서 많은 개발이 이루어지다 보니, 간혹 궁극적인 소비자인 사람들에게 꼭 필요한 밸런스를 놓칠 때가 있기 때문입니다.

결국엔 이 모든 노력들이 첨단 기술 그 자체를 위한 것이 아니라, 사람에게 유익하게 하기 위함이라는 것입니다. 이 점은 장기적인 회사의 이미지와 사용자의 신뢰를 얻는 것에도 매우 중요한 부분이 되니까요. 많은 사람들에게 사랑받고 유익함을 줄 수 있는 제품을 개발하는 것은 모든 디자인의 기본이라 생각합니다.

디자이너는 계속해서 변화하는 기술에 대응할 수 있는 유연한 디자인과 사람들이 새로운 기술을 쉽게 배울 수 있도록 도와주는 방법에 대해서도 고민을 해야 합니다. 또 자동차, 운송 관련 분야는 규제도 많고 지역에 따른 문화 차이와 날씨와 지형과 같은 지역 고유의 특성까지도 고려해야 하므로 디자이너들은 항상 다양한 많은 것에 관심을 가지고 배우는 자세를 가져야 합니다. 사내 디자인 리더로서 항상 강조하는 부분은 “우리가 하는 일은 단순히 무인 자율주행차를 디자인하는 것이 아니라, 디자인을 통해 회사의 비전과 전략을 만들고 혁신을 이끌어내며 사람들의 신뢰를 쌓는 일이다.”입니다.

Waymo에서 디자이너들이 다른 전문성을 가진 사람들과 긴밀하게 협업하는 분위기인가요?

아무래도 실리콘밸리의 디자이너들은 현실적으로 디자이너들하고 지내는 시간보다 엔지니어들하고 지내는 시간이 더 많다고 해도 과언이 아닐 것입니다. 하드웨어, 소프트웨어, 센싱, 시스템, 구조, 에어로다이나믹스 엔지니어링 등 다양한 분야의 엔지니어들과 협업하며 제품 개발에 임해야 하고, 필요한 지식을 많이 배우게 됩니다.

엔지니어링 팀 이외에도 세이프티 팀이나 제품 개발, 마케팅 팀 등 다양한 부서와도 일해야 하고, 법규와 관련해서는 법률 혹은 정책팀과도 협업해야 합니다. 또 시뮬레이션, 리서치, 오퍼레이션이나 제조팀과도 일을 많이 합니다. 어느 부서와의 협업도 중요하지 않은 것은 없으며, 일상적으로 함께 문제를 공유하고 고민한 후에 중요한 결정을 내리는 것이 회사의 전반적인 문화입니다.

디자인 수장으로서 Waymo의 비전을 말해주실 수 있나요?

Waymo가 무인 자율주행차 분야에서 오랜 시간 경험을 쌓고 기술력을 길러온 것과 같이 Waymo의 디자인 팀도 지난 10년 동안 많은 시도를 해 왔습니다. 현재 디자인의 개념은 과거와는 달리 훨씬 광범위하며 단순히 외관적인 아름다움과 사용성을 높이는 수준에서 더 나아가, 모빌리티 전체의 패러다임을 바꾸고 사람들의 삶을 변화시킨다는 비전을 가지고 디자인에 임하고 있습니다.

미래 모빌리티 디자이너를 꿈꾸는 학생에게 Waymo에 지원하는 것을 추천하시나요?

나는 학생들에게 어느 회사에 지원하기에 앞서 자신이 정말 좋아하고 성취하고 싶은 것이 무엇인지를 자기 자신에게 물어보라고 권하고 싶습니다. 특정 분야의 전문가가 되기 위해서는 엄청난 시간과 노력을 쏟아 부어야 하고 그만큼 희생해야 하는 부분도 생기기 때문에 객관적으로 전망이 있다고 해도 내가 즐기지 못하는 일을 선택하면 나중에 후회할 수 있는 부분들이 생기기 때문입니다. 특히 무인 자율주행차 관련 분야에서 일하고 싶다면 디자인과 엔지니어링 분야뿐만이 아니라 다양하게 사회를 볼 수 있는 경험을 해보라고 이야기합니다. 왜냐하면 이 분야는 단순히 제품을 만드는 것이 아닌 전반적인 시스템에 대한 사고를 필요로 하기 때문입니다. 또 장기적인 비전과 인내심도 중요합니다.

미래 모빌리티 디자이너를 꿈꾼다면 다양한 각도에서 문제를 볼 수 있는 눈을 가지고 기술과 사회 전반의 구조, 커뮤니티, 사람들의 생활과 패러다임의 변화, 문화적 차이 등을 이해하고 그러한 것들이 어떻게 제품과 서비스에 연관되는지 또 어떻게 그에 따른 시스템이 만들어지는지 깊이 생각해 보아야 하겠습니다.

미래 모빌리티 디자이너의 포트폴리오는 어떠해야 한다고 생각하시나요? 통상 받아보시는 포트폴리오를 리뷰할 때 디자인 최고 책임자로서 체크리스트가 있다면 말씀해 주세요.

전문가들은 수백 수천 개의 포트폴리오를 보기 때문에 포트폴리오의 양보다는 이 학생이(또는 디자이너가) 어떤 생각과 방법으로 문제에 접근하는지를 보며 잠재적인 가능성을 봅니다. 요즘은 디자인 툴도 다양하고 디자인 스킬로만 보자면 잘하는 사람들이 많지만 어차피 회사에 들어와서 새로 배워야 하는 부분도 많기 때문에 가장 중요한 것은 포트폴리오와 면접에서 엿보이는 잠재적 가능성입니다.

어떻게 프로젝트에 접근했는지, 문제를 도출하고 해결책을 제시했는지를 보고, 더 나아가 자신의 생각을 정확하게 잘 전달하는지도 봅니다. 테크니컬 스킬을 과시하기 위한 많은 프로젝트를 보여 주는 수백 장의 포트폴리오보다는, 적은 숫자의 프로젝트라도 자신의 생각을 명확히 보여 주고, 프로세스가 견고하며 고려해야 할 부분들을 간과하지 않은 짜임새 있는 포트폴리오가 나을 것입니다.

한국의 젊은 디자이너들이 실리콘밸리에 취업하기 위해서 어떤 노력이 필요하다고 보시나요?

실리콘밸리에 있는 회사들은 신기술에 중심을 둔 스타트업 회사들이 많기 때문에 빠른 속도로 변화에 대처할 수 있는 오픈마인드를 가지고 있는 것이 중요합니다. 소프트웨어와 하드웨어를 전반적으로 이해하는 것이 중요하며, 업무 프로세스도 전통적인 기업들과는 달리 순차적으로 진행되기보다는 거미줄처럼 다발적으로 이루어지는 경우가 많으므로, 새로운 시스템에 대한 적응이 필요합니다.

Waymo만 생각해봐도 자동차 회사도 아니고 운송회사도 아닌 기술을 기반으로 한 새로운 제품과 서비스, 시스템을 만드는 회사이기 때문에 정해진 분야에 한정해서 생각하기보다는 다양한 각도에서 문제를 보고 사회 현상을 보는 눈을 키우는 것이 중요하다고 봅니다.

미래 모빌리티를 디자인하는 데 어떤 역량이 중요하다고 생각하시나요?

먼저 기본적인 디자인 스킬은 자신의 생각을 표현하는 데 도움을 주기 때문에 갖추어야 합니다. 테크니컬 스킬과 커뮤니케이션 스킬을 통해 자신의 생각을 정확하게, 설득력 있게 전달할 수 있으므로 지속적인 개발이 필요합니다.

그다음 단계로는 문제 이해와 해결 능력입니다. 생각을 많이 하고 관찰을 많이 하는 것은 이 능력을 키우는 데 많은 도움이 되며 다방면에 걸친 관심과 연구, 분석, 검증이 근본적인 문제 해결을 할 수 있는 중요한 도구가 됩니다.

더 나아가서는 다양한 사람들을 이해하고 그들에게 필요한 것을 알아내는 공감 능력과 통찰력입니다. 많은 사람들이 자신이 원하는 것을 정확히 알거나 설명하는 데 익숙하지 않습니다. 간혹 자신이 정말 원하는 것을 모르는 경우도 있으며 잘못 알고 있는 경우도 많습니다. 나는 디자이너들이 사람을 이해하는 눈을, 머리를, 가슴을 가지고 있는 것이 중요하다고 생각합니다.

그리고 한 가지 더하자면 아직 존재하지 않는 것에 대한 상상력이라고 말하고 싶습니다. 대부분의 사람들은 자신이 보았거나 들었거나 경험해본 것을 바탕으로 상상하기 때문에 현존하지 않는 것을 생각하는 데는 한계가 있습니다. 디자이너들이 새로운 기술이 어떻게 제품으로 개발될 수 있는지, 어떻게 그 제품을 사용할 수 있는지, 새로운 제품을 개발하고, 사람들에게 소개하고 경험하게 하는 게 도움을 줄 수 있다고 생각합니다. 그래서 다양한 사람들을 만나고 새로운 경험을 하며 상상력을 키우는 것이 필요하다고 생각합니다.

마지막으로 대학생에게 졸업 전 어떠한 경험들을 해 보라고 추천해 주시겠습니까?

학생들이 학교에서는 배울 수 없는 것들, 세상을 보는 시야를 넓혀줄 수 있는 경험이라면 모두 다 좋다고 생각합니다. 여행도 좋고 봉사도 좋고 전혀 다른 분야에서 일해보는 것도 좋습니다. 왜냐하면 단지 열심히 공부를 한다고 해서 시야를 넓힐 수 있는 것은 아니고 학교에서 정해진 시간 안에 배울 수 있는 것은 한정적이기 때문에 세상을 경험해보기를 추천합니다. 요즘은 산학 프로젝트 기회도 많고 인턴십도 많아 졸업 이전에도 회사일을 경험할 수도 있어 좋은 것 같습니다.

신입사원 혹은 인턴사원이 들어오면 일을 바로 시키기보다는 새로운 경험을 할 수 있는 기회를 만들어줍니다. 엔지니어들과 함께 테스트하는 현장에 보내기도 하고, 오퍼레이션 팀에 가서 하루 동안 서비스하는 것을 관찰하고 순서를 정리해오라고도 하며, 제조와 조립이 진행되는 공장에 보내기도 합니다. 제품을 디자인하기 전에 어떤 부분을 고려해야 하는지, 제품 개발에는 어떤 단계를 거치는지를 아는 것이 중요하기 때문입니다. 사실 인턴이나 신입사원뿐만이 아니라 경험이 있는 디자이너들도 다양한 분야를 이해하는 것은 매우 중요합니다. 예를 들어 Waymo Via와 관련된 디자인을 하면서는 실제 트럭 운전하시는 분들과 물류를 관리하는 분들과 대화를 통해서 예상치 못했던 문제점들을 발견할 수 있었습니다. 따라서 나는 관심이 있는 분야가 있다면 무조건 다양하게 경험해 보라고 말씀드리고 싶습니다.

7.2 김영교 Lyft Product Design Manager

김영교 디자이너는 샌프란시스코에 본사를 둔 Lyft에서 자율주행팀 Product Design Manager이자 동시에 Staff Designer로 팀의 전체적인 디자인 방향성이나 디자인 수행을 담당하고 있습니다.

UX 디자이너로서 커리어를 시작한 지는 9년 정도 되었습니다. 우리나라에서는 영화 전공을 하다가 미국에 가서 UX 디자인을 알게 되었고, 영화와 공통점이 굉장히 많았기 때문에 관심이 생기고 좋아하게 되어 계속 공부를 하게 되었습니다. 미국 Academy of Art University에서 UX 디자인을 실무적으로 배웠고, 학교를 통해 인턴을 하게 됐는데, 인턴을 하면서 디자이너로서 존중받는 문화가 좋아서 꾸준히 열심히 일하다가 미국에서 여러 회사를 거쳐 현재 Lyft에서 만족하며 일하고 있습니다.

본 인터뷰는 홍익대학교 윤서연 학생이 진행했습니다. 미래 모빌리티 UX 디자이너를 꿈꾸는 이들이 갖춰야 할 역량은 물론 실리콘밸리의 디자이너가 어떻게 일하는지도 함께 들어보았습니다.

- 윤서연 학생: 홍익대학교 4학년에 재학 중이며, 금속조형디자인과 산업디자인을 복수 전공하고 있습니다.

안녕하세요? 먼저 바쁘신 가운데 인터뷰에 응해주셔서 진심으로 감사드립니다.
Lyft에서 일하게 된 동기나 계기가 있을까요?

제가 Lyft에서 Meta(구 Facebook)로 옮겼었는데, Lyft에서 자율주행을 본격적으로 한다고 제안이 와서 다시 Lyft로 돌아와 자율주행 프로젝트를 하게 되었습니다. 참고로, 이전에 Lyft에서 일반 호출 택시 서비스와 관련하여 Lead Product Designer로 일했습니다.

Lyft에서 자율주행 프로젝트를 하는 것은 무언가 다른 기술 기반의 자율주행 회사와는 조금 다르게 일반인들의 이동 과정을 서비스 플랫폼으로 파트너들을 연결해 제공한다는 점에서 매력을 느꼈던 것 같아요.

지금 자율주행이 아직 규제와 한계가 많아 그렇게 자유롭지 못하잖아요. 저녁 10시부터 시작해서 새벽까지 운행을 한다든지, 비 올 때 운행을 못한다든지, 여러 ODD(Operational Design Domain) 조건들이 존재하다 보니 승객들이 A에서 B지점으로 이동하기 위해서는 자율주행 이 외의 다른 수단도 조합해야만 여정이 완성될 수밖에 없어요. 즉, MaaS(Mobility as a Service : 서비스로서의 모빌리티) 제공자인 Lyft와 같은 기업에서 자율주행을 더하여 모빌리티 네트워크를 확장하고, 그런 진화된 모빌리티를 구현해 주는 자율주행팀을 이끌 수 있는 기회가 제안되었을 때 한번 해보고 싶다는 생각으로 하게 되었습니다.

자율주행에 관해서는 언제부터 관심을 가지게 되었나요?

실은 2018년에 Lyft에 입사했을 때부터 관심이 있었어요. 어렸을 때 공상과학 영화를 보거나 상상화를 그리면 당연하게 등장했던 아이디어 중 하나가 운전자 없이 자동으로 운전해 주는 그런 자동차였죠. Lyft에서 일하는 동안 구체적으로 자율주행에 대해서 한번 도전해 보고 싶다고 디자이너로서 느끼기 시작했던 것 같아요.

기존에 없던 개념의 경험 및 서비스를 제공해야 하는 경우 미래 시나리오를 디자인하는 방법은 무엇인가요?

제가 2021년 자율주행팀에 합류했을 때 조금 충격을 받은 게 하나가 있었어요. 그동안 UX 디자이너로서 쌓아 온 가설들이 어느 정도 익숙해지던 시기여서 팀원들로부터 신뢰도 받고, 일상적으로 디자인 가설을 세우고 설득하는 게 어렵지 않아졌어요. 어떻게 보면 익숙한 영역(comfort zone) 안에서 일하고 있었는데, 자율주행 프로젝트는 초기 가설을 세우는 게 다른 프로젝트를 진행할 때와는 다르게 너무 어려웠어요.

제가 가설이라고 부르는 것은 디자이너의 개인적인 경험, 누적된 데이터, 경쟁 제품이 존재하는 시장 분석을 통해서 세우는 문제 정의와 디자인 대안들입니다. 그런데, 자율주행차는 이전에 경험하지 못한 벤치마킹할 경쟁제품들이 아직 사용자가 체감할 수 있게 형성되어 있지 않아서 가설을 세우던 이전 프로세스가 적용되기 어려웠죠. 초반에는 내가 어떤 미래를 디자인해 볼까 약간 꿈에 부풀어 있었고 디자이너로서 멋진 걸 디자인해보고 싶다는 욕심도 있었어요. 근데 막상 가설이나 공감할 수 있는 문제(pain point)가 없다 보니, 팀원들이 그냥 상상화 그리듯 랜덤한 아이디어들을 던지게 되는 거예요. "자율주행 중에 노래방을 하면 재밌겠다", "와인 투어를 하면 어떨까?" 등 허무맹랑할 수도 있는 아이디어들로 넘쳐났어요. 물론 아이디어는 좋지만 실질적으로 우리가 지금 고민해야 되는 문제들이 무엇인가에 대해서 방향을 세우는 게 먼저라는 생각이 강하게 들었습니다.

자율주행은 자동차를 만드는 것이 아니고 자동차를 운전해 주는 시스템을 만드는 것이기 때문에 현재 Lyft나 Uber와 같은 서비스에서 운전자만 덜어내는 식으로 접근을 하게 되니까 좀 더 쉬워지더라고요. 벤치마킹 대상이 없었다고 생각했는데, 이런 식으로 보니까 운전자가 없는 서비스가 보였어요. 비행기, 지하철, 트램 등 운전자가 없거나, 승객이 운전자와 직접 상호작용하지 않는 서비스들과 같이 우리가 기존에 해 본 적 있는 경험에서 시작했습니다. 사람들이 무의식적으로 기대하는 이미 형성된 심상 모형(mental model), 자연스러운 기대치를 파악해서 우리가 어떻게 자율주행의 기술에 입힐 것인지 녹여낼 것인지 고민하는 게 가장 중요하다고 강조하고 싶습니다.

이런 경험을 만들기 위해서는 디자이너들이 더욱더 사용자 조사에 힘을 실어야 될 것 같습니다. 이런 과정들을 바탕으로 디자인하는 제품이 사용자들이 원하는 미래가 될 것이라 확신하는 편이에요.

가장 의미 있었던 경험과 프로젝트는 무엇인가요?

미래를 상상하며 다소 기준 없고 뜬구름 같은 아이디어들을 쏟아 내다가, 앞서 말한 것처럼 사용자 조사를 대대적으로 하는 것으로 기준을 잡는 방향을 선회했던 자율주행 프로젝트가 가장 의미 있는 과정이었다고 말씀드리고 싶어요.

다양한 조사 방법을 병행하여 아이디어의 나열이 아닌, 이것들을 조합하여 사용자 니즈의 계층 구조(hierarchy of needs) 피라미드를 정리했어요. 최상위 계층에 사용자 가치(value)로부터 연관된 기능들을 다 분류해서 정리했죠. 필수적인 기능들(must-have)과 있으면 좋은 기능들(nice-to-have)과 같이 우선순위도 매겨 MVP(Minimum Viable Product) 기능도 선별해 낼 수 있게 됐어요. 모빌리티의 기존 프로젝트 관점으로 "어떤 기능이 없으면 승객들이 자율주행을 도저히 탈 수 없겠다", "이런 기능이 없으면 안전에 큰 위협이 된다"는 등의 핵심 가치 중심의 질문을 던지면서 전체적인 사용자 경험 방향성이 전환된 것이 저에게 큰 의미가 있었습니다.

어떻게 보면 그냥 하나의 피라미드 다이어그램이지만 그게 팀 전체의 방향을 제시하는 데 큰 역할을 했고, 지금도 그걸 이용해서 방향성 있게 프로젝트를 진행시켜 나갈 수 있었거든요.

미래 모빌리티의 UX 디자이너로서 가장 보람을 느끼는 순간은 언제인가요?

그동안 저와 팀원들이 디자인한 자율주행 서비스 모바일 경험과 차량 내 설치된 디스플레이의 경험을 첫 번째 사용자가 라이드를 시작하고 마쳤을 때가 가장 보람차고 심장이 뛰는 뜨거운 기분을 느꼈던 순간이라고 말하고 싶어요.

Lyft 디자이너의 협업은 어떤 식으로 이루어지나요?

COVID-19 이후 재택 근무가 정착되어 원하는 사람만 출근하는데, 저는 출근을 하면 엔지니어 팀 쪽 Stand-up 미팅에 가서 그들의 생각과 계획을 듣고 디자인적으로 제가 첨언을 할 것이나 궁금한 점을 질문합니다. 제가 최대한 관여를 해야 전체적으로 어떻게 돌아가는지 알 수 있기 때문에 의무는 아니지만 최대한 많은 Stand-up 미팅에 참여를 합니다.

디자인 프로젝트에 있어서는 제가 전체 로드맵을 짜서 팀원들과 공유하고, PM(Project Manager)을 만나서 소통합니다. 의무는 아니지만 선제적으로(proactive) 피드백을 받는 과정을 많이 거친 디자인이 아무래도 설득력이 좋은 결과를 낳기 때문에 자발적으로 다양한 이해관계자에게 자주 피드백을 받습니다.

디자이너께서 생각하는 Lyft의 비전은 무엇인가요?

개인적으로 자율주행의 네트워크를 만드는 것이 Lyft의 비전입니다. 승객이 목표로 하는 지점까지 그들이 원하는 조건과 시간에 도착할 수 있도록 최대한 지원하는 것이 Lyft의 비전이라고 생각을 해요. 그게 자율주행차이건, 일반 Lyft 호출택시이건, 스쿠터이건, 자전거이건 간에 그들이 가고자 하는 곳에 안전하게 도착할 수 있도록 하는 MaaS의 이상적인 개념이 현실이 되는 것이 Lyft의 비전이겠죠. (다음의 QR코드를 통해서 Lyft가 자율주행으로 그리는 미래 비전을 살펴보세요.)

사이트 보기[170]

UX 디자이너가 되기 위해 가장 필요한 역량 또는 소양이 무엇인가요?

좀 뻔한 대답이 될 수 있을 것 같은데 첫 번째는 논리가 있는 설득력입니다. 그러려면 다양한 관점으로 볼 수 있어야 해요. 모든 사람의 관점에서 볼 수 있는 눈, 편견이 없는 게 중요한 것 같아요. 앞서 말한 것처럼 협업 관계에 있는 사람들로부터 피드백을 받는 과정에서 검증이 많이 되고 설득력을 갖추게 돼요.

두 번째는 소통의 소프트 스킬이 중요해요. 같은 내용, 데이터, 리서치 결과를 어떻게 전달하느냐에 따라 결과는 천지 차이예요. 결국 사람이 하는 일이다 보니, 설득하는 데만 몰두하기보다는 내가 설득당할 수도 있고, 결국 더 좋은 안으로 시장에 나가야 결과가 좋은 거라고 열린 마음으로 임해야 해요. 누군가를 이기려고 전쟁터에 나가는 태도를 가지고 있으면 아무래도 좀 분위기가 과열되곤 하는데, 소프트하게 설득하거나 혹은 설득당하면서 결과를 만들어 나가면 모두가 만족스러운 결과가 될 수 있어요.

마지막으로 저는 책임감(accountability)도 굉장히 중요한 것 같아요. 출시하면 끝이라고 생각하는 디자이너들이 굉장히 많아요. 전 그게 끝이 아니고 시작이라고 생각해요. 제품이 출시되고 나서 반응이 좋다면 "어떻게 더 낫게 만들 수 있지?", 별로 안 좋다면 "어떻게 이걸 개선하지?"에 대한 주인의식(ownership)을 가지는 게 UX 디자이너에게는 굉장히 중요한 역량이라고 생각해요.

학생들이 졸업 작품 및 포트폴리오를 제작할 때 무엇을 고려하면 좋을까요?

저는 항상 스토리텔링(storytelling)이라고 얘기합니다. 포트폴리오라는 것도 이야기를 어떻게 풀고, 어떻게 전달하는지가 제일 중요한 것 같아요. 〈오징어게임〉을 예로 들어볼게요. 컨텍스트 없이 나중에 일부 게임 하이라이트만 나열해서 보여 주면 유치할 수 있잖아요. 주인공의 스토리가 있어야 게임들이 이해되고 연결되는 거죠. 포트폴리오도 비슷해요. 정말 멋있는 디자인 결과물을 보여 줘도, 왜 이걸 넣었는지 디자이너가 풀고자 하는 그런 스토리가 없다면 한 장 한 장의 멋진 결과물이 갖는 파워가 굉장히 떨어져요. 모든 이야기를 다하는 것이 아니라 포트폴리오를 몇 장 넘겨봤을 때 이 사람은 무얼 맡겨도 논리 있게 이런 식으로 풀어갈 수 있겠다는 느낌을 주는 게 중요해요.

한 사이트나 애플리케이션 화면을 이전 화면과 개선된 디자인을 비교하는 페이지도 많이 보여요. 그런데, 이전 대비 신규 디자인이 단순히 비주얼이 좋아진 것인 경우는 좀 아쉬워요. 면접에서 "왜 개선이 필요했고, 변경된 디자인의 근거는 무엇인가요?"라고 물었을 때 이유를 근거 있게 말할 수 있어야 면접관이 설득되겠죠.

간혹 기존의 사이트를 완전히 뒤집을 정도의 재디자인을 한 경우도 있는데 이유를 물어봤을 때 그냥 더 이쁘게 해 봤다고 하면 현업에서 볼 때 화들짝 놀라요. 현업에서 작은 변화 하나를 반영하기에도 고려할 사항들이 많고, 변경에 대한 사용자의 입장도 마냥 반갑지만은 않을 수 있기 때문이죠. UI의 작은 요소 하나라도 변경했을 때 그 변경이 필요했던 이유와, 개선안에 대한 근거를 어떻게 만들어 갔는지 스토리텔링이 있어야 좋은 디자인 포트폴리오라고 생각해요.

해외 취업을 염두에 두고 있는 학생들에게 조언을 부탁드립니다.

한국에서 해외취업을 준비하는 데 어느 정도 한계가 있다고 생각해요. 한국 교육 시스템에서 미술 교육을 배웠다면 기본 스킬은 충분할 것이고, 더 중요한 것은 직접 부딪쳐 봐야만 알 수 있어요. 고민하는 대신 당장 실행 가능한 행동을 해 보시라고 말씀드리고 싶어요. 어학연수나 유학, 인턴같이 일단 큰 위험 부담 없이 현지로 가 보는 거예요. 안 되면 유경험자나 현지 체류자들의 해외 취업 관련 영상이라도 보면서 간접 경험을 하시는 게 좋을 것 같아요.

마음을 열어 놓고 내 상황에서 지금 가장 현실적인 당장 내가 할 수 있는 것이 무엇인지 알아보는 게 가장 빠른 길이 아닌가라는 생각이 들어요. 정말 의지 있는 사람은 어떻게든 해외로 오고, 취업까지 하신 분들이 있어요. 그래서 일단 가능하다면 할 수 있으면 직접 부딪쳐 보라고 말씀을 드리고 싶네요.

대학생이 졸업 전에 어떠한 경험을 해보라고 추천하시나요?

너무 추천하고 싶은 게 많은데…. 해외 취업을 꿈꾸신다면 일단 여행이 도움이 될 거라고 생각을 해요. 저한테 개인적으로 모르는 사람이 연락 와서 한번 얘기 나누고 싶다는 분들이 있었는데, 실리콘밸리의 회사 분위기를 직접 느끼고 얘기를 들어 보러 오신 분들이 꽤 있어요. 무언가 계획하고 있는 것이 있다면 그곳에 가서 직접 경험해보고 자극을 받는 게 굉장히 중요한 경험이 될 것입니다.

7.3 김정민 카카오모빌리티 AI Tech Leader

김정민 이사는 카이스트 전산과에서 학부를 졸업하고 동대학 문화기술대학원에서 석사와 박사학위를 취득했습니다. 대학원에서는 소셜컴퓨팅 랩에 소속되어 연구를 수행했는데 사회적 현상들을 컴퓨터의 능력을 이용하여 보다 다양한 방법으로 검증하는 연구실에서 연구했습니다. 대학원에서 컴퓨터라는 기본 토대 위에 다양한 분야의 문제들을 접목시켜보는 과정을 경험한 그는 소셜미디어, 역사, K-POP, 교통, 인맥과 같은 다양한 주제들을 통계, 네트워크 이론, 자연어 처리 등의 다양한 방법론을 이용하여 분석하고 의미를 밝혀냈습니다.

이러한 과정들은 해당 도메인에서 기존에 생각하지 못했던 다양한 관점이나 결과들을 제공해주었습니다. 이는 현재 그가 플랫폼 회사에서 인공지능 개발팀장이 되는 자양분이 되었습니다. 현재 그는 카카오모빌리티의 인공지능 개발팀장으로서 각 서비스들이 가지고 있는 다양한 문제들을 해결하는 일을 하고 있습니다.

본 인터뷰는 필자가 직접 진행한 것으로, 미래 모빌리티 UX 디자이너를 꿈꾸는 이들에게 필요한 역량은 물론 카카오모빌리티에서는 어떻게 일하는지도 함께 들어보았습니다.

- 임덕신 교수 : 홍익대학교에서 디자인과 엔지니어링의 융합 전공을 가르치고 있습니다.

카카오모빌리티에서 인공지능 개발팀은 어떤 분들이 어떤 일을 하나요?

저와 저희 팀은 카카오모빌리티의 각 서비스들이 가지고 있는 다양한 문제들을 해결하는 일을 하고 있습니다. 카카오모빌리티는 택시, 대리운전, 내비게이션 등 다양한 서비스를 제공하고 있기 때문에 각 서비스에서 풀어야 할 문제들도 매우 다양합니다. 팀 이름에 있는 것처럼 AI 즉, 머신러닝이나 딥러닝을 이용해서 문제를 해결하기도 하지만 전통적인 통계 기법, 네트워크 이론, 자연어 처리와 같은 다양한 방법을 통해서 가장 효율적인 방법으로 문제를 해결하는 것이 저희 팀의 가장 큰 목표라고 할 수 있겠습니다.

또 저희 팀은 이러한 솔루션을 일회성의 보고서 형태로 제시하는 것이 아니라 실제 서비스와 연계하여 API 형태로 제공하는 것을 목표로 하고 있습니다. 즉, 다양한 모델들이 서비스로부터 인입되는 다양한 데이터로 인해 지속적으로 학습되며 새로운 모델에 의한 결과가 다시 서비스로 제공되는 진정한 의미의 데이터 기반 의사결정을 수행하고 있습니다.

이를 위해서는 다양한 부서 간의 소통과 협업이 매우 중요합니다. 현재 저는 이러한 과정들이 문제 없이 진행되도록 다양한 조정을 하는 역할을 주로 수행하고 있습니다. 이를 위해서는 다양한 데이터 관련 방법론에 대한 이해, IT 서비스 구조에 대한 이해, 그리고 모빌리티 산업에 대한 이해가 동시에 필요하다고 생각합니다.

AI Tech Leader 즉, 인공지능 개발팀장이 되시기까지 과정이 궁금합니다. 공학박사이신데 대학과 대학원에서는 어떤 전공을 하셨나요?

저는 카이스트 전산과에서 학부를 졸업하고 동 대학 문화기술대학원에서 석사와 박사학위를 취득했습니다. 대학원에서는 소셜컴퓨팅 랩에 소속되어 연구를 수행했는데 사회적 현상들을 컴퓨터의 능력을 이용하여 보다 다양한 방법으로 검증하는 연구실이었습니다.

전산과를 비롯한 컴퓨터 전공 과정에서 가장 중요하다고 생각하는 점은 컴퓨터 전반에 대한 이해라고 생각합니다. 최근에는 쉽게 배울 수 있는 다양한 프로그래밍 언어의 등장으로 프로그래밍, 혹은 코딩에 대한 접근성이 많이 낮아졌다고 생각합니다. 그런데, 보다 깊은 수준의 문제가 주어지면 컴퓨터에 대한 이해도가 해결책의 깊이를 결정한다고 생각합니다. 전산과에서의 4년은 컴퓨터를 보다 잘 이해하고 우리가 가지고 있는 문제를 가장 적합한 방식으로 컴퓨터에게 전달할 수 있는 방법을 배우는 시간이었다고 생각합니다.

대학원에서의 연구는 컴퓨터라는 기본 토대 위에 다양한 분야의 문제들을 접목시켜보는 과정이었다고 생각합니다. 소셜미디어, 역사, K-POP, 교통, 인맥과 같은 다양한 주제들을 통계, 네트워크 이론, 자연어 처리 등의 다양한 방법론을 이용하여 분석하고 의미를 밝혀냈습니다. 이러한 연구 결과들은 해당 도메인에서 기존에 생각하지 못했던 다양한 관점이나 결과들을 제공했습니다.

제가 문화기술대학원이라는 융합대학원을 선택한 이유는 컴퓨터나 프로그래밍이 전문가의 영역일 뿐만 아니라 모든 분야에서 사용될 수 있는 기본적인 도구로 확장될 것이라고 생각했기 때문입니다. 그리고 도구로서의 프로그래밍과 컴퓨터의 이용을 하는 것이 제가 더 잘할 수 있는 일이라고 생각했습니다. 다만, 제가 공부를 하던 시점에는 컴퓨터나 공학적 지식을 알고 있는 상태에서 다른 도메인으로 범위를 확장하는 것이 보다 유리했습니다. 이는 프로그래밍을 포함한 공학적 지식을 높은 수준으로 성취하는 것이 상당한 시간이 걸리기 때문이었습니다. 반면, 최근에는 다양한 방법론들을 보다 쉽게 사용할 수 있는 다양한 방법들이 제공되고 있기 때문에 본인의 도메인에서 컴퓨터 기반의 접근을 시도하는 것 또한 큰 문제가 되지 않는다고 생각합니다.

현재 카카오모빌리티의 구성은 주로 공학전공자인가요?

카카오모빌리티를 비롯한 대부분의 IT 기업은 기술(개발), 디자인, 사업/기획, 스텝(재무, 법무, 운영지원 등)의 구성원들로 이루어져 있습니다. 그중 기술부문의 경우는 상당수가 컴퓨터를 포함한 이공계 전공자의 비율이 높습니다. 그런데 흥미로운 점은 컴퓨터 전공자가 절대 다수를 차지하지는 않습니다. 사실, 이공계 전공자들의 경우에는 프로그래밍을 접할 수 있는 다양한 경로가 있습니다. 따라서 본인의 의지만 있다면 얼마든지 개발 관련 업무를 할 수 있습니다. 이는 비이공계 출신 개발자의 경우도 마찬가지입니다. 본인이 특정 경로를 통해서 프로그래밍을 접하고 이를 꾸준히 발전시켜 오신 분들은 개발자로서 훌륭한 역할을 수행하고 계십니다. 다만, 한 가지 말씀드리고 싶은 점은 전공 여부와 관계없이 주요 IT 기업들은 높은 수준의 프로그래밍 역량을 요구합니다. 내 전공이 어떤가와 무관하게 실제로 많은 학습과 연습을 통해서 현업에서 활용 가능한 수준의 역량을 확보하는 것이 중요합니다.

디자인이나 일부 스텝 부서의 경우 관련 전공자의 비율이 높아서 별도로 언급을 드리지 않아도 될 것 같습니다. 사업이나 기획 부서의 경우는 모빌리티 혹은 IT 서비스에 대한 이해도가 높은 점을 중요하게 생각합니다. 따라서, 특정 전공이 무조건 유리하다고 말하기는 어렵지만 모빌리티를 포함한 관련 전공자의 경우 보다 이점이 많을 것으로 생각됩니다.

업무하실 때 개발자 이 외의 다른 전문가와 협업이 많이 필요한 분위기인가요?

개발자 이외의 타 전문가와의 협업은 상시 이루어지고 있다고 해도 과언이 아닙니다. 하나의 서비스는 결국 사업, 기획, 디자인, 개발 등 다양한 전문가가 모여서 만들 수 있습니다. 임덕신 교수님과 같은 UX 디자이너와도 밀접하게 일합니다. 서비스 흐름과 화면 구성을 비롯한 다양한 논의를 진행해야 합니다. 저희 팀의 경우는 주로 UX 디자이너가 표출하고 싶은 다양한 수치들을 계산하여 제공하는 역할을 수행합니다. 이 과정에서 많은 논의가 오고 가는데 특정 기능이 제공될 때의 이점과 해당 기능을 제공하기 위해서 필요한 개발 비용을 비교하는 것이 가장 중요한 논의입니다.

예를 들어, UX상에서는 간단한 하나의 숫자인데 개발 측면에서는 몇 주 이상의 시간이 필요한 경우도 많이 있습니다. 이러한 경우에 해당 기능을 만들기 위해서 왜 많은 개발 비용이 필요한지 설명하고 필요에 따라서 설득하는 과정이 이루어집니다. 반대로 사업, 기획, 디자인 담당자들은 개발 비용이 더 많이 들더라도 특정 기능이 꼭 구현되어야 하는 이유를 다양한 방식으로 설득하고 필요에 따라 수정을 제안합니다.

플랫폼 회사에서 서비스를 만드는 경우 각 담당자들은 해당 분야 최고의 전문가들입니다. 각자의 관점에서 최고의 결과를 내기 위해서 다양한 의견을 제시합니다. 그러나 현실적인 이유들로 이러한 의견들이 절충되고 조율되어야 하는 것이 사실입니다. 이러한 과정이 반복되는 것이 플랫폼 기업의 생활인 것 같습니다. 이런 상황 속에서 두 가지, 혹은 그 이상의 분야에 대한 이해도가 높은 사람들은 프로젝트 진행 과정에서 많은 역할을 수행할 수 있고, 실제로 프로젝트의 성과도 좋기 때문에 좋은 평가를 받는 경우가 많습니다.

카카오모빌리티가 판교에서 자율주행 택시를 운행하고 있기도 하고, 최근 UAM 관련 영국 에어로스페이스와 컨소시엄을 출범했다는 뉴스도 있던데, 선행 프로젝트는 어떤 식으로 수행되나요?

선행 프로젝트는 당연하게도 충분한 시간을 가지고 진행합니다. 물론 이는 현 시점에서 회사를 운영할 수 있는 다양한 기존 서비스가 존재하기 때문입니다. 현 시점의 서비스 방식이 언제까지 유효할지 알기 어려운 현 상황에서 미래를 대비하기 위해 다양한 선행 프로젝트가 진행되는 것은 당연한 일입니다.

일반적으로 자율주행 서비스나 UAM 등이 대표적인 모빌리티의 선행 프로젝트로 여겨집니다. 그런데 각 프로젝트의 세부적인 상황들을 살펴보면 선행인 부분과 이미 실현가능한 다양한 부분들이 섞여 있습니다. 예를 들어 자율주행 택시의 경우 2021년 12월에 이미 판교에서 시범 서비스가 시작되었습니다. 수개월간의 테스트 결과 기술적으로 큰 문제점을 찾기는 어려웠습니다. 하지만 현 시점에서는 안전 운전자가 탑승해야 한다거나 운행 구역이 한정되어 있다거나 하는 다양한 규제가 존재하기 때문에 이를 일반적인 서비스로 운영하기에는 어려움이 많습니다. 다시 말하자면 생각보다 많은 선행 프로젝트들이 기술적으로는 이미 필요한 만큼의 성숙을 이루었지만 다양한 규제와 안전 제약들로 인해 실제 서비스가 인제 게시될지 확신하기는 어렵다고 할 수 있습니다. UAM의 경우도 마찬가지입니다. 이미 사람을 수송할 수 있는 드론 형태의 기체들은 높은 수준의 기술적 완성도를 가지고 있습니다. 그러나 이착륙을 위한 인프라, 안전상의 규제, 요금 체계의 확정 등 다양한 문제가 해결되기 전까지는 대중들이 쉽게 사용할 수 있는 서비스가 되기는 어려울 것 입니다.

자율주행 서비스나 UAM이 현실화되는 정확한 시점을 말씀드리지 못해 죄송합니다. 다만 각각의 서비스들이 해결할 수 있는 문제가 명확해지고 이를 확실히 해결할 수 있다는 점이 부각된다면, 생각보다 빠른 시일 안에 어떠한 형태로라도 서비스를 만나보실 수 있지 않을까 생각됩니다.

카카오모빌리티가 바라보는 자율주행 기술에 기반한 미래 모빌리티는 어떤 방향인지 알 수 있는 자료를 들어 설명 부탁드립니다.

카카오모빌리티는 자율주행을 기반으로 사람뿐만 아니라 물건과 서비스까지도 이동하는 미래를 바라보고 있습니다. 자율주행 기술의 기본이 되는 인식이나 제어 기술은 모든 서비스에서 동일하게 중요한 부분입니다. 다만, 각 서비스의 특징에 따라서 어떤 것들을 인식하고 어떻게 제어할 것인지는 실제 운영을 통해 얻어야 하는 부분입니다. 예를 들어 승객을 태우는 자율주행 택시와 물건을 나르는 자율주행 화물차는 각기 다른 형태로 최적화되어야 하기 때문입니다. 카카오모빌리티는 가장 최신의 자율주행 기술을 기반으로 다양한 서비스 형태에 최적화된 자율주행 서비스를 제공하는 것을 목표로 하고 있습니다.

자율주행 서비스 적용 여부와 무관하게 사람의 이동에서 물류와 서비스로 이동의 영역을 확장하는 것은 카카오모빌리티의 변함 없는 목표입니다. 택시, 대리운전, 주차, 내비게이션, 마이크로 모빌리티를 포함하는 국내 최고의 모빌리티 서비스 포트폴리오를 기반으로 영역을 물류와 서비스를 확장시키는 것입니다. 사실 각 서비스가 다루는 영역과 방법은 모두 다르지만 플랫폼 서비스라는 점에서는 공통점을 가지고 있습니다. 카카오모빌리티는 다양한 플랫폼 서비스를 성공적으로 확장해왔다는 점에서 추가적인 확장도 성공적으로 이루어 낼 것입니다.

특히 물류 산업은 그 시장 규모가 커지고 있을 뿐만 아니라 상품의 다양성과 배송의 방식도 다양해지고 있습니다. 이는 최적화를 통해 물류의 비용과 시간을 줄일 수 있는 다양한 방식이 존재한다는 것을 의미합니다. 카카오모빌리티는 기존 플랫폼 서비스 경험과 내비게이션 운영 경험을 활용하여 물류 시장에서도 혁신을 만들어 갈 것입니다.

(다음의 QR코드를 통해 2022년 2월 카카오모빌리티 주관으로 최초 개최된 NEMO(Next Mobility) 행사에서 소개된 카카오모빌리티의 자율주행 기술과 비전에 대해 들어보세요.)

영상 보기[171]

최적화 전문가이시니 미래 무인 자율주행의 시대가 되면 어떻게 수요-공급의 불일치 문제가 더 명쾌하게 해결될 수 있을지 설명 부탁드립니다.

현재의 운송 시장은 제한된 공급을 서로 나누어 가지는 구조입니다. 택시, 대리, 배달, 퀵 서비스 등 다양한 운송 서비스를 제한된 기사들이 수익과 업무 난이도를 고려하여 빠르게 이동하는 형태입니다. 즉, 현재 운송 시장의 공급은 무제한 확장이 불가능한 구조입니다. 이러한 한계 때문에 대부분 서비스에서 공급 부족 현상이 나타나고 있으며, 이를 특정 시간대로 한정한다면 더욱 심한 공급 부족 문제가 나타납니다.

사실 수요 예측에 의한 공급 불균형 해소는 수요와 공급 불균형이 적당한 수준일 때 가능합니다. 다시 말해 추가적인 공급이 선행되어야 수요–공급 불일치 문제를 해결할 수 있는 상태가 될 것입니다. 무인 자율주행 시대가 되면 적어도 운전자에 의해 발생하는 공급 감소 문제는 상당 부분 해결될 것으로 생각됩니다. 대표적으로 택시의 심야시간 공급감소, 배달 시장에서의 악천후 시의 공급 감소 등이 기사에 의한 공급 감소인데 이런 부분이 상당부분 해결될 수 있을 것입니다. 또 전체적인 공급, 특히 특정 시간대의 공급을 선택적으로 증가시켜 수요–공급 문제를 보다 명쾌하게 해결할 수 있을 것으로 기대합니다.

공개 운행하는 무인 자율주행차들이 아직 좀 서툰 모습을 보여 주는데요. 인공지능 전문가가 보시기에는 일반 대중의 불신을 받아들여야 한다고 생각하세요?

모든 기술의 초기에는 다양한 문제점들이 발생할 수 있다고 생각합니다. 우리가 지금은 아무런 의심 없이 사용하는 다양한 기술들도 이러한 문제점들을 해결해가며 안정성을 확보했기 때문입니다. 유독 자율주행과 관련한 기술에 대해서 사람들이 불안감을 가지는 것은 인간이 기계보다 나은 판단을 할 것이라는 믿음에서 기인한다고 생각합니다. 인간이 운전을 하고 있는 지금 이 순간에도 자율주행차들이 발생시키는 문제들보다도 많은 사고들이 발생하고 있습니다. 그럼에도 불구하고 사람들이 자율주행차의 문제들에 보다 더 민감하게 반응하는 것은 지금까지 보지 못한 새로운 형태의 문제들이기 때문일 것입니다.

앞서 말씀드린 것과 같이 현재의 서비스들은 시범 운행이나 매우 초기의 서비스입니다. 많은 문제들이 발생할 수밖에 없으며 자율주행의 판단을 담당하는 AI 모델은 이러한 문제 상황 데이터들을 추가로 학습하여 문제가 일어나지 않는 방향으로 나아질 것입니다. 그리고 이러한 과도기적 시기에는 자율주행 서비스가 인간과의 협력을 통해 이루어질 것입니다. 그리고 이러한 시기가 충분히 지나가면 자연스럽게 자율주행에 대한 불안감이 사라지지 않을까 기대합니다.

대학생이 카카오모빌리티와 같은 플랫폼 회사에 취업하고 싶다면 대학 때 무엇을 해 보라고 권하시겠습니까?

카카오모빌리티와 같은 플랫폼 회사뿐만 아니라 대부분의 IT 기업에 취업하기 위해서는 직군에 대한 명확한 이해와 선택이 필요합니다. 사업, 기획, 개발, 디자인 등의 다양한 직군이 존재합니다. 그리고 각각의 직군은 각 분야에서 충분한 역할을 수행할 수 있는 전문가를 채용하려고 합니다. 이는 어떠한 도메인의 회사를 가더라도 사용할 수 있는 전문적인 역량을 의미합니다. 개발자라면 훌륭한 코딩실력이 있어야 할 것이고 디자이너는 높은 수준의 포트폴리오가 필요할 것입니다. 기본적으로 직군이 요구하는 실력이 되지 못한다면 내가 가지고 있

는 다양한 장점들을 보여 줄 수 있는 기회조차 오기 어려울 것입니다. 다만, 일부 직군의 경우 명확히 자신의 기술적 수준을 보여 주기 어려운 경우들이 있습니다. 이 경우에는 보통 문제에 접근하는 방식과 관련 분야에 대한 지식이 충분한지를 중점적으로 평가하는 경우가 많습니다.

직군에 맞는 충분한 실력이 준비되었다면 자신의 장점을 보여 줄 수 있는 몇 가지의 방법들이 있습니다. 다른 분야로의 확장, 혹은 도메인에 대한 깊은 이해와 같은 것들이 대표적인 방법입니다. 만약 기획자가 되려는 사람이 SQL이나 파이썬 등을 사용하여 데이터를 분석하고 시각화할 수 있는 능력이 있다면 분명히 좋은 평가를 받을 것입니다. 개발자의 경우 해당 도메인이나 UX에 대한 추가적인 이해가 있다면 보다 채용될 확률이 높아질 것입니다. 이러한 점들을 고려하면 비개발 직군의 경우 기초적인 IT 산업에 대한 이해와 컴퓨터 관련 기술의 습득을, 개발 직군의 경우 지원하고자 하는 도메인에 대한 추가적인 이해를 넓히는 것이 도움이 될 것 같습니다.

마지막으로 융합적인 접근이 산업에서 왜 필수불가결한지, 이런 융합적인 관점을 갖기 위해 대학생이 무엇을 해 볼 수 있을지 조언 부탁드립니다.

제가 카카오모빌리티에서 개발팀장으로 일하는 환경만 봐도 분명히 융합의 영역에 들어와 있습니다. 서비스 개발자, 데이터 엔지니어, 모델러, 기획자, 사업담당자 사이에서 많은 분들의 의견을 조율하는 역할을 수행하고 있기 때문입니다. 플랫폼 서비스를 비롯한 IT 서비스들 다양한 분야의 전문가들이 협업을 통해 만들어낸 종합적 결과물입니다. 융합적 사고를 가지고 있는 사람들은 분명히 보다 더 넓은 시야를 가지고 좋은 의견들을 내놓습니다. 이는 본인의 작업이 전체 서비스나 시스템에 어떠한 영향을 미칠지를 파악해야 한다는 측면에서도 매우 중요합니다.

융합적 사고를 하기 위해서 대학생 시기에 할 수 있는 것들을 말씀드리자면 사회와 인간에 대한 이해를 넓히는 것을 추천드립니다. 사실 대학생 시기에 내가 일하고자 하는 명확한 도메인을 결정하기란 쉽지 않을 것입니다. 따라서 이러한 시기에 보다 넓게 다양한 주제를 접해 보는 것이 좋을 것 같습니다. 특히 현재 일어나는 다양한 정치, 사회, 과학 관련 이슈를 최소한의 수준에서라도 관심을 가지고 살펴보시기를 추천드립니다. 생각보다 많은 경우에 나의 업무가 법이나 규제 혹은 사회적 관심사에 의해 생겨나거나 변경되거나 사라지기도 합니다.

그리고 인간에 대한 이해 없이 좋은 서비스를 만들 수 없고 더 많은 역할을 하기 어렵습니다. 물론 주어지는 스펙에 맞추어 가장 효율적인 방법으로 프로그램을 만드는 것만으로도 훌륭한 개발자가 될 수 있습니다. 하지만 내가 구현하는 기능들이 미치는 다양한 영향력을 고민할 수 있는 개발자라면 보다 많은 역할을 할 수 있는 개발자가 될 것입니다.

대부분의 개발자가 경력이 쌓이면 프로젝트를 이끌어 나가게 됩니다. 이 경우 사회와 인간에 대한 이해, 즉 인문학적 소양이 충분한 분들은 자신의 프로젝트를 보다 더 영향력 있고 중요한 방향으로 이끌어 갑니다.

아마 취업의 시점에서는 개개인이 가지고 있는 직접적인 기술 능력이 가장 중요한 요소가 될 것입니다. 그러나 내 경력 전체를 생각한다면 대학생 시기를 세상에 대한 이해를 넓힐 수 있는 시기로 보내는 것도 분명히 후회하지 않을 선택이 될 것입니다.

출처

[1] 머니투데이 [MT시평] 다시 돌아보는 '적기조례' 차두원 한국과학기술기획평가원 연구위원
https://news.mt.co.kr/mtview.php?no=2018070413185777211
이미지 출처: https://sgsg.hankyung.com/article/2019030341411

[2] Evil AI Cartoons "When evaluating AI, remember the baseline"
https://www.evilaicartoons.com/archive/when-evaluating-ai-remember-the-baseline

[3] MBC뉴스 | 2030년까지 미래차 경쟁력 1등 국가 실현 | 이덕영 기자(2019/10/15) https://youtu.be/88q5ZqhyFBQ

[4] 산업통상자원부 | 미래자동차 산업 발전 전략 - 2030년 국가 로드맵(2019/10월)
https://www.motie.go.kr/common/download.do?fid=bbs&bbs_cd_n=81&bbs_seq_n=162196&file_seq_n=1

[5] 대한민국 정책브리핑 | 미래자동차(2020/3/6)
https://www.korea.kr/special/policyCurationView.do?newsId=148867273

[6] 국토교통부 | 21년말기준 자동차 등록대수 2,491만 대… 전기차 신규등록 10만대 돌파(2022/2/2)
http://www.molit.go.kr/USR/NEWS/m_71/dtl.jsp?lcmspage=1&id=95086498

[7] 국토교통부 | 21년말 기준 자동차등록 통계 세부내용(2022/1/28)
http://m.molit.go.kr/viewer/skin/doc.html?fn=fab731968016d5fcfe51b17caf8f353d&rs=/viewer/result/20220128

[8] 현대자동차그룹 | 코나 Electric https://www.hyundai.com/kr/ko/e/vehicles/kona-electric/intro

[9] 현대자동차그룹 | 포터II 일렉트릭 https://www.hyundai.com/kr/ko/e/vehicles/porter2-electric/intro

[10] 현대자동차그룹 | IONIQ 5 https://www.hyundai.com/kr/ko/e/vehicles/ioniq5/intro

[11] 삼성SDI | Trend 전기자동차의 종류와 미래에 대하여(2015/9/2)
https://www.samsungsdi.co.kr/column/all/detail/18.html

[12] 현대로템 | 미래 모빌리티 동력원, 수소연료전지 VS 배터리 비교분석(2020/9/24)
https://blog.hyundai-rotem.co.kr/490

[13] Deloitte Insights | 딜로이트 글로벌 자동차 소비자 조사(2022/02월) https://www2.deloitte.com/content/dam/Deloitte/kr/Documents/consumer-business/2022/KR_Auto_2022-Global-Automotive-Consumer-Study.pdf

[14] MINI | THE NEW MINI ELECTRIC. https://www.mini.co.kr/ko_KR/home/range/electric.html

[15] 대한민국 정책브리핑 | 자율주행 레벨 4+ 상용화 앞당긴다(2021/3/24)
https://www.korea.kr/news/pressReleaseView.do?newsId=156442532

[16] 전자신문 | 현대 제네시스, 국내 자율주행차 1호 허가받았다 | 주문정 산업경제(세종) 전문기자(2016/3/7)
https://www.etnews.com/20160307000050

[17] 국토교통부 | 20일부터 자율주행차 임시운행 허가규정 개정안 행정예고(2020/11/19) http://www.molit.go.kr/USR/NEWS/m_71/dtl.jsp?id=95084772

[18] 국토교통부 | 도심·관광지·공원 등으로 자율주행 서비스 대폭 확대된다, 서울 강남, 강릉·순천·군산 등 자율주행자동차 시범운행지구 7개지구 신규 지정(2022/6/23) http://www.molit.go.kr/USR/NEWS/m_71/dtl.jsp?id=95086867

[19] Confused.com | The top AV ready countries(2022/2/14)
https://www.confused.com/car-insurance/av-readiness

[20] 국토교통부 | 자율주행차 안전성 높인다… 레벨3 안전기준 개정 추진(2022/5/26)
http://www.molit.go.kr/USR/NEWS/m_71/dtl.jsp?id=95086742

[21] 라이드플럭스 네이버 포스트 | 세이프티 드라이버(2021/1/18)
https://m.post.naver.com/viewer/postView.naver?volumeNo=30510402&memberNo=52653046

[22] KBS대전 뉴스 | 세종 자율주행차 시범운행 1년…시민 반응은?(2021/6/16) https://youtu.be/zuLMQxlT6PE

[23] KBS대구 뉴스 | 이용자 적고 차량 없는 대구 자율차 시범지구(2022/5/16) https://youtu.be/wNNhd2Sw2Bc

[24] Business Insider | New York 5th Avenue, 1900 Vs. 1913 | Joe Weisenthal(2011/4/1)
https://www.businessinsider.com/5th-ave-1900-vs-1913-2011-3

[25] Deloitte Insights | Deloitte Review (Issue 20) 모빌리티의 미래 자율주행차를 향한 경주(2020)
https://www2.deloitte.com/content/dam/Deloitte/kr/Documents/insights/deloitte-review/issue_20/kr_insights_deloitte-review-issue-20_04.pdf

[26] Guidehouse Insights | 2021 1Q Guidehouse Insights Leaderboard: Automated Driving Systems(2021)
https://guidehouseinsights.com/reports/guidehouse-insights-leaderboard-automated-driving-systems

[27] 차두원 Brunch | 2021 Guidehouse 자율주행업체 순위(2021/4/28) https://brunch.co.kr/@dwcha7342/179

[28] 한국일보 | 자율주행 대명사 '테슬라', 美 평가서 2년 연속 '꼴찌' | 류종은 기자(2021/4/29)
https://www.hankookilbo.com/News/Read/A2021042909310003845

[29] MacRumors | Apple Car - Apple's vehicle project, focused on building a fully autonomous car(2022/7/11)
https://www.macrumors.com/roundup/apple-car/

[30] Apple | Our Approach to Automated Driving System Safety(2019/2월)
https://www.apple.com/ads/ADS-Safety.pdf

[31] Business Insider | These six patents may shed light on the possible key features of Apple's car — from concealed touch controls to holographic images | Kevin Shalvey (2021/2/24)
https://www.businessinsider.com/six-apple-patents-may-shed-light-on-vehicle-key-features-2021-1

[32] Google Patents | Concealed user interfaces - US10656777B1(2020/5/19)
https://patents.google.com/patent/US10656777B1/en

[33] Google Patents | System with holographic head-up display - US10866414B2(2020/12/15)
https://patents.google.com/patent/US10866414B2/en

[34] 포스트 모빌리티 : 탈것의 혁신에서 공간의 혁명으로 | 차두원, 이슬아 | 위즈덤하우스 | 2022년 06월 29일 | 4장 p.186~189

[35] Google Patents | Augmented virtual display - US10482669B2(2019/11/19)
https://patents.google.com/patent/US10482669B2/en

[36] Google Patents | Occupant safety system - US11104291B1(2021/08/31)
https://patents.google.com/patent/US10482669B2/en

[37] Google Patents | Exterior lighting and warning system - US10112528B1(2018/10/30)
https://patents.google.com/patent/US11104291B1/en

[38] Vanamara | The Apple Car(2021/11/29)
https://www.vanarama.com/car-interiors-created-by-tech-giants/#the_apple_car_exterior
https://www.vanarama.com/car-interiors-created-by-tech-giants/#the_apple_car_interior

[39] Apple | iPhone 사용 설명서 > 카플레이(CarPlay iOS 15)
https://support.apple.com/ko-kr/guide/iphone/iph5f6b2beb5/ios
카플레이 소개 https://www.apple.com/kr/ios/carplay/

[40] Apple | WWDC 2022 (37분 53초부터 카플레이) (2022/6/7)
https://youtu.be/q5D55G7Ejs8?t=2273

[41] 현대자동차그룹 | CEO Investor Day 현대자동차 2025 전략(2019/12/4)
https://www.hyundai.com/content/dam/hyundai/kr/ko/data/ir-schedule/2019/12/06/ceo-investor-day-part1-kr.pdf

[42] HMG 저널 | 모빌리티 서비스 - 출발지부터 목적지까지, 새로운 이동의 여정을 선사하다
https://www.hyundai.co.kr/innovation/CONT0000000000005030

[43] 전자신문 | 기아, 첫 전기 PBV '니로 플러스' 인기…12일 만에 '8000대' 계약 | 정치연기자(2022/5/30)
https://www.etnews.com/20220530000119

[44] HMG 저널 | 〈All About PBV〉 모빌리티 트렌드를 이끌다, 현대자동차그룹이 제시하는 PBV의 미래(2022/3/25)
https://www.hyundai.co.kr/story/CONT0000000000018191

[45] 정보통신신문 | 자율주행은 거들 뿐…변화무쌍 'PBV' 시대 온다 | 차종환 기자(2022/4/1)
https://www.koit.co.kr/news/articleView.html?idxno=95234

[46] 현대자동차그룹 | Hyundai x CES 2022: Move Things Beyond Imagination(2022/1/5)
https://youtu.be/qgI5EbDoQcE

[47] 현대자동차그룹 | 현대자동차 x CES 2022 플러그 & 드라이브 로보틱스 모듈 한 눈에 알아보기(2022/1/11)
https://www.youtube.com/watch?v=c4xl0Y3WqbY&t=42s

[48] Computer History Museum | Where to? A history of autonomous vehicles(2014/5/8)
https://computerhistory.org/blog/where-to-a-history-of-autonomous-vehicles/

[49] Toyota | Toyota Woven City (2020)
https://www.woven-city.global/
https://youtu.be/p-9X8Z2kJt8

[50] 한국교통연구원 | KOTI Special Edition Vol.254 스마트시티와 교통 | 조대연 국토교통과학기술진흥원 스마트시티 국가혁신성장동력 사업단장(2020/2월)
https://www.koti.re.kr/component/resrce/file/ND_resrceFileDownload.do?resrceSn=364&resrceVer=1&fileSn=1

[51] 국토교통부 | 스마트시티 종합 포털 Smart City Korea
https://smartcity.go.kr/

[52] 한국산업기술진흥협회 | 기술과 혁신 | 새로운 교통수단의 탄생 '마이크로 모빌리티'(2022년 5/6월호)
http://webzine.koita.or.kr/202011-strategy/%EC%83%88%EB%A1%9C%EC%9A%B4-%EA%B5%90%ED%86%B5%EC%88%98%EB%8B%A8%EC%9D%98-%ED%83%84%EC%83%9D-%E2%80%98%EB%A7%88%EC%9D%B4%ED-%81%AC%EB%A1%9C-%EB%AA%A8%EB%B9%8C%EB%A6%AC%ED%8B%B0%E2%80%99

[53] 한국교통연구원 | 글로벌 물류기술 주간동향 587호 MaaS 플랫폼 구축과 블록체인 활용(2018)
https://www.koti.re.kr/component/file/ND_fileDownload.do?q_fileSn=105732&q_fileId=d11cfef1-f041-4c46-b8b3-9aedadd06d08

[54] CB Insights | Disrupting The Car: How Shared Cars, Bikes, & Scooters Are Reshaping Transportation And Cannibalizing Car Ownership(2018/9/5)
https://www.cbinsights.com/research/disrupting-cars-car-sharing-scooters-ebikes/

[55] 한국산업기술진흥협회 | 기술과 혁신 | 도심 항공 모빌리티(UAM)의 미래(2021년 9월호)
http://webzine.koita.or.kr/202109-specialissue/도심-항공-모빌리티UAM의-미래

[56] 현대자동차그룹 | UAM 하늘에서 펼쳐지는 꿈의 모빌리티 기술
https://tech.hyundaimotorgroup.com/kr/mobility-device/uam/

[57] 국토교통부 | 스마트시티 종합 포털 Smart City Korea > 프로젝트 > 국가시범도시 > 세종 5-1 생활권
https://smartcity.go.kr/프로젝트/국가시범도시/세종-5-1생활권

[58] 현대자동차그룹 | Human-Centered Smart City - Hyundai Motor Group(2020/12/11)
https://youtu.be/cgakLUbPmYo

[59] 과학기술정보통신부 | 자율주행? 수소차? 플라잉카? 우리는 미래에 어떤 차를 타게 될까?(2020/11/10)
https://youtu.be/rgAPcRb2u4k

[60] 현대자동차그룹 | 현대차, 대형트럭 고속도로 군집주행 국내 최초 시연 성공 (2019/11/13)
https://www-trucknbus.hyundai.com/kr/news/Releases/trucknbus-platooning-191113?sn=BL00000531

[61] Voyage | Introducing the Voyage G2 Autonomous Vehicle (2018/6/14)
https://news.voyage.auto/introducing-the-voyage-g2-autonomous-vehicle-5e15cca399b5

[62] Teague | Reinventing an American Icon. HANNAH
https://teague.com/work/autonomous-school-bus

[63] 카카오모빌리티 Brunch | 2018 kakaomobility Report(2018/10/18)
https://brunch.co.kr/@kakaomobility/19

[64] 한국장애인개발원 | 2019 장애인 특별운송수단 지방자치단체 연계방안 연구 (2019/10/30)
https://www.koddi.or.kr/data/research01_view.jsp?brdNum=7407977

[65] 인공지능신문 | 도요타, 2020 도쿄 올림픽·패럴림픽에서 '다목적 EV 자율주행셔틀' 실용화 | 정한영 기자(2019/10/10)
http://www.aitimes.kr/news/articleView.html?idxno=14417

[66] 찾기 쉬운 생활법령 정보 | 자율주행자동차 > 부분 자율주행시스템(레벨3) 안전기준
https://www.easylaw.go.kr/CSP/CnpClsMainBtr.laf?popMenu=ov&csmSeq=1593&ccfNo=2&cciNo=1&cnpClsNo=1

[67] 국토교통부 | 자율주행차 안전성 높인다… 레벨3 안전기준 개정 추진(2022/05/26)
http://www.molit.go.kr/USR/NEWS/m_71/dtl.jsp?lcmspage=1&id=95086742

[68] 과학기술정보통신부 | 자율차가 우편 배달하고, 로봇이 택배 옮기고 (2020/11/09)
https://youtu.be/buJn9wE61RA

[69] 머니투데이 | 언맨드솔루션, 우정사업 행사서 집배원 추종로봇 고중량 우편물 협업 배송서비스 시연 | 홍보경 기자(2020/10/28)
https://news.mt.co.kr/mtview.php?no=2020102815005292040

[70] SAE International | SAE Report J3016 Taxonomy and Definitions for Terms Related to Driving Automation Systems for On-Road Motor Vehicles (2021/4/30)
https://www.sae.org/standards/content/j3016_202104/

[71] Smart Car Facebook | 국토교통부 첨단자동차과 정리 자료 | 이창기(2021/4/9)
https://www.facebook.com/groups/SmartCar.Korea/posts/3833785603367462/

[72] Waymo | Safety Report (2021 Feb.) Operational Design Domain: Ensuring Our Vehicles Operate Safely Under Specific Conditions (p.16)
https://waymo.com/safety/safety-report

[73] AlphaTrAI | 5 Stages of Autonomy
https://www.alphatrai.com/5-stages-of-autonomy

[74] The Drive | People Keep Coming Up With Ways to Fool Tesla's Autopilot (2018/2/1)
https://www.thedrive.com/article/18168/people-keep-coming-up-with-ways-to-fool-teslas-autopilot

[75] 오토헤럴드 | '반자율주행을 자율주행으로' 트릭 제품에 대한 경고 | 김훈 기자(2018/6/21)
http://www.autoherald.co.kr/news/articleView.html?idxno=31868

[76] Waymo | Why we're pursuing full autonomy (2019/9/13)
https://youtu.be/6ePWBBrWSzo

[77] Honda | Honda launches next generation Honda SENSING Elite safety system with Level 3 automated driving features(2021/3/4)
https://hondanews.eu/eu/et/corporate/media/pressreleases/329456/honda-launches-next-generation-honda-sensing-elite-safety-system-with-level-3-automated-driving-feat

[78] Paul Tan's Automotive News | Honda Sensing Elite - world's first Level 3 autonomous self-driving car (2021/3/23)
https://youtu.be/OljMEsspAdw

[79] Waymo | media resources
https://waymo.com/press/

[80] azcentral | A slashed tire, a pointed gun, bullies on the road: Why do Waymo self-driving vans get so much hate? Ryan Randazzo(2018/12/14)
https://www.azcentral.com/story/money/business/tech/2018/12/11/waymo-self-driving-vehicles-face-harassment-road-rage-phoenix-area/2198220002/

[81] Entertainment Today | K.I.T.T. Knight Rider original Car on Display with David Hasselhoff | Steve Taylor(2017/12/23) https://www.entertainmentandsportstoday.com/k-i-t-t-knight-rider-original-car-on-display-with-david-hasselhoff/

[82] INVERSE | K.I.T.T. Knight Rider original Car on Display with David Hasselhoff(2017/12/23) https://www.inverse.com/article/21337-self-driving-cars-science-fiction

[83] Deloitte Insights | 2020 글로벌 자동차 소비자 조사: 아시아 태평양 소비자의 관심이 첨단 자동차 기술로 옮겨가고 있는가? | 김태환 상무(2020/1/22) https://www2.deloitte.com/content/dam/Deloitte/kr/Documents/insights/deloitte-korea-review/16/kr_insights_deloitte-korea-review-SP_01.pdf

[84] 이백진 (2017). 자율주행자동차에 대한 소비자 선호도와 교통계획 분야의 대응과제. 국토정책 Brief, (600), 1-8.

[85] Waymo | Waymo seeing the road ahead https://waymo.com/company/

[86] Waymo | Designing the Waymo Driver | Yoojung Ahn(2020/3/26) https://youtu.be/o8rCOKSDMcg

[87] Waymo | From post-it note to prototype: The journey of our Firefly | YooJung Ahn, Lead Industrial Designer; Jamie Waydo, Lead Systems Engineer(2017/6/12) https://blog.waymo.com/2019/08/from-post-it-note-to-prototype-journey.html

[88] Quarz | KOALA KILLERS The cutest thing Google has ever made is dead (2017/6/14) https://qz.com/1005083/the-cutest-thing-google-has-ever-made-is-dead-waymos-firefly-self-driving-cars-goog/

[89] Waymo | World's First Fully Autonomous Ride on Public Roads (Highlights) (2017/3/21) https://youtu.be/ArYTxDZzQOM

[90] Waymo | Safety Report (2021 Feb.) Rider Experience(보고서 p.35) 참조 https://waymo.com/safety/safety-report

[91] Google Design | Design Is [Autonomous]-In Conversation with Ryan Powell (2018/4/14) https://youtu.be/5hLEiBGPrNI

[92] Google Design | Waymo UX: Interview with Ryan Powell (2018/7/24) https://www.youtube.com/watch?v=DMiR9hWKd_E

[93] Lim D., Hwangbo H. (2021) UX Design for Holistic User Journey of Future Robotaxi. In: Ahram T.Z., Falcão C.S. (eds) Advances in Usability, User Experience, Wearable and Assistive Technology. AHFE 2021. Lecture Notes in Networks and Systems, vol 275. Springer, Cham. https://doi.org/10.1007/978-3-030-80091-8_116

[94] Lim D., Lee M. (2022) Quick and Dirty Prototyping and Testing for UX Design of Future Robo-Taxi. In: Yang XS., Sherratt S., Dey N., Joshi A. (eds) Proceedings of Sixth International Congress on Information and Communication Technology. Lecture Notes in Networks and Systems, vol 236. Springer, Singapore. https://doi.org/10.1007/978-981-16-2380-6_30

[95] LTAD | Waymo unveils new features in fully autonomous ride-hailing service (2021/4/5) https://ltad.com/news/waymos-fully-autonomous-ride-hailing-service-has-new-features.html

[96] Automotive News | For Waymo user, convenience 1st, tech 2nd(2019/8/4)
https://www.autonews.com/technology/waymo-user-convenience-1st-tech-2nd

[97] Aventura | Waymo One Has Officially Launched(2018/12/11)
https://www.aventurachryslerjeepdodgeram.com/waymo-one-has-officially-launched/

[98] RealWorldUX blog | #64 Waymo One-riding a driverless taxi(2021/7/5)
https://realworldux.co/64-waymo-one-riding-a-driverless-taxi/

[99] GoogleWatchBlog | Die Waymo-App ist da: Die Android-App gibt viele Einblicke in die Nutzung autonomer Fahrzeuge(2021/4/29)
https://www.googlewatchblog.de/2019/04/die-waymo-app-android/

[100] MotorAuthority | Waymo's self-driving taxi service reportedly starts early December(2018/11/13)
https://www.motorauthority.com/news/1113705_waymos-self-driving-taxi-service-reportedly-starts-early-december

[101] Wamo | How Waymo Uses Design to Create Trust in Driverless Cars(2020/2월)
https://www.theturnsignalblog.com/blog/waymo-design/

[102] The Drive | Some Arizonians Express Frustration Over Waymo's Semi-Autonomous Cars (2018/8/30)
https://www.thedrive.com/news/23232/arizonians-absolutely-hate-waymos-semi-autonomous-cars

[103] The Last Driver License Holder | Rain Stops Waymo One(2020/12/16)
https://thelastdriverlicenseholder.com/2020/12/16/rain-stops-waymo-one/

[104] Tech Crunch | Hailing a driverless ride in a Waymo After more than a decade, Waymo's driverless ride-hailing service is open to customers | Ed Niedermeyer(2019/11/2)
https://techcrunch.com/2019/11/01/hailing-a-driverless-ride-in-a-waymo/

[105] CNBC | Taking a driverless Waymo in Phoenix over the holidays was fun but unsettling | Jennifer Elias(2022/1/8)
https://www.cnbc.com/amp/2022/01/08/heres-what-it-was-like-to-ride-in-a-waymo-with-no-driver-in-phoenix.html

[106] InsideEVs | SFPD Cops Pull Over Driverless Cruise Car With Nobody Inside | Andrei Nedelea(2022/4/11)
https://insideevs.com/news/579165/san-francisco-police-pull-over-driverless-cruise/

[107] Nielsen Norman Group | 10 Usability Heuristics for User Interface Design(1994/4/24)
https://www.nngroup.com/articles/ten-usability-heuristics/

[108] Waymo | Driven by Waymo, Designed with Trust(2019/8/29)
https://medium.com/waymo/driven-by-waymo-designed-with-trust-3a7c63a703f

[109] Tesla | Tesla introduces ticket-avoidance-mode for Model S (2015/4/2)
https://youtu.be/bn1uzAJk-6o

[110] Waymo | Introducing Waymo Pet - an autonomous driving technology service for pets (2019/4/1)
https://youtu.be/ljbeFpOHvEA

[111] Zoox | Press Room
https://zoox.com/press/
영상 https://youtu.be/pQVpjuh6tZY

[112] 도널드 노먼의 디자인과 인간 심리 | 도널드 노먼 저/박창호 역 | 학지사 | 2016년 09월 20일 | 원제 : The Design of Everyday Things

[113] WordlessTech | Zoox Level 4 autonomous vehicle (2013/12/21)
https://wordlesstech.com/zoox-level-4-autonomous-vehicle/

[114] Zoox | Fully Autonomous, All-Electric and Built for Riders, Not Drivers—This is Zoox (2020/12/15)
https://www.youtube.com/watch?v=3r7PEI0tMSk&t=382s

[115] 인터페이스 없는 인터페이스 사용자 경험을 품은 최소한의 인터페이스 디자인 원칙 | 골든 크리슈나 저/진현정, 허유리 역 | 인사이트(insight) | 2018년 01월 19일 | 원제 : The Best Interface Is No Interface

[116] 사용자 경험의 요소 : 변하지 않는 UX 디자인 원리 | 제시 제임스 개럿 저 / 정승녕 역 | 인사이트(insight) | 2013년 06월 20일 | 원제 : The Elements of User Experience, 2nd Edition

[117] Tesla | 오토파일럿 (2022년 2월 참조)
https://www.tesla.com/ko_KR/autopilot

[118] Tesla | Model S 사용자 설명서 > 오토파일럿 (2022년 2월 참조)
https://www.tesla.com/ownersmanual/models/ko_us/GUID-32E9F9FD-0014-4EB4-8D96-A8BE99DBE1A2.html

[119] Motortrend |2022 Tesla Model S Plaid Steering Yoke Review: The Pros and Cons | Christian Seabaugh(2021/6/29)
https://www.motortrend.com/reviews/2022-tesla-model-s-plaid-steering-yoke-wheel-review

[120] Honda | Honda launches next generation Honda SENSING Elite safety system with Level 3 automated driving features (2021/03/04)
https://hondanews.eu/eu/et/corporate/media/pressreleases/329456/honda-launches-next-generation-honda-sensing-elite-safety-system-with-level-3-automated-driving-feat

[121] Honda | Honda Sensing Elite - world's first Level 3 autonomous self-driving car (2021/3/23)
https://youtu.be/OljMEsspAdw

[122] Mercedes-Benz Group | Innovation > Product innovation > Autonomous driving | Introducing DRIVE PILOT: An Automated Driving System for the Highway (2019/2/20)
https://group.mercedes-benz.com/documents/innovation/other/2019-02-20-vssa-mercedes-benz-drive-pilot-a.pdf

[123] Car and Driver | View Photos of the 2022 Mercedes-Benz EQS with Drive Pilot | Brush up on sudoku or legally watch TV with Level 3 self-driving, but not (yet) in the USA(2022/5/12)
https://www.caranddriver.com/photos/g39966221/2022-mercedes-benz-eqs-drive-pilot-drive-gallery/

[124] AEM 벤츠의 레벨 3 '드라이브 파일럿' - 조건부 자율주행 위한 추가적 고려사항 (2019/9월호)
https://www.autoelectronics.co.kr/article/articleView.asp?idx=3306

[125] Auto Blog | New Mercedes Drive Pilot challenges Tesla with Level 3 tech: Our first not-drive of Mercedes' new Level 3 autonomous driving system | Mark Rechtin(2022/5/20)
https://www.autoblog.com/2022/03/20/mercedes-drive-pilot/

[126] The Motoring Realm | Drive Pilot in the Mercedes-Benz S-Class / Autonomous Driving(2022/3/26)
https://youtu.be/pMcW-R7GO8U

[127] Waymo GD Animation Sound Combo (2019/3/16)
https://youtu.be/kc--UXbJfY8

[128] Mario Herger | Arriving at your destination with Waymo One(2019/8/28)
https://youtu.be/ggkpPYuyGLI

[129] 미래 세상의 디자인 | 도널드 노먼 저 | 학지사 | 2009년 08월 31일 | 원제 : The design of Future Things

[130] Alessi | KETTLE 9091
https://eu.alessi.com/products/9091-kettle

[131] 현대모비스|전기차 기술-가상 엔진 사운드 시스템(VESS)(2020/9/4)
https://youtu.be/NREKnaMsoNc

[132] BMW Group| THE NEXT 100 YEARS: BMW VISION NEXT 100 makes Asian debut(2016/5/5)
https://www.press.bmwgroup.com/global/article/detail/T0259781EN/the-next-100-years:-bmw-vision-next-100-makes-asian-debut?language=en

[133] BMW Group | The ideas behind the BMW VISION NEXT 100(2016/3/9)
https://youtu.be/SBaR0oqjWIo

[134] Design Observer | Interface Runes | Rob Walker(2012/7/9)
https://designobserver.com/article.php?id=35108

[135] Apple | Apple Watch에서 넘어짐 감지 기능 관리하기(Apple Watch SE, Apple Watch Series 4 및 이후 모델 전용)
https://support.apple.com/ko-kr/guide/watch/apd34c409704/watchos

[136] abc15 | Waymo unveils new features in fully autonomous ride-hailing service (2021 Apr.)
https://www.abc15.com/news/waymo/waymo-unveils-new-features-in-fully-autonomous-ride-hailing-service-waymo

[137] Tech Crunch | Taking a ride through SF in Cruise's self-driving Bolt EV | Darrell Etherington(2017/11/29)
https://techcrunch.com/2017/11/29/taking-a-ride-through-sf-in-cruises-self-driving-bolt-ev/

[138] Ulo | random animations
https://vimeo.com/243800226

[139] Ulo | Interactive home monitoring owl
https://ulocam.com/index.php

[140] InsideEVs | Check Out How Tesla's In-Cabin Camera Analyses Your Face | Michael Cantu(2021/4/8)
https://insideevs.com/news/499611/tesla-cabin-camera-analyses-you/

[141] Honda | Honda launches next generation Honda SENSING Elite safety system with Level 3 automated driving features in Japan | Press Download
https://hondanews.com/en-US/honda-corporate/releases/release-e86048ba0d6e80b260e72d443f0e4d47-honda-launches-next-generation-honda-sensing-elite-safety-system-with-level-3-automated-driving-features-in-japan

[142] SAE International | SAE J3134 Automated Driving System (ADS) Marker Lamp (2019) Ground Vehicle Standard.
https://saemobilus.sae.org/content/J3134_201905/

[143] IMBOLDM.com | smart vision EQ fortwo(2017/8/31)
https://imboldn.com/smart-vision-eq-fortwo/

[144] Mercedes-Jürgens | Smart Vision EQ fortwo-Trailer(2010/2/10)
https://youtu.be/LNZ9qiZppPw

[145] Tesla | 테슬라 모델3 사용자 메뉴얼
https://www.tesla.com/ownersmanual/model3/ko_us/

[146] Brian Mok | Transforming Steering Wheel System for Autonomous Vehicles / Center for Design Research, Stanford University (2018/2/16)
https://youtu.be/Ub2iFLeodrA

[147] 컨슈머인사이트&인바이트 | 자율주행차, 운전 안하면 뭐하지?(2020/6/19)
https://www.youtube.com/watch?v=9rl4sl5VD2I

[148] Volvo Cars | 360c: The Future Of Autonomous Travel(2018/9/6)
https://youtu.be/apOXDUCYGRw

[149] Volvo Cars | Presenting Our Vision Of The Future: The 360c(2018/9/5)
https://youtu.be/Mlh-_hoNLal

[150] Volvo Cars | Volvo 360c(2018)
https://www.volvocars.com/intl/cars/concepts/360c

[151] Volvo Cars | Global Newsroom | Volvo Cars' new 360c autonomous concept: reimagining the work-life balance and the future of cities(2018/9/5)
https://www.media.volvocars.com/global/en-gb/media/pressreleases/237020/volvo-cars-new-360c-autonomous-concept-reimagining-the-work-life-balance-and-the-future-of-cities

[152] guysgap | Volvo's 360c Autonomous Concept Is An Exciting Glimpse Into The Future(2018/9/17)
https://www.guysgab.com/volvo-360c-autonomous-concept-is-the-future-of-commuting/

[153] Volvo Cars | The 360c: 360° Safety(2018/9/5)
https://youtu.be/H5KNPQT72FA

[154] BMW Group | MINI Vision Urbanaut(2021/7/13)
https://youtu.be/qVJiZlhlafo

[155] BMW Group | MINI Vision Urbanaut. Make it your space(2020)
https://www.press.bmwgroup.com/global/article/detail/T0320384EN/mini-vision-urbanaut-make-it-your-space?language=en

[156] MINI | The MINI Vision Urbanaut World Premiere(2020/11/20)
https://youtu.be/YvX-MyuFbx8

[157] Rolls Royce Motor Cars | Enter 103EX: an effortless virtual reality 360˚ experience(2016/6/16)
https://youtu.be/q7gygumHoos

[158] BMW Group | THE NEXT 100 YEARS(2016/6/16)
https://www.press.bmwgroup.com/global/article/detail/T0261088EN/bmw-group-the-next-100-years?language=en

[159] AEM | Rolls-Royce VISION NEXT 100 럭셔리 카의 미래: 롤스로이스 비전 넥스트 100 2016년 07월호 지면기사 / 글 | 롤스로이스 https://www.autoelectronics.co.kr/article/articleView.asp?idx=2109

[160] 홍익대학교 디자인엔지니어링 융합 전공 | 2018 현대자동차 자율주행 UX 공모전 우수상 최종 시나리오 영상
https://youtu.be/RcxK0OuSGUI

[161] 영현대 | 현대자동차 자율주행 UX 공모전(2018/4월)
https://young.hyundai.com/program/automatic-driving/info/select.do

[162] 조세일보 | 현대차그룹, '자율주행 UX 공모전' 시상식 개최(2018/12/17)
http://www.joseilbo.com/news/htmls/2018/12/20181217366715.html

[163] SPACE 10 | Spaces on Wheels: Exploring a Driverless Future
https://space10.com/project/spaces-on-wheels-exploring-a-driverless-future/

[164] 아우디폭스바겐코리아 CSR 투모로드 | 아우디폭스바겐코리아 퓨처모빌리티 챌린지 사이트(현재 제공되지 않는 링크 http://www.awvfmchallenge.co.kr/)

[165] 아우디폭스바겐코리아 CSR 투모로드 | 아우디폭스바겐코리아 퓨처모빌리티 챌린지(2018/12/15)
https://youtu.be/BnKOyhPylKc

[166] 아우디폭스바겐코리아 CSR 투모로드 | 퓨처 모빌리티 챌린지 예선PT심사 및 멘토링 스케치(2019/2/26)
https://youtu.be/0VKjEKrdBPo

[167] 한국일보 | AVK 퓨처 모빌리티 챌린지 우승팀 '린카', 잉골슈타트에서 폭스바겐 그룹의 미래를 경험하다(2019/3/21)
https://m.hankookilbo.com/News/Read/201903211740050030

[168] Fjord | The Future of Mobility(2018) (현재 제공되지 않는 링크 https://mobilitystudy.fjordnet.com/)

[169] 현대자동차 · 기아 협력회 | 미래 자동차산업 아이디어 공모전(2021/8/24)
https://hkasa.com/bbs/board.php?bo_table=contest_qna&wr_id=6

[170] 리프트 자율주행 홈페이지
https://autonomous.lyft.com/

[171] 카카오모빌리티 NEMO(Next Mobility) 발표 중 "미래의 이동을 위한 카카오모빌리티의 자율주행"
https://youtu.be/W6X7LI1LQVI